京都の歴史を歩く

小林丈広
高木博志
三枝暁子

Takehiro Kobayashi
Hiroshi Takagi
Akiko Mieda

岩波新書
1584

はじめに

現在、京都市には五五六四万人(二〇一四年)の観光客がやってきて、JR東海の「そうだ 京都、行こう」のキャンペーンでは、毎年、古社寺を紹介し新幹線が人々を運ぶ。アメリカの有力旅行雑誌「Travel + Leisure(トラベル・アンド・レジャー)」は二〇一四年度、二〇一五年度に、京都市を世界でもっとも人気のある観光都市に選んだ。春には円山公園や嵐山の桜の名所は、中国・韓国などアジアからの観光客であふれ、日本語の観光案内書が英語・中国語・ハングルに訳されて、一年を通じて外国からの観光客で賑わう。歴史的に形成された京都観光のあり方は、いまや世界規模で享受されるものとなってきている。また京都観光の隆盛と裏腹に、江戸期以来の町家の景観は、ここ二〇年で失われてきた。映画「古都」(一九六三年、中村登監督)の冒頭は、市域を鳥瞰する、町家の瓦の美しい広がりからはじまるのだが……。

著者三人の問題意識には、京都賛美に傾きがちなジュニア京都検定、京都観光文化検定、京都学にみられるように、現在、観光ブームと一体となった「歴史」が影響を持っていることへの違和感があった。それらは、雅な貴族文化や、豪奢な桃山文化に彩られた京都市域の歴史イメージを、京都府全体に及ぼすものであり、朝廷・貴族や豊かな町人や寺社など上層の文化に特化される。

しかし京都の歴史は、それぞれの時代で変容し、今日の観光言説や京都イメージも近代につくられた部分が多い。かつて林屋辰三郎が論じたように、中央、男性、天皇・貴族に対して地方史、女性史、部落史の視点が重要であり、特権化された京都論ではなく、日本史の全体像や「地域史」のなかでとらえるべきであろう。そして史料に裏づけられ、辛口で批判的な、手に持って歩ける歴史散策の書をつくりたいと考えた。

本書では、「道」と「場」という二つの視点にこだわった。大津から三条大橋にいたる東海道や、中世までの五条通であった清水坂、洛中洛外図屏風の中心軸となる室町通など、それぞれの主題を持った「道」と、京都御苑や北野、北山、嵯峨野、岩倉といった人々が生き、集った「場」を歴史的に位置づけたいと思う。

まず、室町通の町に住んだ人々の営み、仕組み、「自治」の実像などから説きおこし、文化的景観と世界遺産の二重指定を受け貴族文化の「京都らしさ」を代表する洛外の宇治で終わっている。そこでは観光ブームに隠されてきた問題とも向き合った。京都の町の周縁部に被差別部落や在日外国人社会や遊廓が立地し、鳥辺野や蓮台野が広がる。差別や生と死、花街の買春、あるいは飢饉や災害についてとりあげた。キリシタンの受難や朝鮮通信使の来訪など、国際社会における京都という視点にも留意した。

本書は、小林・高木・三枝の三人が各章を分担執筆して構成される。第一章、第五章、第九章、第一二章、第一四章は小林が担当し、第二章、第六章、第一〇章、第一三章、第一五章は高木が担当し、第三章、第四章、第七章、第八章、第一一章は三枝が担当している。執筆にあたっては、互いに原稿を何度も読み合わせた。

二〇一〇年五月以来、まる六年にわたり、小林・高木・三枝は、岩波書店の小田野耕明、山川良子、永沼浩一の歴代三人の編集担当者と、対象とする「道」や「場」を訪れ、議論を積み重ねてきた。そしていつも現代と向き合いながら歴史を考えてきた。本書は、その成果の結実である。

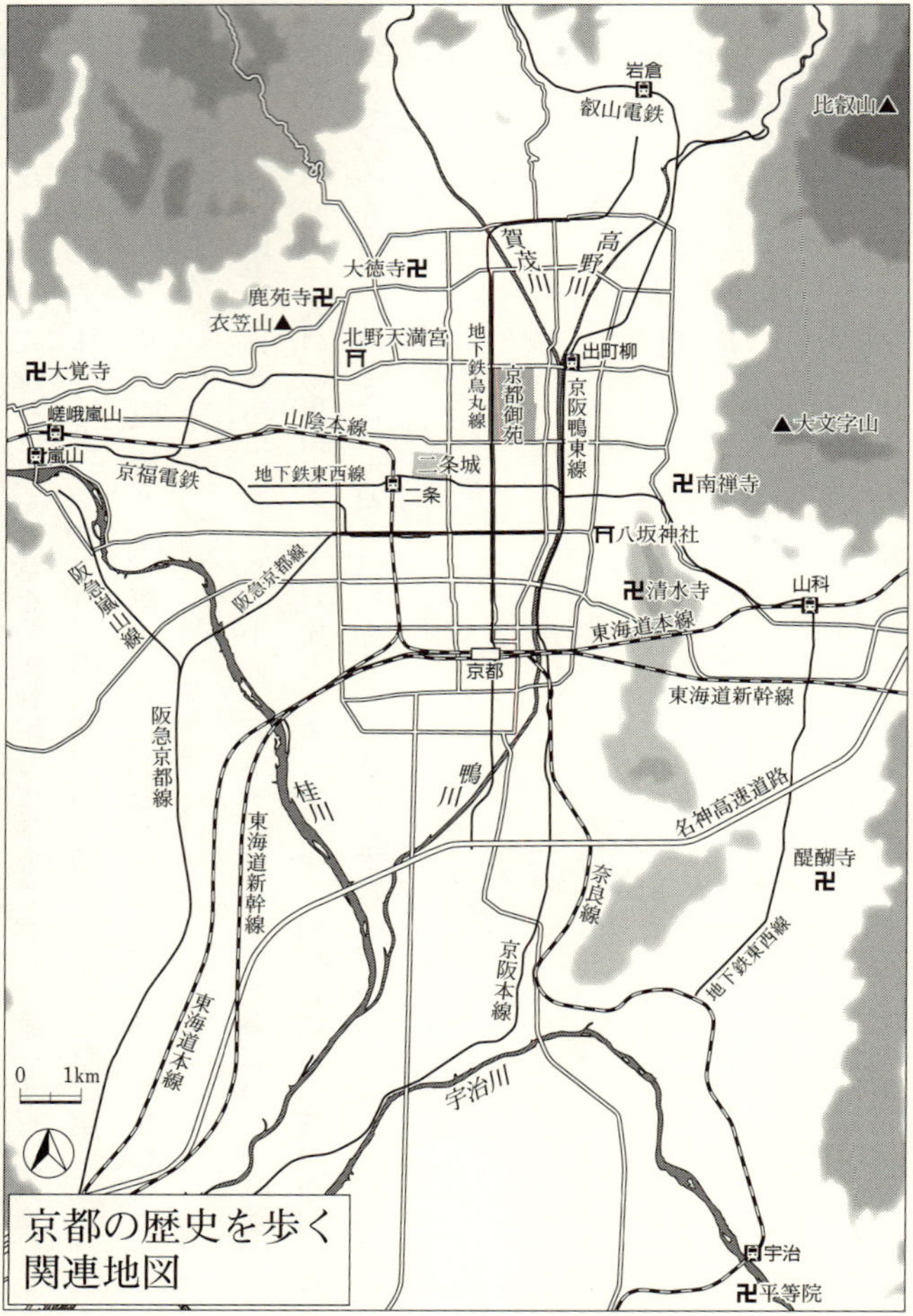

京都の歴史を歩く
関連地図

目次

地図製作＝鳥元真生

第Ⅰ部

都市に生きた人びと

京都の都市としての発展の契機は、八世紀の平安遷都にあった。しかし、その後の源平合戦や南北朝の動乱、応仁の乱に始まる戦国の世を経て、京都は商工業者を中心とする町人主体の町へと生まれ変わった。一見、天皇や公家が担っているように見える文化活動も、実は町人や近郊の農民たちが支えていたのである。この部ではそのような人々の暮らしに目を向ける。戦乱によって荒れ果てたとき、天皇や幕府が他都市に移り、国家から距離ができたとき、京都はその真価が問われたのではないだろうか。

この部は、中世後期から近世初期にかけて、日本でもっとも裕福だった町々を貫く道から歩き始め、明治維新後の文明開化を象徴する盛り場や公園へと続く。さらに、清水寺や妙心寺など、京都を代表する神社仏閣への参詣道を訪ね、その忘れられた意味を解き明かす。最後に、院政期に開発された後、何の変哲もない畑作地を経て、文化的景観へと変貌する地域を歩く。京都は変わらないからこそ京都だったのではなく、変わり続けてきたからこそ京都なのであろう。

第一章　室町と山鉾の道——町衆と図子

祇園祭を支えていた山鉾町の町衆。経済の最前線を担っていたが故に、移り変わりも激しかった。祭りが行われていないときにこの通りを歩くと、「伝統」とは何かを考えさせられる。

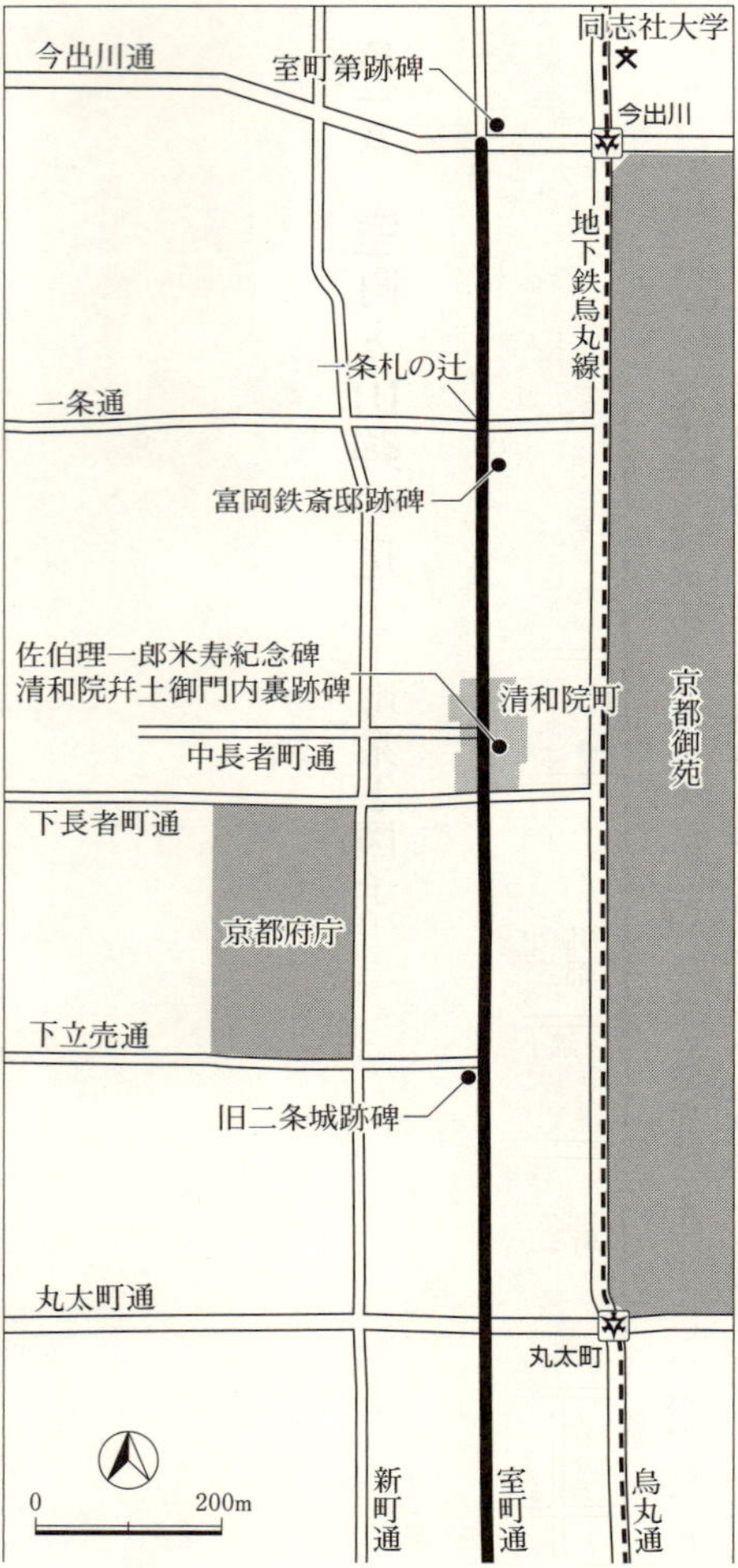
同志社大学
今出川通
室町第跡碑
今出川
地下鉄烏丸線
一条札の辻
一条通
富岡鉄斎邸跡碑
佐伯理一郎米寿紀念碑
清和院弁土御門内裏跡碑
清和院町
京都御苑
中長者町通
下長者町通
京都府庁
下立売通
旧二条城跡碑
丸太町通
丸太町
0
200m
新町通
室町通
烏丸通

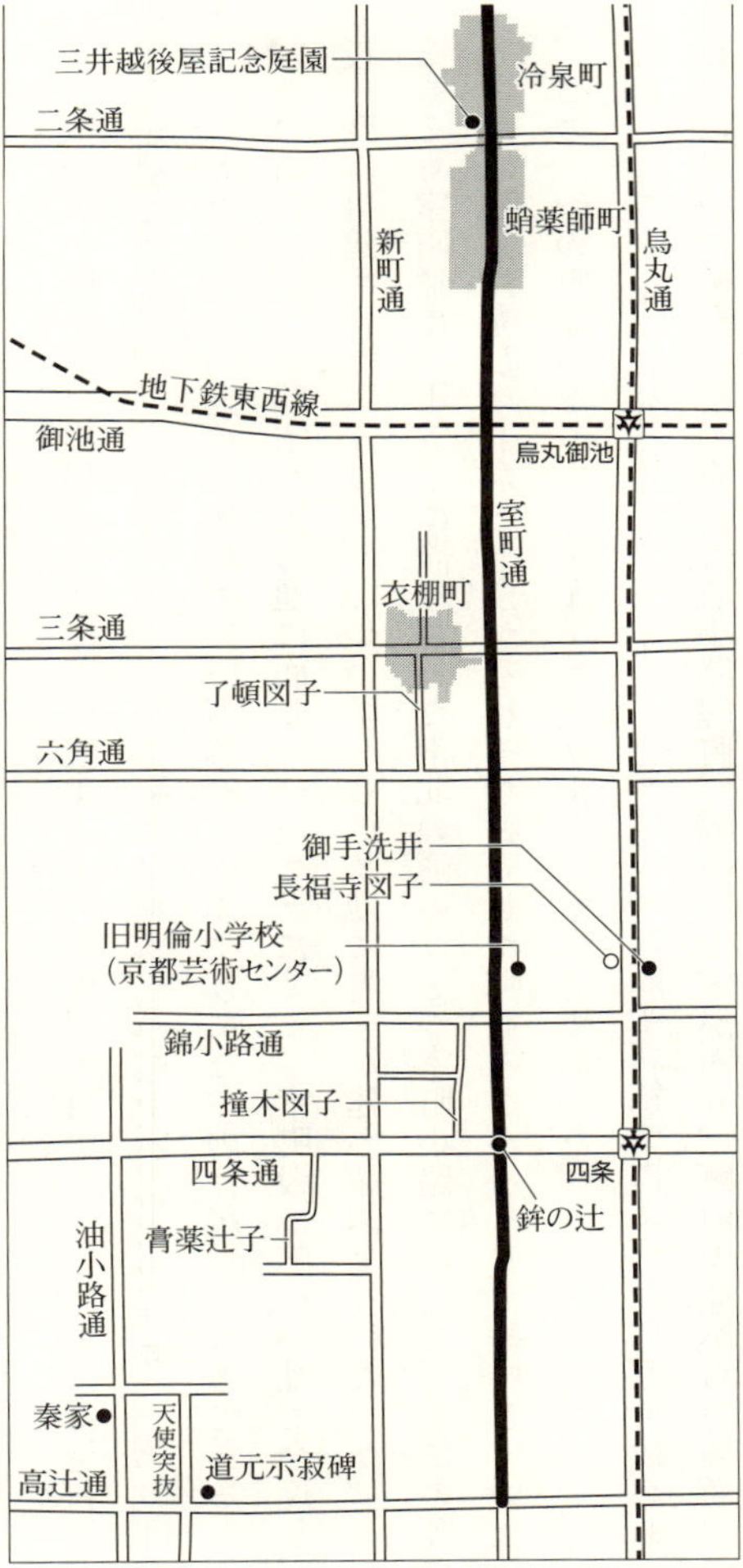

室町今出川（室町第跡碑）には、地下鉄烏丸線「今出川駅」から徒歩5分。
●は現存する見どころなど、○は現存しない見どころなど。

室町殿から一条札の辻へ

地下鉄今出川駅から今出川《いまでがわ》通を西に五分程歩くと、今出川室町交差点の北東角に足利将軍室町第(室町殿)跡の碑が立つ。ここは、一四世紀に足利義満が邸宅を営んだ地で、「花の御所」とも呼ばれた。この時期の武家政権を室町幕府と呼ぶようになるのは後世のことであるが、その言葉の由来は、この邸宅が室町通に面していたことによる。室町殿は応仁の乱で全焼し、その後一度は再建されたようだが、いつの頃からか跡地に町家が建ち並ぶようになった。

そもそも室町通は、平安京に設けられた南北の通《とおり》のひとつ室町小路にあたる。応仁の乱によって京都の町が荒廃し、上京《かみぎょう》と下京《しもぎょう》がそれぞれ独立した町並みをかろうじて維持していた時にも、この二つの町並みをつなぐメインストリートは室町通であった。

元亀三年(一五七二)に作成された「上下京御膳方御月賄米寄帳」によれば、室町殿があったあたりには築山町が、その南には北小路室町、福長町などがあり、盧山寺通から一条通までの町々によって立売組という町組が形作られていた。また、一条通から南では、室町通に沿って鐙屋町、浄花院町、鷹司町、近衛町といった町々が一条組という町組を形作っており、それはおそらく現在の一条通から出水通あたりまでだったと考えられる(『禁裏御倉職立入家文書』)。

立売組と一条組の境界にあたる一条室町は、一条札の辻とも呼ばれ、本能寺の変の後、明智光秀が洛中の人々に地子銭免除を伝えた場所でもあった。江戸時代には高札場といえば三条大橋西詰が知られているが、それ以前は一条札の辻がその役割を果たしていた。

冷泉町と「室町」

一条札の辻から室町通を南行すると、現在は出水通までに薬屋町、花立町、清和院町、近衛町がある。これを元亀三年の一条組の町々に比定すると、それぞれ鑓屋町、浄花院町、鷹司町、近衛町と推測される。これらは戦国時代にも町組としてのまとまりを維持したのである。現在、薬屋町には富岡鉄斎邸跡碑、清和院町には清和院幷土御門内裏跡碑と佐伯理一郎の米寿紀念碑がある。佐伯理一郎は吉野の山林地主で自由民権運動の支援者としても知られた土倉庄三郎の娘糸子と結婚し、長くこの地で医療に携わった。孝明天皇毒殺説を唱えたことでも知られる。

ところで、慶長二年(一五九七)の記録を見ると、一条組は清和院町、近衛町、勘解由小路町、武衛陣町、中御門町(大門町)、道城町(道場町)、青同町(鏡屋町)、冷泉町の八か町となっている。

佐伯理一郎米寿紀念碑(左)と清和院幷土御門内裏跡碑(右)

これらは室町通に沿って上長者町通から二条通まで南北に連なる町々と推測され、元亀から慶長までの間に町組の改編があったことを示している(括弧内は現町名)。元亀年間以降、戦国時代には家が立ち並んではいなかったような地域にも町並みが形成され、それらの町が一条組に加わったのであろう。

慶長二年の記録を保管してきたのも、夷川通と二条通にはさまれた冷泉町《れいせんちょう》であった。冷泉町文書の中でももっとも古い文書は天正一〇年(一五八二)の大福帳で、以後、同町は四〇〇年もの間、町の共有文書を受け継いできたのである(現在この文書は京都市歴史資料館が保管)。

また、元禄年間には、冷泉町から室町通に沿って蛸薬師町《たこやくしちょう》、御池之町、円福寺町、役行者《えんのぎょうじゃ》町《ちょう》の五町の呉服屋が室町五町巻物屋仲間を形成していた(『京都冷泉町文書』別巻)。この頃には、織物問屋が集住する同業者街としての「室町」の名が知られるようになっていたのであろう。

この五町のうち、冷泉町だけは二条通より北に位置しており上京に属していたが、蛸薬師町以南の四町は下京の上艮組《かみうしとら》に属した。

こうして室町通を歩いて行くと、冷泉町にしても、蛸薬師町にしても、いずれも室町通をはさんで両側に町家が立ち並んでいることがわかる。このように、京都の古い町は、通りをはさんで両側がひとつの町を構成している。そこで、冷泉町の場合には、室町通の東側を冷泉町東側、西側を冷泉町西側と呼んでいた。通りの両側でひとつの町を構成する町のことを両側町《りょうがわちょう》と呼ぶが、これは京都の町々が街路に面して商工業を営む町人たちによって発展してきたことを示している。室町通の町々はいずれも室町通をはさんで東西に町家が立ち並んでおり、典型的な両側町であった。

祇園祭を支える町衆

蛸薬師町は、かつての下京の町の最北端に位置した。応仁の乱以前の祇園会《ぎおんえ》について記した記録によれば、「二条室町と押小路間」(蛸薬師町のこと)から「泉の小二郎山」という山鉾が出ていたとされる。同町には、延宝元年(一六七三)に三井高利《たかとし》が呉服仕入店を開き、宝永元年(一七〇四)まで京都の三井越後屋の拠点となった。その後、三井の京本店はすぐ北の冷泉町に移り、明治維新を迎える。

現在、祇園祭の山鉾は、後に述べる役行者町と鈴鹿山を出す場之町を北限として、高辻通《たかつじどおり》までの間に三三基が建ち並ぶが、応仁の乱までは二条通から松原通までの間に五〇基以上もあったと伝えられる。山鉾巡行は前祭と後祭の二回に分けて行われ、明治維新までは前祭が六月七日、後祭が六月一四日だったが、太陽暦導入後は七月一七日と二四日に催すことになった。また、一九六六年(昭和四一)からは七月一七日の一日に全山鉾が巡行するようになったが、二〇一四年(平成二六)から後祭が復活し、二日に分けて巡行している。

こうして現在の祇園祭は七月一日の吉符《きっぷ》入りから始まり、二日のくじ取り式、一〇日頃からの鉾建て、一二日頃の曳初めと、京都市内の中心部は祇園囃子とともに祭り気分が高まる。一七日の前々夜を宵々山、前夜を宵山と呼び、山鉾の周りは夜店を楽しむ観光客でたいへんな混雑となる。一方、八坂神社の神事としては、一七日夕方の神幸祭で三基の神輿が神社から御旅所に渡御し、二四日に還幸する。

祇園祭は、もともと都市に流行する悪疫を退散させるために始められた御霊会《ごりょうえ》のひとつで、山鉾の原型ともいうべき剣鉾を出す祭りも京都にはたくさんあった。このように市中に数ある祭りの中でも、祇園祭がとりわけ有名になったのは、室町を中心にこの地域の商工業者が成長したことを背景に、山鉾が豪勢になっていったからであろう。美麗な懸装品《けんそうひん・けそうひん》で彩られた山鉾は、「動く美術館」と称される。祇園祭の季節には、室町通や新町通沿いの商家が秘蔵の屏風や掛け軸を店頭に展示し、行き交う人々の目を楽しませる。この屏風祭は、室町の繁栄の象徴であった。

現在、室町通は御池通で分断されている。京都市内には、太平洋戦争末期に空襲による類焼を防ぐために建物が強制的に疎開された通りがいくつかある。御池通、五条通、堀川通はその代表的なものであった。幕末には、室町通に面して、二条通より北に誉田屋《こんだや》や前述の越後屋、南に柊屋、御池通の南に伊豆蔵や近江屋、三条通より北に布屋や菱屋、三条通に面して千切屋《ちきりや》一統、六角通より南に橘屋や三文字屋、四条通より北に伊勢屋などといった有力商人が櫛比《しっぴ》し、その多くが呉服や織物関係の商売を営んでいた。しかし、戦時中に御池通が拡幅されたことにより、祇園祭の賑わいも御池通より北に及ぶことはなくなった。

月鉾の巡行．写真提供：京を語る会

現在の室町通の山鉾の北限にあたる役行

者町は、室町通の姉小路通と三条通にはさまれた地域にあり、祇園祭には役行者山を出す。これに続いて三条通と六角通にはさまれた地域には烏帽子屋町があり、祇園祭にに黒主山を出す。近世の役行者町には諸藩用達の呉服商が、烏帽子屋町にはかつて烏帽子を製造する家が軒を連ねていたと伝えられるが、やはり呉服商が多かった。

さらに六角通を下がり蛸薬師通までは鯉山町、蛸薬師通から錦小路通までは山伏山町、錦小路通から四条通までは菊水鉾町といい、それぞれ町名と同名の山鉾を出す。このうち、菊水鉾は元治元年(一八六四)のどんどん焼けで焼失してから行列に参加していなかったが、一九五三年に復活した。菊水鉾の南が四条室町の交差点であり、ここからは北に菊水鉾、東に函谷鉾、南に鶏鉾、西に月鉾と、四方に鉾が見えるために鉾の辻と呼ばれる。鉾は、山よりも背が高く、絵画や映像でもよく紹介されるために、人気が高い。

明倫学区の成り立ち

このように、室町通の中でも三条通から四条通までは山鉾が集中する。ところで、南北を三条通と四条通、東西を烏丸通と西洞院通にはさまれた地域は、かつて明倫《めいりん》小学校の学区域にあたっていたために明倫学区と呼ばれる(以下の記述については『明倫誌』参照)。同学区内には、南北に貫く烏丸通に孟宗山、室町通に黒主山、鯉山、山伏山、菊水鉾、新町通に八幡山、北観音山、南観音山、放下鉾、東西に横切る六角通に浄妙山、蛸薬師通に橋弁慶山、錦小路通に占出山、天神山と、現存する祇園祭の山鉾全体の半数近くが立ち並ぶ。

そこで以下、室町通から離れて明倫学区の中を歩いてみよう。

室町通の一本東側を縦断する烏丸通は、一九一〇年代に京都市が実施した三大事業で拡幅された、京都の目抜き通りである(九三頁参照)。それまでは、室町通や新町通などと同程度の広さの道であったが、拡幅された上で路面電車(市電)が通ることになった。この時、丸太町通や四条通、東山通(東大路通ともいう)などにも同じように市電が敷設された。現在は、地下に地下鉄烏丸線が走る。

明倫学区の東北角にあたる烏丸三条、すなわち烏丸通と三条通との交差点には里程元標が設置されており、京都から全国への交通の起点であることを示す。三条通は東海道の西の入り口であり、江戸(東京)の日本橋までつながっていた。同地にはかつて饅頭屋を営む塩瀬家があったため饅頭屋町《まんじゅうやちょう》と呼ばれ、同町の由緒をまとめた饅頭屋町文書も著名である。

烏丸通を南下すると東側に井戸がある。中世にはここに祇園社の旅所があった。旅所移転後

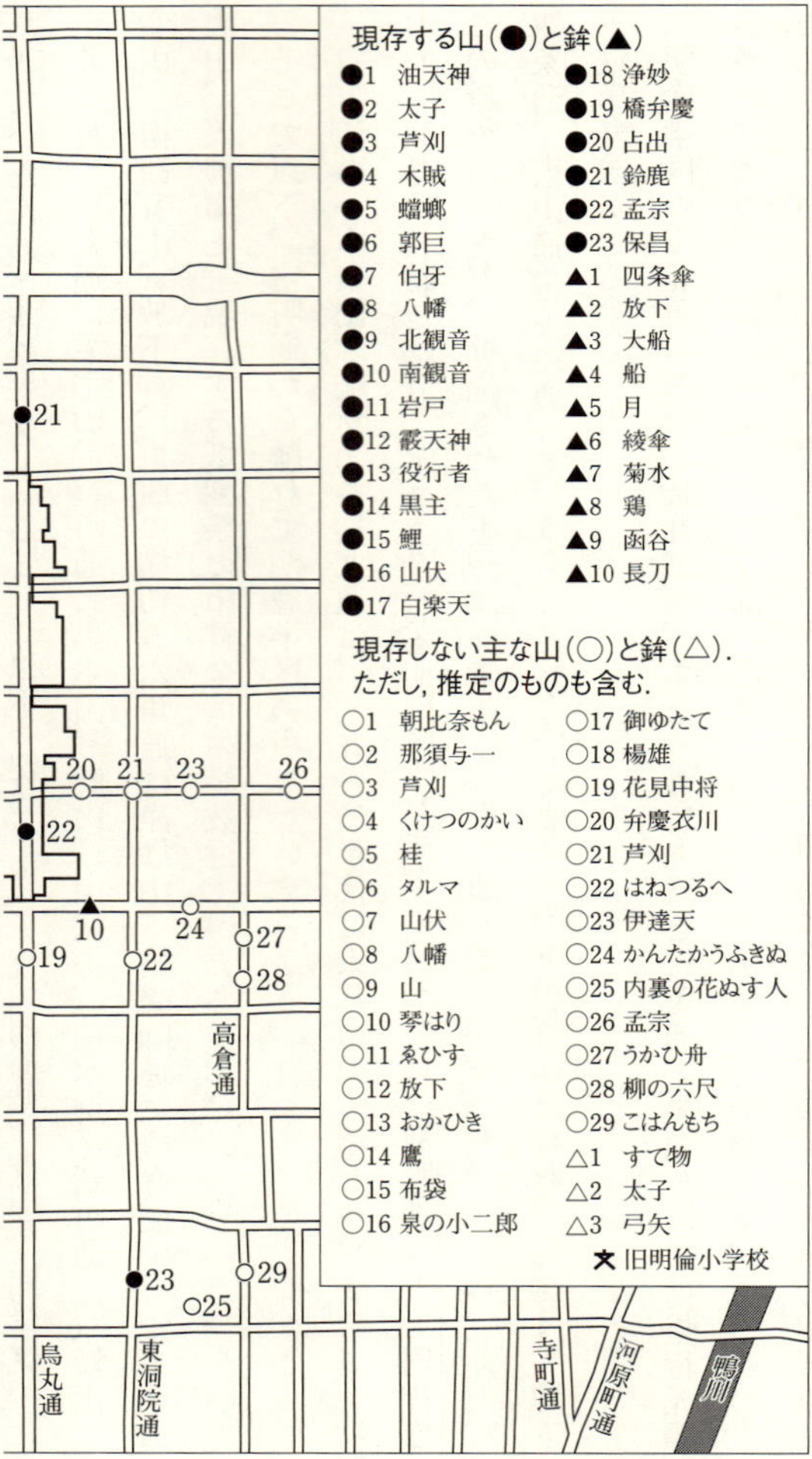

現存する山(●)と鉾(▲)
●1 油天神
●2 太子
●3 芦刈
●4 木賊
●5 蟷螂
●6 郭巨
●7 伯牙
●8 八幡
●9 北観音
●10 南観音
●11 岩戸
●12 霰天神
●13 役行者
●14 黒主
●15 鯉
●16 山伏
●17 白楽天
●18 浄妙
●19 橋弁慶
●20 占出
●21 鈴鹿
●22 孟宗
●23 保昌
▲1 四条傘
▲2 放下
▲3 大船
▲4 船
▲5 月
▲6 綾傘
▲7 菊水
▲8 鶏
▲9 函谷
▲10 長刀
現存しない主な山(○)と鉾(△).
ただし, 推定のものも含む.
○1 朝比奈もん
○2 那須与一
○3 芦刈
○4 くけつのかい
○5 桂
○6 タルマ
○7 山伏
○8 八幡
○9 山
○10 琴はり
○11 ゑひす
○12 放下
○13 おかひき
○14 鷹
○15 布袋
○16 泉の小二郎
○17 御ゆたて
○18 楊雄
○19 花見中将
○20 弁慶衣川
○21 芦刈
○22 はねつるへ
○23 伊達天
○24 かんたかうふきぬ
○25 内裏の花ぬす人
○26 孟宗
○27 うかひ舟
○28 柳の六尺
○29 こはんもち
△1 すて物
△2 太子
△3 弓矢
文 旧明倫小学校
烏丸通
東洞院通
高倉通
寺町通
河原町通
鴨川

明倫学区と山鉾の分布

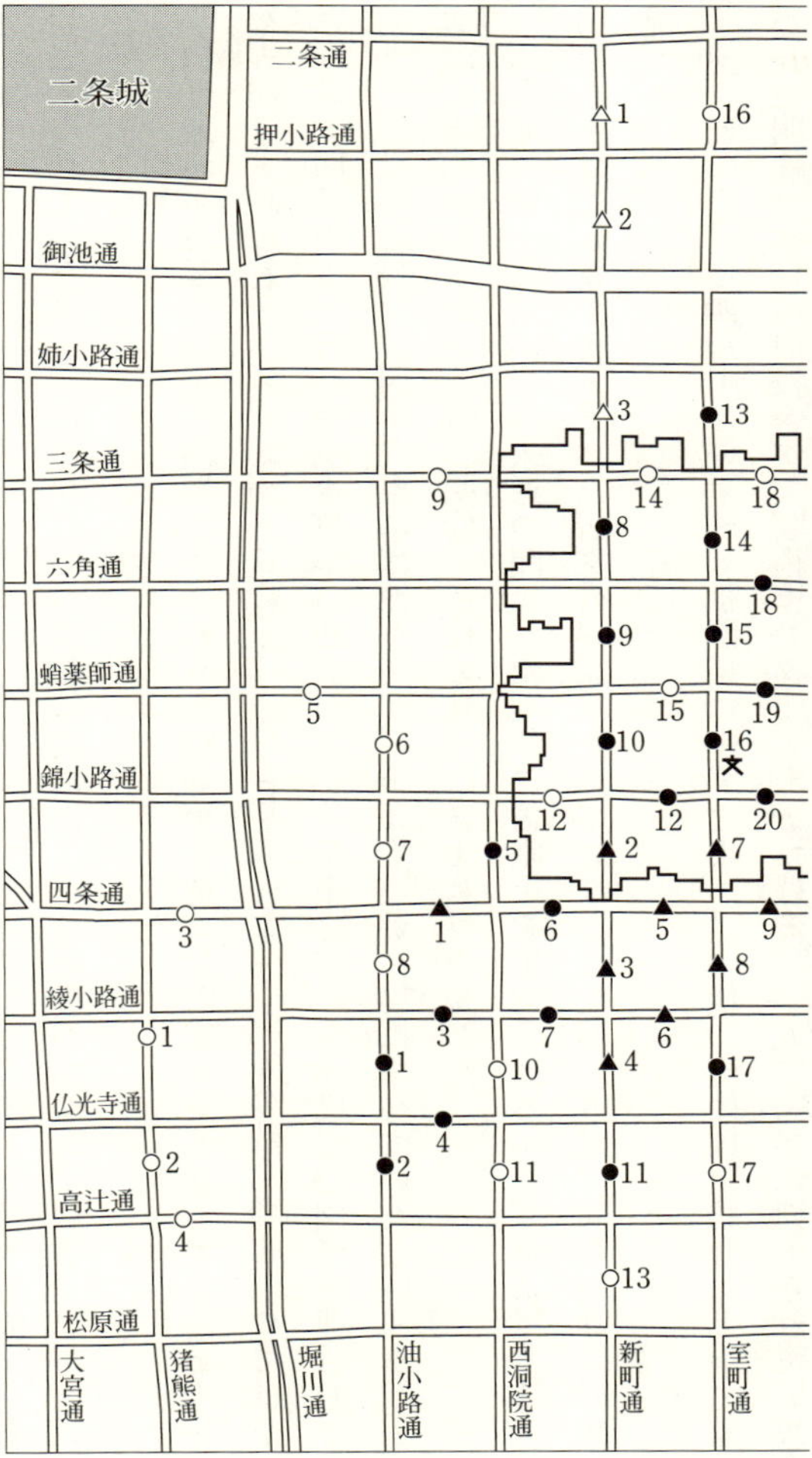
二条城
二条通
押小路通
御池通
姉小路通
三条通
六角通
蛸薬師通
錦小路通
四条通
綾小路通
仏光寺通
高辻通
松原通
大宮通
猪熊通
堀川通
油小路通
西洞院通
新町通
室町通

も井戸は残り、祇園祭期間中だけ開かれたという。同町はこの故事にちなんで手洗水町《てあらいみずちょう》という。同町も両側町であり、烏丸通をはさんで東西に商家が並んでいた。その西側の商家の間には路地があり、その奥に長福寺という寺があったという。長福寺は豊臣秀吉の京都改造で移転したと伝えられていたが、江戸時代前半の京都絵図にはまだその姿が描かれている。おそらく、一七世紀中頃に松原通に移転したものと思われる。

烏丸通から長福寺に至る路地、すなわち長福寺の参道には町家が立ち並んでいたようで、長《ちょう》福寺図子《ふくじのずし》と呼ばれていた。長福寺移転後は図子(辻子、路地)の町家の数も増えたのではないだろうか。図子の人々は、手洗水町から独立して「辻子中之定」を作成して図子を運営していた(『手洗水町文書目録』)。図子の奥には池があり、子どもの遊び場になっていたというが、三大事業による拡幅にかかった後、明倫小学校の敷地に含まれて消滅した。

烏丸通の錦小路通から四条通の間は、祇園祭に孟宗山を出すところから、笋町《たかんなちょう》と呼ばれた。同町からはこれまでまとまった古文書が発見されていなかったが、近年、同町出身の旧家から見つかった。

室町通に面する四か町はいずれも祇園祭に山鉾を出す。山伏山町には、統合によって廃校となった明倫小学校の旧校舎が、芸術センターとなって残る。一九三一年に建てられた旧校舎は、鉄筋コンクリート造りで、外壁を洗出しにし、軒廻りにスパニッシュ風屋根瓦を葺いてある。その外観から、この学区の裕福さと教育にかける熱意がうかがえる。芸術センターの向かいにある旧明倫幼稚園は、漢学者石津《いしづ》灌園《かんえん》旧邸跡で、現在は祇園祭山鉾連合会の事務所として使われている。菊水鉾町には、明治維新後の能楽界を支えた金剛流宗家の能楽堂があったが、近年、京都御苑西側に移転した(前述の薬屋町の東隣)。

室町通の西側を並走する新町通は、町小路《まちこうじ》とも呼ばれ、室町と並んで富裕な町人が集住していることで知られた。山鉾も七基建ち並び、宵山には多くの夜店で賑わう。北観音山を出す六角町には三井両替店があった。同町内には現在も、松坂屋の仕入店や京都生活工芸館など、かつての雰囲気を伝える町家が残る。南観音山を出す百足屋町《むかでやちょう》は、京都の町人頭茶屋四郎次郎の居町であった。幕末には医家新宮凉閣《しんぐうりょうかく》邸があり、同邸は後に実業家田中源太郎邸となる。その南が放下鉾を出す小結棚町《こむすびだなちょう》で、同町が山鉾を保管する町会所はどんどん焼けで焼失後、慶応年間に再建されたものである。祇園祭の山鉾を収める町会所としては現存最古のもので、嘉永年間に造られた土蔵とともに京都市の文化財となっている。

東西の道に面した町々

東西を走る三条通に面して室町通と新町通の間にある衣棚町《ころものたなちょう》は、京都を代表する法衣商千切屋一統(西村家)の居町であった。同町は祇園会に鷹山を出していたが、文政年間に破損してから行列に加わらなくなったと伝えられ、近年は復興の動きもある。千切屋所有の借家が軒を連ねていた三条室町は、借家の壁の色から五色の辻と呼ばれたという。

衣棚町の西隣、新町通と西洞院通の間は釜座町《かまんざちょう》という。平安時代に起源を持つ釜座があり、江戸時代にもなお同町に釜師が集まっていた。とくに、茶道家元出入りの職人、千家十職《せんけじっしょく》のひとつ釜師を務める大西家が現存し、所蔵資料は大西清右衛門美術館で公開している。

三条通の一筋南を走る六角通には、烏丸通と室町通の間に浄妙山を出す骨屋町がある。その西隣、玉蔵町には一八八〇年代には京都画壇の中心人物幸野楳嶺《こうのばいれい》が住み、その西隣、西六角町には今尾景年が住んだ。

六角通の一筋南側の蛸薬師通には、祇園会に橋弁慶山を出す橋弁慶町、永禄年間にガスパル・ヴィレラによって開かれた南蛮寺があった姥柳町、画家塩川文麟が住んだ不動町がある。

西に向かってなだらかな坂道になっている不動町では、明治初年、京都で初めて煉瓦敷の舗装を試みたという。

蛸薬師通の一筋南にある錦小路通には、祇園会に占出山を出す占出山町、霰天神山を出す天神山町、中世には松明山を出していた西錦小路町がある。占出山町には、天明の大火後、心学を講じる明倫舎があり、全国の心学講舎の中心的な位置を占めた。この地域の小学校を明倫小学校と呼んだのは、心学によって培われた町人の公共的活動の伝統を受け継ぐためであった。

了頓図子と観音堂図子(撞木図子)

ところで、明倫学区の賑わいは、室町通や新町通などといった表通りだけで作られたものではなかった。手洗水町の長福寺図子のように、随所に路地が発達し、その中に借家や飲食店が展開することで、さまざまな階層の人々の生活を支えていたのである。

六角通の室町通と新町通の間にあった玉蔵町には足利家に仕えたとの伝承を持つ広野了頓《ひろのりょうとん》邸があった。了頓は、茶人として豊臣秀吉にも仕え、江戸幕府からも同町内の邸地を認められたという。その後、家勢の衰退に伴い、邸地が開発されて町家が増え、了頓図子と呼ばれるようになる。広野家は一八八四年(明治一七)まで図子内にあったという。了頓図子は現在、六角通から北に延びて、三条通に突き抜けている。

これと同じように、天神山町南側に開発された路地が観音堂図子である。図子名の由来は、このあたりに竜福寺(観音堂)があったからだといわれる。また、図子が途中で西に折れて新町通に突き抜けており、その形から撞木図子《しゅもくのずし》とも呼ばれる。

図子(辻子)の展開は、京都の町並みが密度を高め、そこに次々と新しい商売を営む人々が入り込んできたことを示している。少し足を伸ばすと、図子の形成過程をうかがうことができる町並みもある。

室町通を四条通から下がると、鶏鉾を出す鶏鉾町、白楽天山を出す白楽天町が続く。白楽天町の南、貸しビルや商店が建ち並ぶ山王町の静かな町並みを過ぎると、高辻通へと抜ける。山王町は、かつて「御ゆたて山」を出していたとの記録もあるが、詳しいことはわかっていない。高辻通を西に折れ、西洞院通を過ぎると、道元が生涯を閉じた地との伝承を示す道元禅師《どうげんぜんじ》示寂《じじゃく》聖地碑があるが、その東脇から北に延びた路地の奥に祠があり、行き止まりとなっている(稲荷路地)。近年はこのような路地が少なくなりつつあるが、京都市中にはこうした路地が点在していた。

ところが、道元の碑の西側にある、同じような道幅の路地は、まっすぐ延びて仏光寺通まで突き抜け、通り抜けることができる。この通りは現在、東中筋通《ひがしなかすじどおり》と呼ばれるが、豊臣秀吉の時代に五条天神社の境内を貫通して開かれたことから、天使突抜《てんしのつきぬけ》とも呼ばれているのである。すなわち、路地が発達し、次の通りまで貫通すれば突抜とも図子とも呼ばれるが、行き止まりのままの路地も多いのである。道すがら、偶然目に留まった路地に足を向けると、普段とは違った京都が見えてくるのではないだろうか。

天使突抜(東中筋通)

天使突抜のすぐ西には油小路通があり、祇園祭の山鉾の中でももっとも西に位置する油天神山と太子山を出す風早町と太子山町がある。太子山町には、現在も奇応丸《きおうがん》の門灯を掲げる秦《はた》家が町家の暮らしを守っている。同家は、一九八六年に先代が亡くなったのを機に薬製造をやめたが、見学希望者の予約に対応しながら、町家と祭りを守ることの意味を現在も問い続けている。

前述したように、一九六六年(昭和四一)から一日で行われるようになった山鉾巡行は、二〇一四年(平成二六)から二日に分けて行われるようになった(後祭の復活)。一方、今では祇園祭のハイライトのひとつとなっている、長刀鉾の稚児が太刀で注連縄《しめなわ》を切る行事(注連縄切り)は一九五六年(昭和三一)に始められたもので、それまではなかったものである。また、「女人禁制」の解禁やくじ取りへの外国人の参加など、町ごとに祭りのあり方は大きく変化している。日本でもっとも裕福だった地域で、時代の最先端を担ってきたが故に繁栄してきた祇園祭であるが、担い手の減少と高齢化が進む中で試行錯誤が続いている。

第二章　開化と繁華の道——新京極と祇園

京都の文明開化は、芝居小屋や見世物小屋の立ち並んだ新京極と、ホテルや西洋料理店に外国人が集った円山公園から始まった。祇園の花街が京都イメージを創りだす近代の軌跡を考えよう。

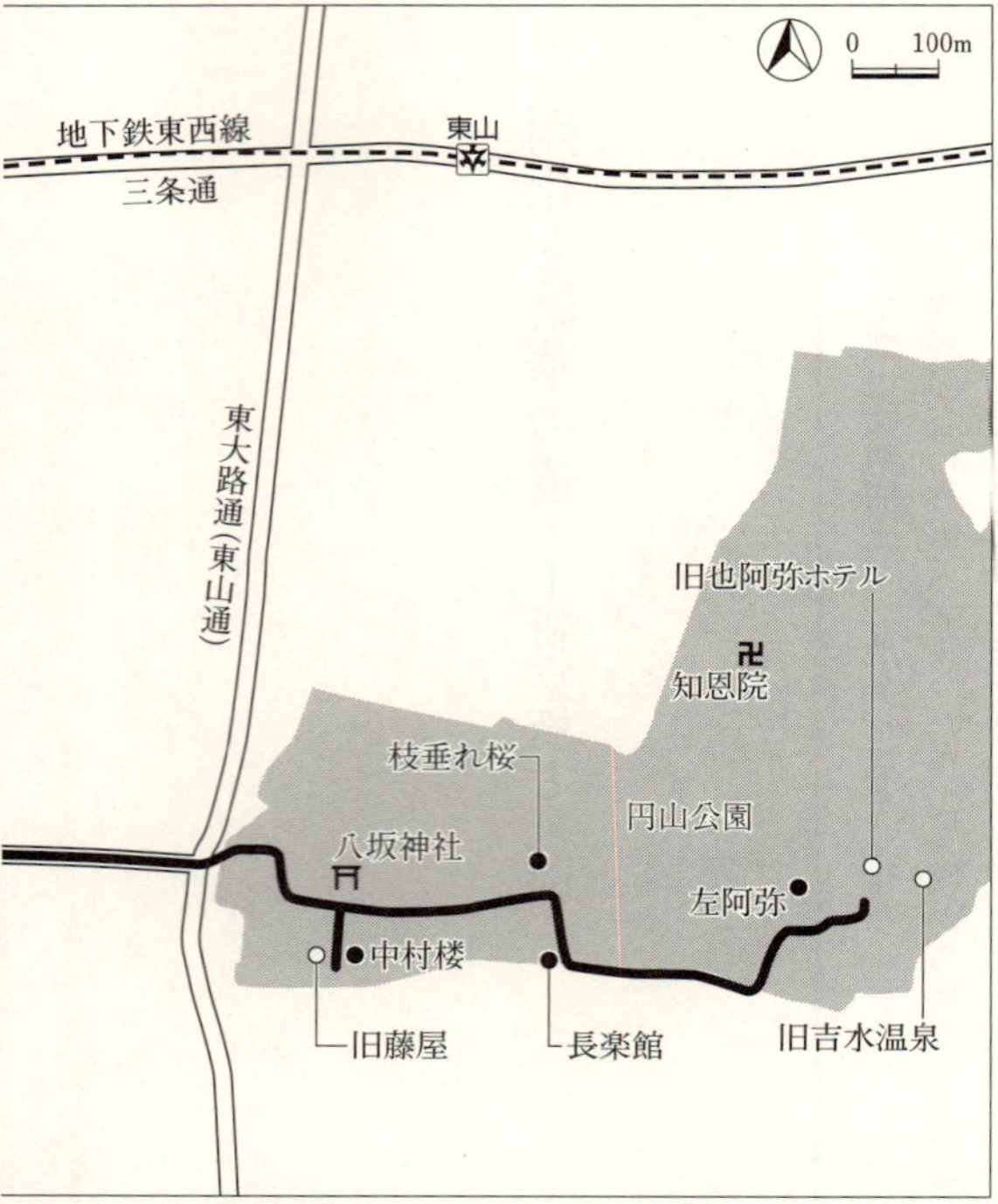

たは阪急京都線「河原町駅」下車．祇園，円山公園方面
京阪鴨東線「三条駅」から徒歩3分．

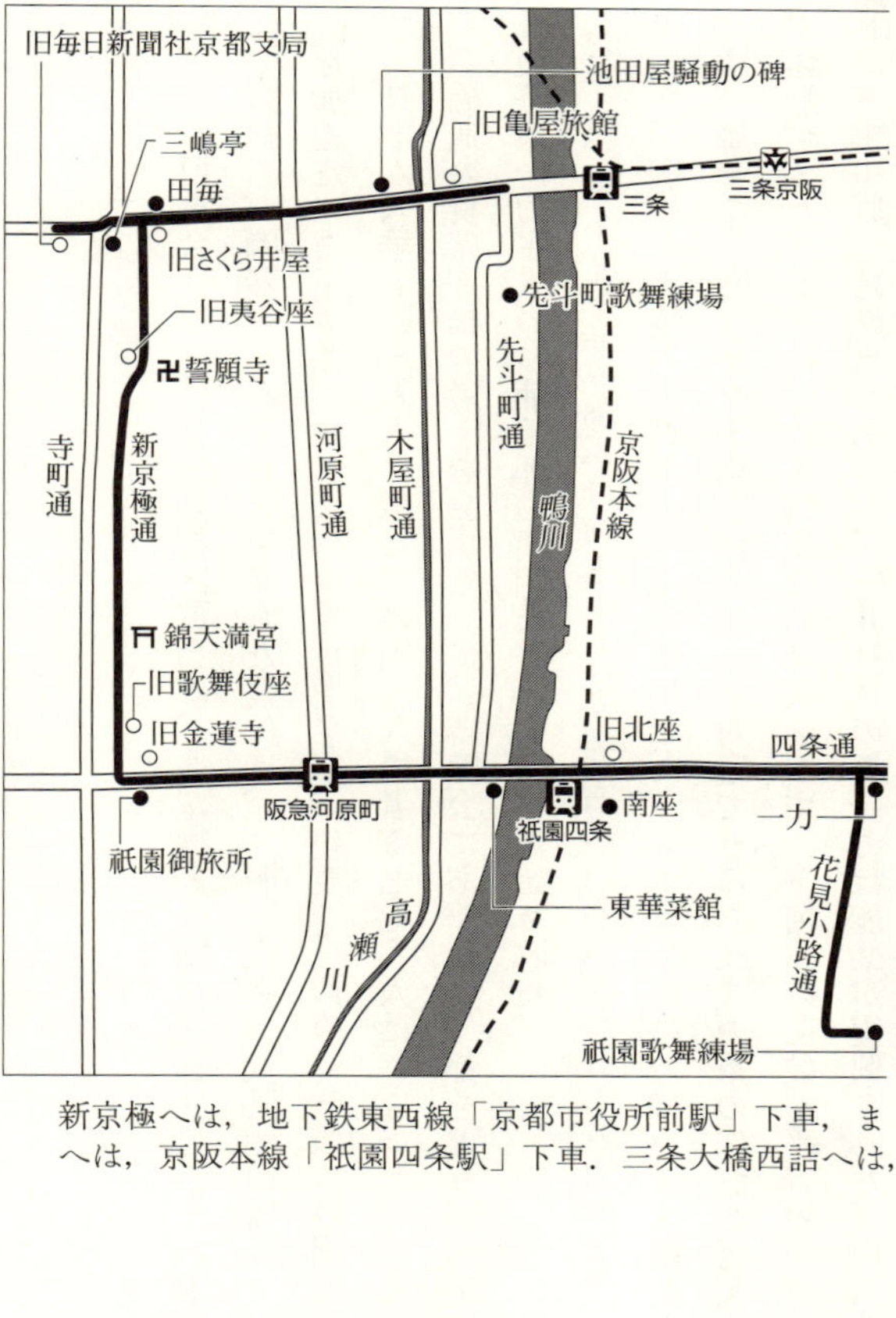

新京極へは，地下鉄東西線「京都市役所前駅」下車，ま
へは，京阪本線「祇園四条駅」下車．三条大橋西詰へは，

明治五年京都博覧会と文明開化

明治五年(一八七二)は京都の文明開化の始まりであった。

この年、京都博覧会社主催による京都博覧会は、農産物・鉱物などを展示した西本願寺に、飲食物や金銀細工、陶器・漆器などを出品した建仁寺、呉服・生糸、武具や甲冑などを観覧する知恩院を加えた三会場で催された(『京都博覧協会五十年紀要』)。初めて一般の外国人の入京を許可して、日本人入場者約三万人の他に、外国人入場者も七七〇人にのぼった。そして祇園新橋林下町新橋通の貸席「松の屋」を会場として、博覧会にあわせて、都をどりが、下京区第十五区区長の茶屋一力主人の杉浦治郎右衛門などによって創始された。

「都をどりは、ヨーイヤサ」のかけ声とともに、左右に一六人ずつ分かれて舞踊そのものを見世物とした、柳桜の衣装の群舞が、開化に新生した。ヨーロッパのレビューを擬した舞妓・芸妓の集団の舞であった。また千宗室が外国人に対応できる立礼式の茶の作法を考案し、点茶《てんちゃ》や煎茶が体験できた。このほかにも博覧会の余興として、下河原の芸妓が平野屋で東山名所踊を披露し、下鴨川原では煙火があがり、安井神社の舞台では能楽が復興された。円山公園は文明開化の場であり、外国人向けの宿が集中し、京都博覧会はその周辺で始まったのである。のちに知恩院の門前は外国人向けの骨董街として発展した。そして三条通から四条通までの新京極を槇村正直京都府大参事がつくりだしたのもこの年だった。

江戸期に安楽庵策伝《あんらくあんさくでん》上人（三四頁参照）がでて見世物小屋で栄えた誓願寺から、同じく見世物小屋や茶店で賑わった寺町四条上る金蓮寺《こんれんじ》（四条道場）までを、槇村が、庶民の娯楽所を結んで新京極とネーミングした。元治元年（一八六四）のどんどん焼けで疲弊した寺町は、上知令により召し上げられたのちに刷新された（田中緑紅『新京極今昔話』）。

明治期の都をどり．提供：長崎大学附属図書館

槇村正直が開いて、一〇年あまりで、新京極はすでに繁華な場となっていた。西六条若宮通七条上る竹屋町の京都府士族で隠居の久下嘉時が、一八八三年（明治一六）に八一歳で記した『新京極道のしおり』（『新撰京都叢書』第一巻）が残されている。久下は、新京極から四条通、大橋を渡り、南座・北座の前を通り祇園を

横切って、八坂から円山公園、長楽温泉までの繁華の道を歩いた。

久下が三条より南に下れば、金魚屋、親玉の名の饅頭屋、さらに下って首振り芸、三輪より取り寄せるおだ巻、そこを東へ入れば温泉場がある。さらに新京極を下がると、噺家《はなしか》菊助、砂糖屋、誓願寺、丸万の料理屋、蒲鉾屋。和泉式部の古碑をすぎると、古手屋、首振り芸、東向の芝居、蛸薬師本堂、本屋、錦天神、女浄瑠璃常設小屋、花かんざし屋、道場の芝居、楊弓屋、大弓屋、写真鏡屋、ぜんざい屋、寿司屋、料理屋と、さざめく町のなかを四条にいたった。そして四条御旅町から商店の並ぶなかを、一八七四年に鉄橋となった四条大橋を渡ると、「名にしおふはなの都の大芝居」の南座がある。四条建仁寺町より東は、「花の都第一の遊ひ楽しむ所」で極楽世界と久下は評した。八坂新地歌舞練場では春夏の都をどりが行われ、八坂神社に入った。平野屋という栗飯屋の「おた福豆」を味わい、枝垂れ桜を観て、一八八三年(明治一六)に長楽寺の三階建てで市中に聳《そび》える温泉を、「文明開化のなす所」で万病を治すと賞賛した。

三条通から新京極へ

それでは久下嘉時が文明開化期に歩いた繁華の道を、今、たどりたい。

東海道の終点である天正《てんしょう》期の石組みが土台に残る三条大橋の西詰には高札場があり、そこから河原町にいたる中島町には江戸時代から宿屋が集まった。三条大橋西詰の亀屋や布袋屋には、明治末から昭和戦前期に修学旅行生が多く泊まった。

三条小橋西側には元治元年に新選組が宮部《みやべ》鼎蔵《ていぞう》ら尊攘派志士を襲撃した「維新史蹟池田屋騒動之址」(京都市教育会、一九二七年)の顕彰碑が立っている。一九二八年(昭和三)の昭和大礼と史跡保存の行政が内務省から文部省に移管される時期に、三条小橋東側の「佐久間象山先生遭難之碑・大村益次郎卿遭難之碑」(料亭新三浦・白井湊三、一九三五年)や河原町蛸薬師下がる「坂本龍馬・中岡慎太郎遭難之地」(京都市教育会、一九二七年)などと明治維新の顕彰がおこなわれた。ここに明治維新の舞台としての京都という語りが本格的に登場した。

東海道の終点である三条通は同時に文明開化の場であり、その痕跡が残っている。一八七七年(明治一〇)に京都の町の南端に七条停車場ができるまでは、東西の道筋の東海道が、人や物を運ぶ京都への動脈であったからだ。したがって烏丸三条には、京都市の道路元標(一九二〇年道路法による設置)が残るが、三条大橋からそこまでの間だけでも、一九〇六年に辰野金吾が設計した旧日本銀行京都支店(現京都文化博物館別館)、一九〇二年竣工のネオ・ルネサンス様式の旧京都郵便電信局(現中京郵便局)、一八九〇年に作られた煉瓦造りの家邊《やべ》徳《とく》時計店、といった明治期の建造物をみることができる。また三条通御《ご》幸町《こうまち》の旧毎日新聞京都支局(現1928ビル)は武田《たけだ》五一《ごいち》が設計し一九二八年に竣工した、アール・デコ風のライト様式である。このホールにおいて、昭和戦前期に名物記者岩井《いわい》武俊《たけとし》が中心となり、市民向けの歴史公開講座が初めて開かれた。岩井武俊は同時に、先に述べた明治維新の顕彰をこの支局を拠点に展開してゆく。

三条寺町には、牛鍋の三嶋亭が一八七三年創建時の建物を残す。

さて三条通の新京極の入り口の北側には、東海道の車馬往来時、明治元年(一八六八)創業とするそば屋・田毎《たごと》がある。現在、新京極三条の南東角には永楽屋《えいらくや》細辻《ほそつじ》伊兵衛《いへえ》商店(新京極三条店)があり、永楽屋は元和元年(一六一五)以来の綿布商としての歴史をもつが、この支店では明治初期から昭和初期にかけての意匠を復刻した手ぬぐいを扱う。そしてこの場所に、二〇一一年までは、版画やみやげものを売る「さくら井屋」があった。さくら井屋閉店時には「天保年間より継承して参りました手刷木版職人がいよいよ少くなり当店古来の商品を造ることがむつかしくなりました」との張り紙が出された。さくら井屋は天保期からの絵草紙屋で、昭和初期には、小林かいちの手になるアール・デコの意匠で、「キリシタン」への憧憬や、ベニスのゴンドラ、薔薇やスズランなどをモチーフとした幻想的な絵封筒が売られた。その幻の画家、小林かいちは友禅下絵の画工であったことが二〇〇七年に明らかとなった。こうした無名の職人や画工によって、大衆社会の様々なデザインは支えられていた。モダンな大衆性が、南に続く新京極への導入となる。

新京極から四条大橋へ

近世の寺社境内での興行は、宗教行事などでの臨時的、仮設的なものであったのが、一九世紀の寺町三条から四条の、のちの新京極周辺では、常設の興行地へと変容していった。明治初年の寺町は、金蓮寺(四条道場)には歌舞伎・浄瑠璃・料理屋・各種店、歓喜《かんき》光寺《こうじ》・錦天神に歌舞伎・浄瑠璃、了蓮寺に楊弓、安養寺に楊弓、円福寺(蛸薬師)に歌舞伎、西光寺(寅薬師)に浄瑠璃、誠心院《せいしんいん》(和泉式部伝承)に歌舞伎・浄瑠璃、誓願寺に歌舞伎・浄瑠璃・楊弓・料理屋とい

小林かいちの絵封筒.
高木博志所蔵

った興行地であった。森栗茂一氏は、行政史料に新京極の開発の記述がないことから、槇村正直の東京遷都後の京都復興策によるとの通説を批判して、一部の官吏と香具師による地位横領による「なしくずし的開発」ではないかと解釈する。

江戸時代の社寺の境内興行の延長上に、一八八一年(明治一四)ごろの新京極は、芝居・身振狂言・滑稽昔話狂言・楊弓、写真店・ぜんざい・すき焼き・寿司などの飲食店等の盛り場となった。このうち尾張(尾陽)製めんるいの更級《さらしな》、ぜんざい餅の丹金(現寿司・乙羽)は、今日につながる店である。そして大正期になると、物品販売・映画館・寄席に収斂するが、昭和初期のトーキー映画の導入により、映画館を中心とした盛り場へと変容を遂げてゆく。

京都府の活動写真の入場者数をみると、府全体で一九二三年(大正一二)から一九二七年(昭和二)までは年間二〇〇万人前後で推移していたのが、一九二八年を境に、一九二九年から一九三三年には、八〇〇万人前後と四倍にふくれあがった。統計の八割以上が市域の映画館への入場者である。大衆社会の成熟とトーキー映画(一九三一年より)の全盛を迎えることになる。明治大正期の多様な落語・講談・浪花節・源氏節・琵琶などの遊芸者は減少してゆくこととなった(『昭和八年　京都府統計書　警察』)。

明治初年から残る乙羽の主人・河原芳博は、新京極について、「五十銭一枚で活動写真が見られうどんのいっぱいも食べ、ちょっとしたみやげまで買えた数十年昔（昭和戦前）の新京極、六角の交番横には火の見櫓が一きわ高くそびえ、金蓮寺勧商場から郷愁をさそう大正琴のメロデーが流れ、明治の体臭がいまだに残るたたずまい、電光輝きをます頃、手渡された割引券片手にすれば、十銭でも結構映画が楽しめるという、今から思えばうそみたいな話」と述懐する。

さて三条通を新京極に下がって蛸薬師の北側には、六角通に面して明治初期から阪井座があ

三条通

町	西側之部	東側之部
桜之町	親玉（まんじゅう） 角倉玄遠（写真師） 四季亭（精進料理） 天狗（善哉・餡餅） 於多福（酒肴・めし） 末広（まんじゅう） 播山（本弓射場） 養老軒（精牛肉） 林山（楊弓） 三亀（すし） 夷谷座（身振狂言） 笑福亭（滑稽昔噺寄席）	錦魚亭（金魚・善哉餅） 岡崎一直（写真師） 龍玉堂（銀細工） さくら山（本弓室内射銃） ふじ山（楊弓） 目鏡亭（鱒料理・吹寄店） 阪井座（身振狂言） 柴山（本弓） 小ばやし（借馬） 有山（楊弓） 雷山（室内射銃） 三茄子（楊弓） 二鷹（楊弓） 一不二（楊弓） （柴山～一不二：上の六角通に列す） 千歳（おだまきむし・麺類）
中筋町	都山（楊弓） 玉山（楊弓） 梅山（楊弓） 更級（尾陽製麺類） 演劇（東向） 万歳（麺類） 大松亭（善哉） 八百岩（料理）	加藤谷五郎（歯科） 暴的亭（めんるい） 〇万支店（善哉） 〇万（海川魚・すき焼き） 末広支店（饅頭） つる家（東向演劇茶屋） 安楽亭（東向演劇茶屋）
東側町	大六（海川魚料理） 太田権七（諸新聞雑誌 書籍売薬） 相生軒（精牛肉） 榮福亭（精牛肉） 尾崎（演史） 柴山（本弓射場） 京錦亭（善哉）	西邨（本弓射場） 福の家（身振狂言） 石井万丸（演史） 高木（写真） 松川饅頭（麦饅頭・西瓜） △たこやくしのづし 舟山（楊弓） 日の出（まんじゅう） 大富士（鷺しらず） 鳥豊（ひる・かしわ）
中之町	松の家（浄瑠璃女太夫） 車めし（支度所） けいしや（演劇茶屋） 千切屋（演劇茶屋） 演史定席 柴田（小間物） 寿き（衿類） 大黒（餅） 長井忠蔵（写真店） 中村藤七（写真店） 丹金（善哉餅）	いさみ（すし） 嚳亭（すし・酒肴） 亀山（本弓射場） 文山（本弓射場） 馬徳（借馬） 佐野新（海川魚料理） 歌舞練場（先斗町遊女） （亀山～歌舞練場：うすさまのづしにあったと思われる） 演劇（道場） 花遊軒（精進料理）

四条通

新京極の 1881 年（明治 14）の復元地図．新京極連合会『新京極』同朋舎，1972 年をもとに作図．

って、一八九一年(明治二四)より常盤座となり歌舞伎や川上音二郎のオッペケペが上演された。しかし火災にあった後、白井松次郎、大谷竹次郎兄弟が、一九〇二年(明治三五)に純日本式の明治座を建築して新京極の松竹合名会社として発展してゆく。同年に松竹合名会社が経営していた劇場は、新京極の明治座、歌舞伎座、夷谷座、大黒座、布袋座の五座にのぼり、中村鴈治郎とも親交を深め、一九〇六年に大阪の興行界に進出する。誓願寺の向いには夷谷座があり、一九〇〇年(明治三三)に松竹の経営となり、そして一九三八年(昭和一三)には松竹劇場になった。明治初期の久下の散策に出てくる道場の芝居は、四条通から花遊小路を上がった東側にあったが、その後、阪井座から松竹の経営になる新京極歌舞伎座をへてSY京映となり、ついに廃館となった。

こうした維新後の興行の先駆けとなる寺院が、誓願寺である。誓願寺を舞台にした謡曲「誓願寺」には和泉式部が歌舞音曲の菩薩となって出てくるが、ここは中世には熊野比丘尼をはじめとする女性説教師たちの養成所であった。そして戦国時代から江戸前期に生きた安楽庵策伝が京都所司代板倉重宗のために笑い話の『醒睡笑《せいすいしょう》』をつくり、話芸の総本山となっていった。その誓願寺の門前には、「迷子しるべ石」があり、北側面に「さがす方」、南側面に「をしゆる方　松栄坊」とあり、一八八二年に下京六組有志によって建てられた。これは八坂神社南楼門の外側の「月下氷人石」同様に、繁華な新京極の迷子のしるべになったのみならず、地震や火事、飢饉などの際に情報伝達の役割を果たしたと考えられる。

新京極六角下がるに和泉式部を祀る誠心院があり、薬師如来への信仰が続く蛸薬師堂(妙心寺)がある。そして京都の台所の錦市場の東端に錦天満宮が鎮座する。錦天満宮は、明治以前は疱瘡除けの神であり、明治五年(一八七二)に分離されるまでは、時宗の拠点であった歓喜光寺(現在は山科区に移転)と一体であった。これら寺町・新京極の寺院群は、豊臣秀吉の都市改造により政策的に集められた。

寺町蛸薬師上がるには太田権七の経営する太田印刷所があって、新聞・雑誌・書籍・売薬など手広く扱っていた。久保田米僊が抜け宮田小文らが編集する滑稽雑誌で言論誌でもあった『我楽多珍報』を、一八八一年(明治一四)から発行した。

錦小路から四条通まで、西は寺町から東は裏寺町までの広い寺域をかつて占めたのが四条道場・金蓮寺であった。時宗四条派の本山で、「一遍上人絵伝」を所蔵し、室町時代には大きな勢力を有したが、天明の大火以降、境内に芝居小屋・見世物・料理屋ができて衰微し、頓阿《とんあ》の和歌・千鳥ケ池・杜鵑松《とけんしょう》などは過去の繁栄を偲ぶ名所となった。同寺は、一九二六年に北区鷹峯に移転した。新京極の入り口、安産の地蔵と信仰を集める染殿地蔵《そめどのじぞう》は、かつて金蓮寺の境内があった頃の痕跡である。

新京極を出た四条通の南側には祇園御旅所《おたびしょ》があり、祇園祭の七月一七日から神輿が渡御し、祭りの間はここに留まった。三大事業(第二琵琶湖疏水建設、上水道整備、道路拡張・市電敷設)にともなう四条通の拡幅により、一九一二年に四条寺町からこの地に移動した。四条通を東にゆくと四条河原町の交差点に出る。天保期からの呉服商に起源する高島屋が、烏丸高辻から四条河原町に移ってきたのは、一九四八年である。四条大橋西詰北側には、三条通一筋南の先斗町《ぽんとちょう》歌舞練場まで江戸後期の公許の遊廓である先斗町があり、明治五年春から鴨川をどりが始まった。先斗町歌舞練場は武田五一の監修で大林組の木村得三郎が施工した、和洋折衷の装飾に満ちた鉄筋コンクリート四階建ての建築である。四条大橋西詰南側にはヴォーリズが設計し一九二七年に完成した、スパニッシュ・バロック様式の元の矢尾政レストランがある。一九四五年末にかつての京都東方文化研究所専属の中華料理コックが、北京料理の東華菜館を始めた。

現在の四条大橋は、一九一三年に竣工したドイツのセセッション式の装飾を排したモダンなものであり、京都市の森山松之助技師の手になった。明治末年の三大事業の道路拡築と市電敷設にともない鴨川の橋が架け替わった。その時、京都市はコンクリートの西洋近代のデザインをこの四条大橋や七条大橋に採用し開発を推し進めたのに対し、京都府は擬宝珠をもった「桃山式」復古調の三条大橋や五条大橋を架けて、伝統を重視する景観や史跡の保存策を展開した。

四条河原は、桃山文化を彩る阿国歌舞伎の濫觴《らんしょう》の地である。元禄期には、四条通北側に二軒、南側三軒、大和大路上がる二軒と芝居小屋が四条の鴨川東岸には林立した。明治維新を迎え四条大橋東詰には北座と南座の有力な小屋が競い合った。しかし一八八五年(明治一八)一月には下京区の住民より四条通の北座・南座の建物が危険で不潔であるので、「貴顕」の観覧にもふさわしく「美麗」に改築すべきであるとの建議がだされた(「南座新築関係書類」京都府立総合資料館)。鴨川東側の四条通は三間(約五・五メートル)に満たない幅であったが、一八九四年(明治二七)に北側を広げて五間(約九メートル)幅にして、北座は廃止となり、一九一二年に市電が敷設された。

祇園

近世から祇園は、祇園社(祇園感神院《かんしんいん》)への参詣道にあった。

今日、京都の観光言説に、舞妓やもてなしの文化が重要な要素となっている。花街をめぐっては、西本願寺の西、島原の太夫が性とは無縁の芸だけの存在というのも一つの観光言説である。二〇〇一年一〇月二一日の『京都新聞』には、京都の女子高校生が「太夫道中に歓声」をあげ京都文化を学び、「どうしたら太夫になれるの」と質問もしたという記事が掲載された。かつての島原の太夫と性は不可分で、たとえば田中泰彦『京都遊廓見聞録』には、一九二五年(大正一四)、一九三一年(昭和六)と「太夫を買い」にいった詳細な「島原角屋登楼記」が掲載された。一九五六年の売春防止法以前の公娼制や人身売買、あるいはかつて舞妓には旦那という経済的なパトロンがつき芸妓になるといった、歴史的な現実もあった。今日の観光言説のなかの、祇園をはじめとする花街は、歴史的な考察を欠き、性を隠蔽した「もてなしの文化」におおわれている。性のあり方をめぐる制度や社会構造が、前近代から一九五六年までと、高度経済成長以後の日本社会とでは異なっているのだろう。

安政五年(一八五八)五月に東本願寺近くの町から八歳のとめが、「養子娘」という形で親子の縁を切り、一両二分で遊女として祇園町に売られた。また慶応二年(一八六六)八月に六両で親に売られたきくは、「傾城遊女」をはじめ、どのような「賤しい奉公」をも納得済みとされた(祇園町文書八六、一四四、一五〇、京都大学総合博物館所蔵)。一八八一年(明治一四)に甲部・乙部に分かれた祇園について、一九〇八年の統計では、祇園甲部(四条通南側)において芸妓五四〇人、娼妓九一名、祇園乙部(四条通北側、祇園東)において芸妓六四人、娼妓一七八人と記録され

た(『明治四十一年京都市第一回統計書』)。

祇園甲部が、花街の新地となる起点は、建仁寺が一八世紀前半の仏堂再建にかかわる財政逼迫により境内地を開発したことにあった。宝暦一一年(一七六一)以降には、島原が京都の遊所の総元締めとなった。その後、幕末・維新の再編をへて、島原の下に、祇園町、八坂新地(清井町)、二条新地(先斗町・清水・白梅図子)、上七軒・下ノ森(内野五番町・内野四番町)、七条新地(宮川町・五条橋下・壬生)、新三本木、下河原(辰巳新地)といった支配系統があった。一九世紀になると島原は衰退し、祇園が遊所として繁栄を見せる。さらに四条北側の祇園乙部は娼妓中心で、四条通南側の祇園甲部は舞妓・芸妓が中心となってゆく、近代のその変化の背景には、祇園町南側の発展があった。

明治三年(一八七〇)には、島原からの一元的な支配が廃されて、鑑札を直接、京都府が与える体制となった。また明治五年(一八七二)一〇月には「芸娼妓解放令」がだされたが、京都府は席貸しとしての営業を許可し、直後に日本で初めての「遊所女紅場《にょこうば》」としての婦女職工引立会社が設立された。八坂女紅場学園は、建仁寺の上知した土地を共同所有して景観を整備した。

いわば象徴的には祇園町南側の発展が、観光と結びつき、芸に特化する舞妓像をつくりだしてゆく。能や人形浄瑠璃や歌舞伎、盆踊りやねりものといった江戸時代後期から明治初年の京都や上方で流行していた一般的な舞踊とともにあった京舞井上流が、一八九三年(明治二六)頃に祇園に定着した。祇園という花街に守られ、人形浄瑠璃と能の型を摂取して、女性の舞踊の品格が高かった。かくして祇園の井上流京舞は特殊であるとの語りが、二〇世紀に流布してゆくこととなった。

一九二三年(大正一二)から二年半、関東大震災後の京都に岸田劉生《きしだりゅうせい》も滞在し、花街で放蕩し、舞妓図(舞妓里代之像)などを描いた。黒田清輝や竹内栖鳳《たけうちせいほう》や土田麦僊《つちだばくせん》は、理想化され生活感のない舞妓像を作りだした。そして甲斐庄楠音《かいのしょうただおと》や秦テルヲが描いた娼妓・遊廓の世界も、かつて舞妓が生きた世界と無縁ではなかったのだ。とりわけ第一次世界大戦後の一九二〇年代には、娼妓の多い宮川町・七条新地・祇園乙部で、都市部の男性労働者の遊客数が増大し、初交経験の半数以上が売娼によるとの社会が成立する。

二〇〇七年現在で祇園甲部は芸妓八六人、舞妓二八人、宮川町は芸妓四〇人、舞妓二七人、祇園東は芸妓一一人、舞妓五人などとなり、芸妓の数は京都五花街(祇園甲部・祇園東・上七軒・先斗町・宮川町)全体で、一九六五年から三分の一以下となった。しかし一九九五年から芸妓数は二〇〇人前後の横ばいで、舞妓数は漸増している。相原恭子氏によると、今日では、インターネットで舞妓に志願する女性もいて、花街において、「性の問題が女性の気持ちを無視して、人任せに決められること」がなくなったという。

円山公園

祇園を過ぎ東に進むと、八坂神社の明応六年(一四九七)に建てられた西楼門に至る。平安時代には二十二社のひとつで、祇園社(祇園感神院)として牛頭天王《ごずてんのう》(近代は素戔嗚尊《すさのおのみこと》)を祭神に祀り、江戸期には執行《しぎょう》(社僧の長官の建内家)の宝寿院のほか塔頭や坊官家とともに神仏習合的な空間を形成した。明治維新をへて、境内地に円山公園が創りだされた。

明治四年(一八七一)一月の上知令で、八坂神社、安養寺、長楽寺、双林寺の境内地であった円山一帯の土地所有は変容した。一八七三年一月の太政官布告がでて東京では浅草寺・寛永寺、京都では「八坂社清水ノ境内嵐山ノ類」が「万人偕楽《かいらく》」の地である公園とされた。東京では浅草公園・上野公園が設置されたが、京都では一八八六年になってやっと円山公園となった。

もともと安養寺の塔頭に、多蔵庵・左阿弥・也阿弥・庭阿弥・蓮阿弥・正阿弥の六庵があった。この地は近世後期には茶店や料亭、あるいは貸座敷として文人や粋人の遊楽の地として繁栄していた。円山応挙晩年から七〇年にわたり元治元年(一八六四)の横山清暉《よこやませいき》死去にいたるま

明治前期の吉水温泉(山腹の中央). 提供：横浜開港資料館

で、円山四条派は、春秋二回、東山新書画展観をおこなった。幕末には正阿弥・双林寺長喜庵が会場となった。一八世紀に池大雅も、茶屋の娘であった玉瀾《ぎょくらん》と真葛ケ原に葛覃居《かったんきょ》を営んだ。維新前後でも円山の繁華な性格は変わることがなく、多蔵庵は一八七三年(明治六)に温泉療養のための吉水温泉に生まれ替わり、金閣を模した三層の楼閣が市中を見下ろした。梅酒や掻餅の名物が売られた左阿弥は、唯一、今日まで料亭として残っている。一八七九年に長崎県のガイド出身の井上万吉が創業した也阿弥ホテルが他の庵を吸収して繁栄したが、一九〇六年(明治三九)の二度目の火災で廃業した。

明治五年(一八七二)の京都博覧会で入京を許された外国人は、円山一帯を宿舎とした。八坂神社の南正面には二軒茶屋があり、近世には赤い前垂れの女性たちが豆腐料理を供した。東側が中村屋、西側は藤屋であった。二軒茶屋のうち、中村屋は京都博覧会を契機に西洋料理を供し洋室が八室ある中村楼となり、西側の藤屋は一八七七年に客室二〇を備えた洋式ホテルの自由亭となった。自由亭は神戸の前田又吉の経営になるが、のちに常盤ホテルから京都ホテルへと、京都のホテル業を牽引していった。

一八七三年に山本覚馬が、京都博覧会のために作った最初の英文ガイドブック、*The guide to the celebrated places in Kiyoto & the surrounding places for the foreign visitors* では、三条を起点に博覧会が開催された御所、祇園、知恩院と順を追って紹介されるが、円山の記述では、博覧会にやってきた外国人が泊まるホテルからは、京都を見渡す眺望が開け、春には円山の料亭から満開の桜を見下ろすことができると記された。

円山公園の桜は、文明開化の象徴であった。幕末までは、祇園社の執行《しぎょう》である宝寿院の庭にあり、外からはわずかに築地塀に咲きこぼれた花を観ることができた。神仏分離をへて宝寿院は失われ、明石博高《あかしひろあきら》が金五両で保護した枝垂れ桜は、市民に開かれた円山公園を象徴する風景となった。かがり火が焚かれ、外国人向けホテルやレストラン、そしてモダンな都をどりなどとともに、新たな古都京都の枝垂れ桜が、東山を背景に開花した。そして詩歌にうたわれ竹内栖鳳、東山魁夷らが描いてゆく。

第一回の京都博覧会における外国人来場者数は七七〇人であったが、一八八七年(明治二〇)

千種掃雲「つれづれの日」1909年作．提供：京都国立近代美術館

には一二一五人にのぼった。明治初年に林新助(古門前縄手東入)が外国人相手に古美術品を売り始め、明治一〇年代までにはフランスのギメ、イギリスのアンダーソン、アメリカのフェノロサが来京し、店頭においてもっとも優れた古美術を購入した。明治三〇年代になると、外国人向けのホテルは、京都ホテル(河原町御池)・都ホテル(蹴上)・也阿弥ホテルが、代表的であり東郊に集まった。外国人向けの大呉服商で美術商でもあった高島屋飯田新七東店(烏丸高辻)・西村總左衛門商店(烏丸三条)のほか、外国人向け美術商として寺町四条下がるに紹美栄祐《しょうびえいすけ》があり、新門前通・古門前通・縄手通沿の地域は、林新助・池田合名会社・「横山」・駒井音次郎などが美術商街を形成した。三条通の東の粟田周辺には、一九〇五年(明治三八)開設の山中吉郎兵衛商店京都支店や錦光山宗兵衛商店の美術商があった。七宝焼の並河靖之商店が白川沿いにあり、和洋折衷の応接間では最高級の作品を外国人に対面で販売した。七宝焼は、久邇宮家の授産事業でもあった。

また明治三〇～四〇年ごろには八坂社の赤い鳥居を出た東側に、大弓場やだるま落しなどの遊技場が並んでいた。弓をひろって客に渡す女性目当ての客も多かった（田中緑紅『円山公園』緑紅叢書）。明治末年から京都の市井の人々を描いた千種掃雲《ちぐさそううん》は、大雪の日、円山の矢場で物思いに沈む女性を描いた「つれづれの日」（一九〇九年、京都国立近代美術館）を残している。

第三章　清水坂の歴史と景観

かつての五条通にあたる松原通を東へ進み、鴨川を渡ると清水坂にさしかかる。この坂は、中世、清水寺への参詣路としてにぎわう一方、病や飢えに苦しむ人々の集住地ともなっていた。その痕跡をたどる。

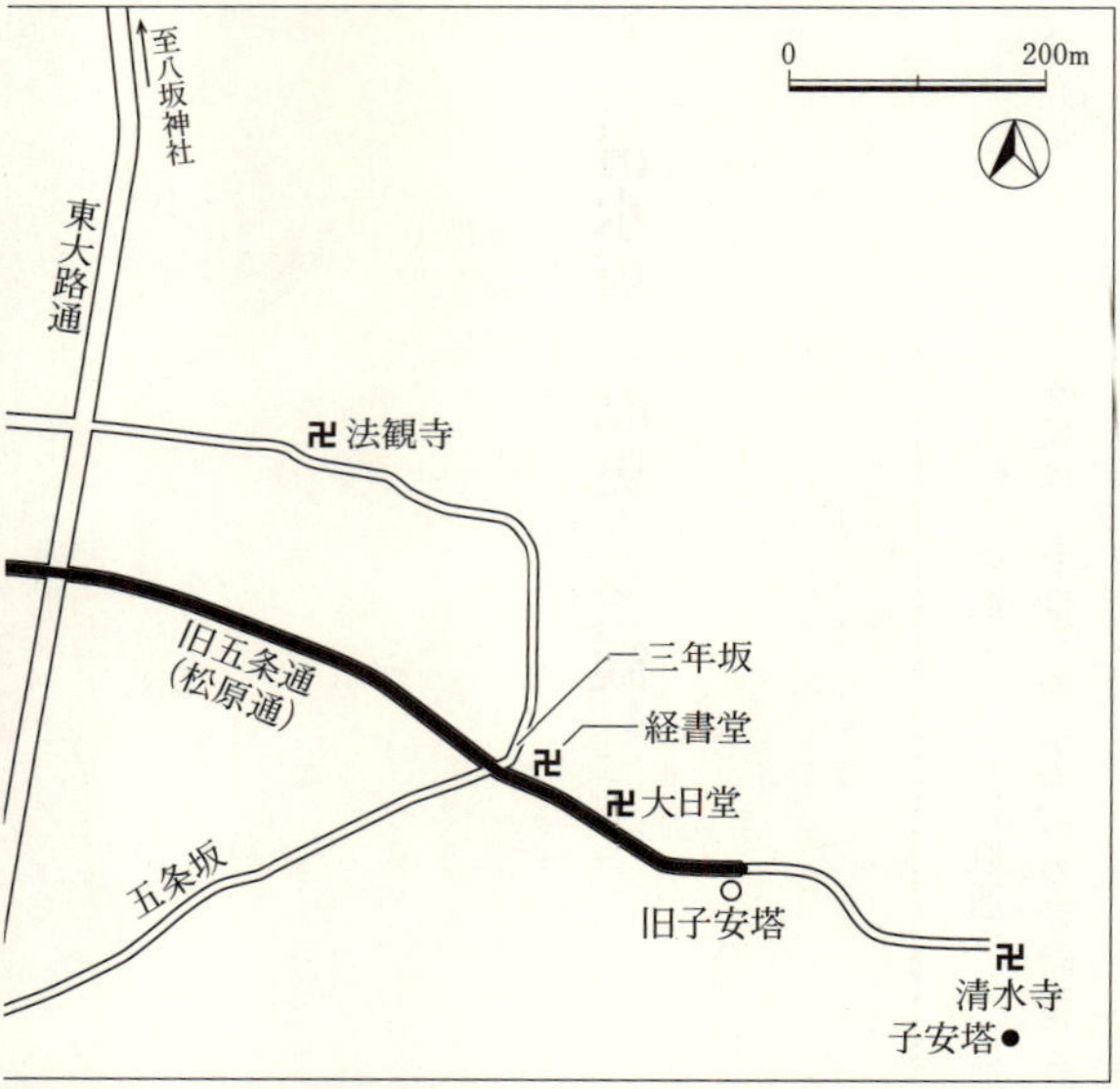

「清水五条駅」下車，川端通を北上.

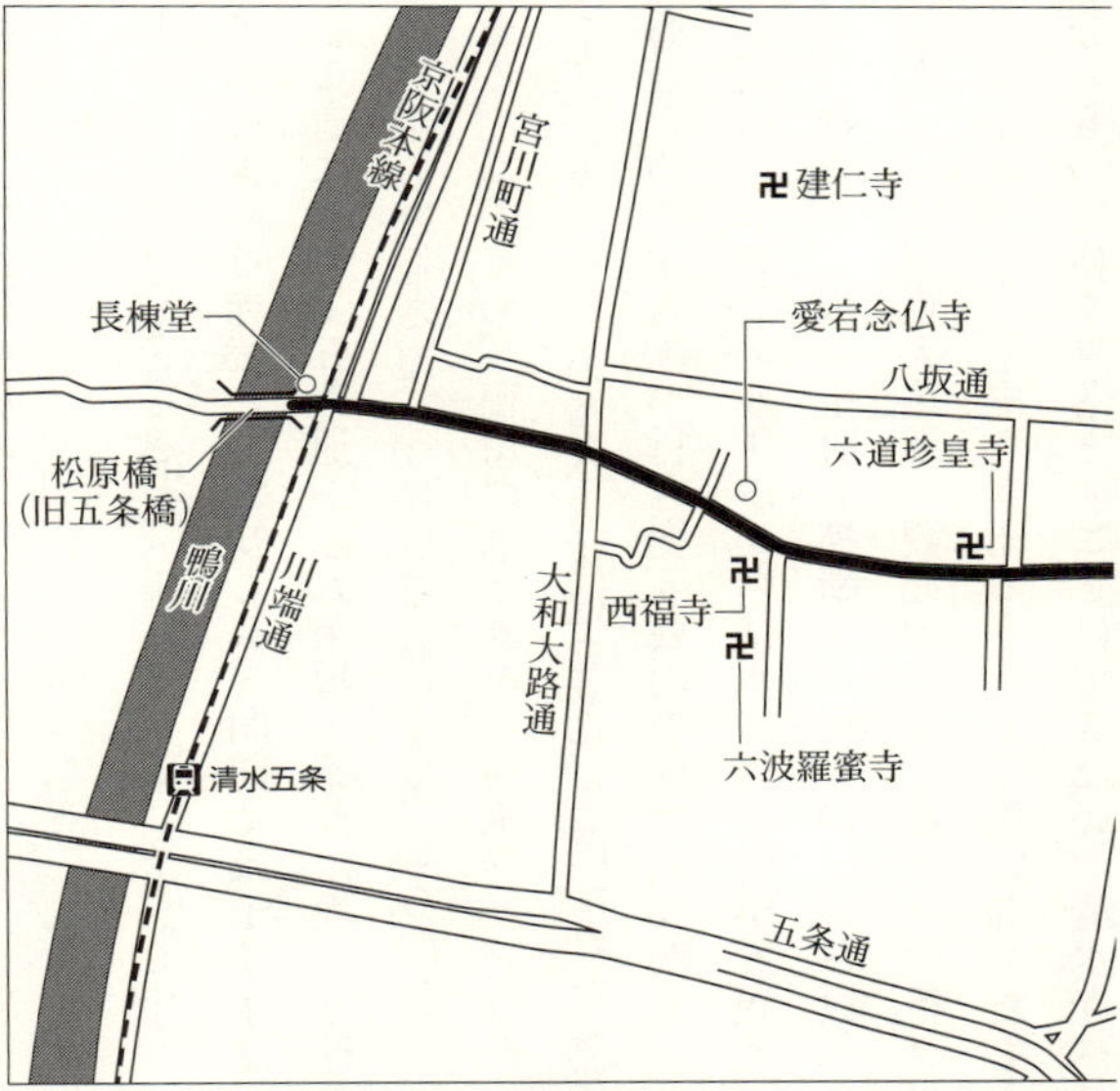

旧五条通(松原通)へは，京阪本線

松原橋から清水坂へ

京都市街を一望できる「清水の舞台」のある清水寺は、京都の中でもとりわけ多くの参詣客・観光客を集める寺院として知られ、門前には土産物屋が所狭しと立ち並んでいる。その門前へと至る道には、①五条通から五条坂・茶わん坂へと進む道、②八坂神社・高台寺方面から二年坂・三年坂を経る道、③松原橋(旧五条橋)から門前へと通じる清水坂を上る道の、おおむね三種ある。このうち、鴨川のほとりから清水寺へとひたすら東上していく③の清水坂は、延暦年間(七八二〜八〇六)の清水寺創建を契機に開かれた参詣路であり、古くから清水寺のみならず東海道をめざす人々が行き交う要衝の地であった。

ただし現在、この③のルートから清水寺へと向かう観光客の多くは、清水坂のはじまる鴨川付近よりはむしろ、坂の中腹を横断する東大路通から坂へと折れて、門前へと向かっていく。これはひとつには、東大路通が観光地をめぐるバスの行き来する道であることに起因しよう。しかし、③のルートの歴史を考えるうえで、松原橋のたもとから東大路へと向かう、坂のはじまり部分のもつ性格を見落とすことはできない。清水寺への参詣路が、旧五条橋である松原橋から始まることは、一二世紀成立の『梁塵秘抄』巻第二に、「何れか清水へ参る道、京極くだりに五条まで、石橋よ、東の橋詰、四つ棟、六波羅堂、愛宕寺、大仏、深井とか、其れを打ち過ぎて八坂寺」とうたっていることからも明らかである。さらに一六世紀半ばに作成されたと考えられている『清水寺参詣曼荼羅』(清水寺本)もまた、五条橋から坂へ入り、清水寺へとめざす人々の風景を描いている。そこで旧五条橋(松原橋)に始まる参詣路をめぐる歴史を、絵図をはじめとする諸資料に拠りながらたどってみることにしたい。

松原橋から清水坂へ

まず、『梁塵秘抄』に「五条まで、石橋よ」とみえる五条橋(現松原橋)についてみていくと、かつての五条橋は、『清水寺参詣曼荼羅』に描かれているように、中島(中洲)をはさむ形で二つに分かれていた。そして中島には、安倍晴明を祖とし、鴨川の治水信仰と結びついて活動する民間陰陽師の拠点となった法城寺が存在していた。瀬田勝哉氏の研究によれば、豊臣政権期に行われた畿内陰陽師の尾張国への強制移住を契機に法城寺の維持は困難となり、三条東詰へと移転するとともに(現在の心光寺)、中島も消滅してしまったという。また同じ豊臣政権期には、五条橋の東南に方広寺および豊国《とよくに》神社が創建され、これらと洛中とを結びつける道が新たに五条通とよばれるようになり、新五条通に架かる橋が五条橋となった。

長棟堂をめぐる人々

さて、旧五条橋を渡った先には、『梁塵秘抄』に、「東の橋詰、四つ棟」とあるように、かつて「四つ棟」と呼ばれる施設が存在した。そしてこの「四つ棟」が、『清水寺参詣曼荼羅』の描く「長棟堂《ながむねどう》」の前身に相当するものであること、長棟堂は癩《らい》病者の居所として建てられた観音開きの扉をもつ長屋であったことが、下坂守氏によって指摘されている。

坂の入口に居住し物乞いを行う人々の存在は、すでに一一世紀には確認することができ、藤原実資の日記『小右記《しょうゆうき》』には、「六波羅蜜坂下之者」「清水坂下之者」が、貴族の施行を受けている様子がみえている(万寿四年一二月四日条・長元四年三月一八日条)。やがてこうした人々が集団化し、一三世紀には、「長吏《ちょうり》」を筆頭とし、癩病者を下層におく重層的かつ自立的な集団が形成されていった。そして長吏については、当初清水寺の寺僧としての身分を帯びつつも、興福寺末寺の清水寺を自らの末寺にしようとはかる比叡山延暦寺（山門）と結びつき、山門末社祇園社の「犬神人《いぬじにん》」として山門および祇園社の支配を受けるようになっていくのである。

長吏はまた、葬送にまつわる得分《とくぶん》を得ていたほか、祇園祭の巡行時には、「犬神人」として供奉《ぐぶ》・警固《けいご》をした。さらに、京都の「上下町中」で乞食を行う重病非人らを管理するとともに、京都市中で出現する癩病者の収容をも行っていた（『金剛仏子叡尊感身学正記』建治元年八月二七日条）。当時の「癩病」は、ハンセン病のみならず疥癬《かいせん》などを含むものであったといい、穢《けが》れを帯びた存在として、都市の境界的な場に集住させられるとともに、施行の対象となっていた。「飢饉や慢性的飢餓状態および劣悪な衛生状態などによって、民衆は、それこそ階級的に、そのような病いに直面させられていた」との黒田日出男氏の指摘をふまえるならば、清水坂は、貧困と病にあえぐ都市民衆の、重要な拠りどころであった。細川武稔氏によれば、その背景には、都市の周縁部に位置するという清水坂の境界としての性格とあわせ、清水寺の滝の水によって癩病が治癒するとの言い伝えや、子安塔《こやすのとう》に光明皇后と癩病者をめぐる縁起などが存在したという。

ところで『清水寺参詣曼荼羅』には、坂の入口に、長棟堂とともに木戸が描かれている。木戸は、清水寺門前へと続く道中、この入口の木戸と合わせ四つ描かれており、木戸によって区

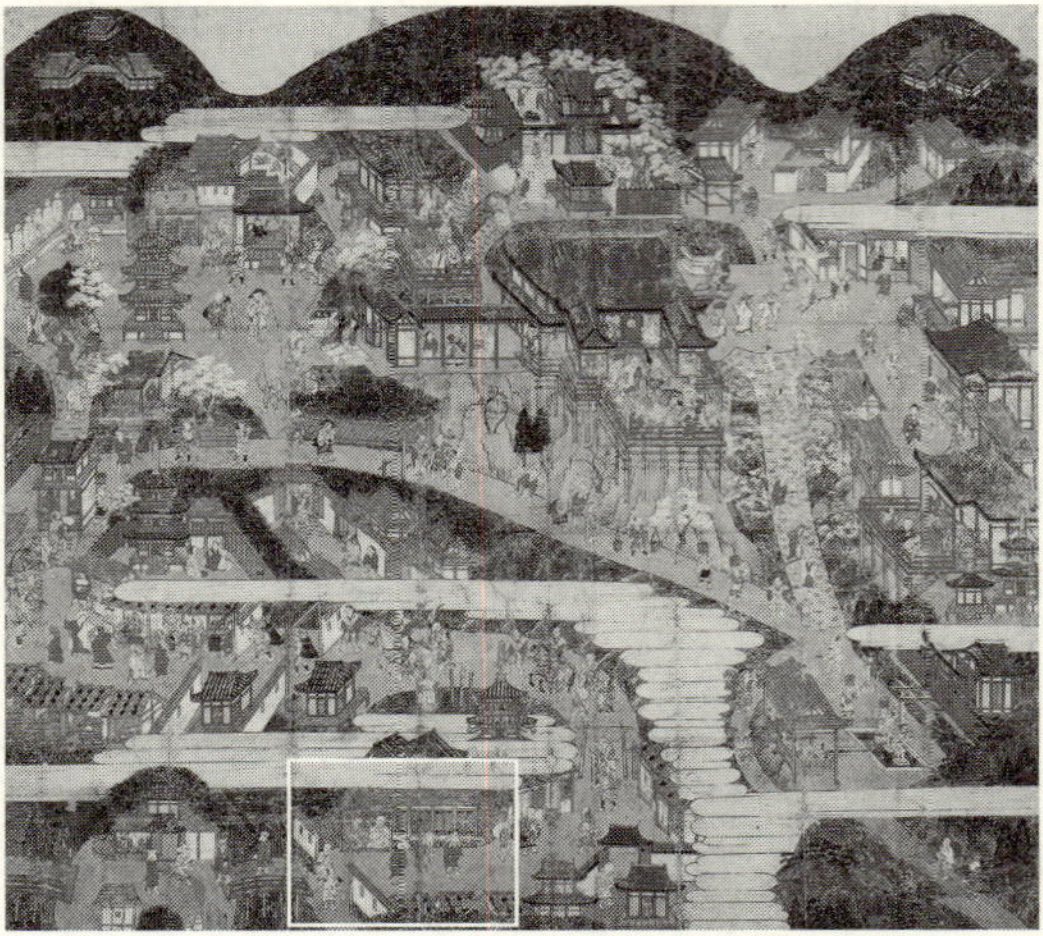

清水寺参詣曼荼羅．四角で囲った部分が長棟堂．
所蔵提供：清水寺

切られた空間のもつ意味についてはすでに下坂氏が詳しく検討している。ここで注目したいのは、一五世紀の応永三二〜三三年（一四二五〜二六）の「酒屋交名《きょうみょう》」（『北野天満宮史料　古文書』六二号）に、「清水坂一木戸北頬」の「木春」の存在が確認される点である。

「一木戸」を、坂に敷設された第一の木戸すなわち入口の木戸をさすと考えてよいのであれば、長棟堂に並びたつ位置に、酒屋が存在したことになる。これより前の一四世紀半ばに記された、祇園社の執行《しぎょう》顕詮の日記には、「清水坂・三条町等店屋巡見し了《おわ》んぬ」「清水坂店屋巡見し了んぬ、建仁寺の鎮守祭の風流之を見物す」とみえ（『八坂神社記録』上、康永二年一一月一三日条・観応元年九月九日条）、清水坂に「店屋」が立ち並んでいた様子がうかがえる。また、「清水坂大通堂倉」(康永二年一二月二六日条)をはじめとする、清水坂の金融業者に関する記事も散見される。施行を受け生活する非人たちが清水坂を拠点としたのは、このような、参詣路・交通路としてにぎわい、人の行き交う場であるという、坂のもつ性格によるところが大きかった。したがって癩病者たちは、穢れ観念による忌避・差別のもとにおかれていたとはいえ、近代以降に展開した隔離のもとにあったわけではなく、坂あるいは都市のもつ開放性のなかに生きていたといえよう。

横田則子氏の研究によれば、一七世紀になると、長棟堂は清円寺とよばれる寺院となり、かつて五条中島に法城寺と共にあった晴明塚を伴いながら、塀で囲まれた癩病者の集住区・「物吉村」になるという。その一方、「物吉村」の東、現在の大和大路通を横断した先の松原通ぞいには、長吏・「犬神人」の居住する「弓矢町」が形成され、弓矢の製造・販売にいそしんだほか、祇園祭の神輿の警固役をつとめるなどした。

また小出祐子氏の研究によれば、その後一八世紀になると、地子の増収をのぞむ建仁寺によって、弓矢町および六波羅蜜寺付近の建仁寺門前の町家開発が進行したといい、清水坂の景観は変貌していく。そして明治四年(一八七一)には、解放令・勧進禁止令の発令に前後して物吉村は廃止され、その跡地は上地となる(『京都坊目誌』)。弓矢町に一九二五年(大正一四)まで存在

愛宕念仏寺跡地の石碑

した愛宕念仏寺《おたぎねんぶつじ》も、その後嵯峨鳥居本に寺名そのままに移転している。

現在、松原通ぞい北側に、その跡地を示す石碑が立てられている。貞享三年(一六八六)刊行の『雍州府志《ようしゅうふし》』をはじめとする江戸時代の地誌によれば、毎年正月二日の夜、この寺に犬神人が集まり、「天狗酒盛《てんぐのさかもり》」と称する酒宴を行ったのち、本堂での修正会に際し太鼓をならして法螺貝を吹き、悪鬼を払ったという。跡地には、個人宅の敷地内に愛宕観音堂がのこり、江戸時代の観音信仰の地としての面影をのこすほか、弓矢町の会所「弓箭閣《きゅうせんかく》」がある。近世以降の開発・都市化の進展により住民は入れ替わっていると思われるが、毎年祇園祭の季節になると、弓箭閣や商店等に、かつて祇園祭神幸祭の警固をつとめる際に町の人々が身に着けていた甲冑が展示されている。

六道の辻

さて、弓矢町・愛宕念仏寺跡を過ぎてさらに清水坂をのぼっていくと、西福寺そして六波羅《ろくはら》蜜寺《みつじ》へと至る。西福寺は、江戸時代初めに開かれた浄土宗の寺院であり、六波羅蜜寺への曲がり角には「六道之辻」と刻まれた石碑が立っている。「六道の辻」は冥界への入口をさし、清水坂を少し進んだ先にある六道珍皇寺《ちんのうじ》の門前にも「六道の辻」とされる道が存在する。この付近に「六道の辻」が存在するのは、天明七年(一七八七)公刊の『拾遺都名所図会』巻二に「古ハ鳥辺野無常所の入口なり。此ほとりを六道辻といふ」とあるように、当地が古来より葬送の地として知られる鳥辺野に接する地であったことによるものと考えられる。

西福寺の南にある六波羅蜜寺は、市の聖として知られる空也上人が建立した西光寺に由来する寺院で、口から六体の阿弥陀仏を現出させながら念仏を唱える空也上人の立像(鎌倉時代、重要文化財)や、出家姿で経巻を持つ平清盛の坐像(鎌倉時代、重要文化財)等を安置する寺院として知られる。一二世紀、六波羅蜜寺の南側は平氏一門の邸宅が並び、その跡地には鎌倉幕府によって六波羅探題がおかれることになった。

西福寺からさらに先へと清水坂をのぼっていくと、左手に六道珍皇寺がみえてくる。珍皇寺創建の経緯には諸説あるが、遅くとも九世紀には建立され、一四世紀半ばまで東寺の末寺であったが、その後建仁寺の末寺となった。門前に「六道の辻」と記された石碑が立ち、毎年八月七〜一〇日には、精霊迎えの行事である「六道まいり」のため多くの人々が訪れ、「迎え鐘」をつく。

神護寺跡から子安塔へ

珍皇寺を過ぎてさらに坂をのぼって東大路通を横断すると、次第に勾配もきつくなっていく。三年坂へと向かう坂の両側は、地点表示でいえば「清水四丁目」となるが、このあたりには一五〜一六世紀に、神護寺が所在した。細川武稔氏の研究によれば、神護寺は非人救済とかかわりの深い律院の流れをくんでいたといい、その通称であった「水堂」の「水」も、癩病治癒の効力をもつ清水寺からの水に因んでいた可能性が考えられるという。すなわち、神護寺もまた長棟堂と同様に、癩病者の救済施設であったと推測されている。清水坂の入口のみならず途上においても、癩病者にとって重要な施設が所在したと考えてよいならば、清水坂はまさにかれらにとって救済の道であった。

さらに坂をのぼり続けると、観光客でにぎわう三年坂・五条坂との合流地点が見えてくる。三年坂を過ぎてすぐ左手に、経書堂《きょうかくどう》(来迎院)がある。清水寺成就院に連なる寺院で、江戸時代、経書堂の僧が石や経木に法華経や大乗経等を書き、死者に手向ける習俗があったという(『山州名跡志』巻二、『出来斎京土産』巻之三)。先にもふれた一五世紀に作成された「酒屋交名」あるいは「酒屋請文《うけぶみ》」といった史料のなかに、「清水きやうかくたう(経書堂)のうえ」や、「清水経書堂前東南頰」「清水経書堂下北頰」の酒屋の名前がみえており(『北野天満宮史料　古文書』六二・五三号)、かつては、経書堂付近に酒屋が軒を連ねていたことがわかる。

経書堂を過ぎ、土産物屋の立ち並ぶなか、さらに坂を進んでいくと、大日堂が見えてくる。清水寺宝性院末の寺院で、正しくは真福寺とよぶが、空海の作と伝える大日如来坐像を安置したことから、大日堂とよばれるようになったという(『山城名跡巡行志』第二等)。現在は、二〇一一年(平成二三)三月一一日の東日本大震災により発生した大津波で流され戻り着いた、岩手県陸前高田市の高田松原の松の木から造られた大日如来坐像が安置されている。堂に掲げられたパネルによれば、京都伝統工芸大学校仏像彫刻専攻科の学生を中心に製作が進められ、「ひとノミ一削り」の呼びかけのもと、陸前高田市や宮城県塩釜市、大阪市、神戸市など全国各地の一万人を超える人々がノミを入れたといい、二〇一二年五月に清水寺に鎮魂・復興を祈願して奉納されたのち、大日堂に安置されたという。

大日堂を参拝し、坂をのぼると、ようやく清水寺仁王門が見えてくる。その仁王門の手前、坂をのぼりつめた右手には、現在、清水寺警備室があるが、ここには一九一一年(明治四四)まで、子安塔《こやすのとう》(泰産寺《たいさんじ》)があった。子安塔は、現在、清水寺本堂の南方に移転している。江戸時代、安産祈願の場として信仰を集めた。また『雍州府志』巻四には、光明皇后が産前に病にかかって伊勢皇太神宮に祈ったところ、一寸七分の観音霊像が枕もとに現れる夢をみ、無事内親王(のちの孝謙・称徳天皇)が産まれたこと、その後重ねて神託が下ったため、天平二年(七三〇)に三重塔を建立し、一寸七分の観音霊像を安置して泰産寺と称するようになったこと、子安塔の建立は清水寺の草創よりも古いことなどが記されている。

現在、警備室の敷地内に立てられている石碑にも、「〈光明皇后/念持観音〉子安塔跡」と刻まれている。さらに嘉永六年(一八五三)成立の『子安観音縁起絵画伝』には、光明皇后が夢告により子安塔に浴室を建てたこと、皇后自ら浴室を訪れた癩病者の法師の体を洗ったところ、法師は仏の姿になって現れたことなどが記されている。こうした子安塔をめぐる縁起の存在は、すでに細川氏が指摘しているように、「非人救済の場という清水坂の性格」をよく示しているといえよう。

以上、鴨川のほとりから清水寺へと至る清水坂の歴史をたどってきた。清水坂は、今も昔も、清水寺への参詣路・交通路としてのにぎわいの中にある。しかし過去には、貧困そして病にあえぐ人々が必死の思いで生き、また救済を求めのぼった坂であり、死後の世界・彼岸につらなる坂でもあった。そうした人々の思いに寄り添いながら、のぼっていきたい坂である。

第四章　キリシタンの道

一六世紀末に伝来したキリスト教は、京都でも活発に布教され、やがて弾圧された。それでもなお信仰を守り続けた人々の姿を、「殉教」および「かくれキリシタン」の痕跡から浮かび上がらせることにしたい。

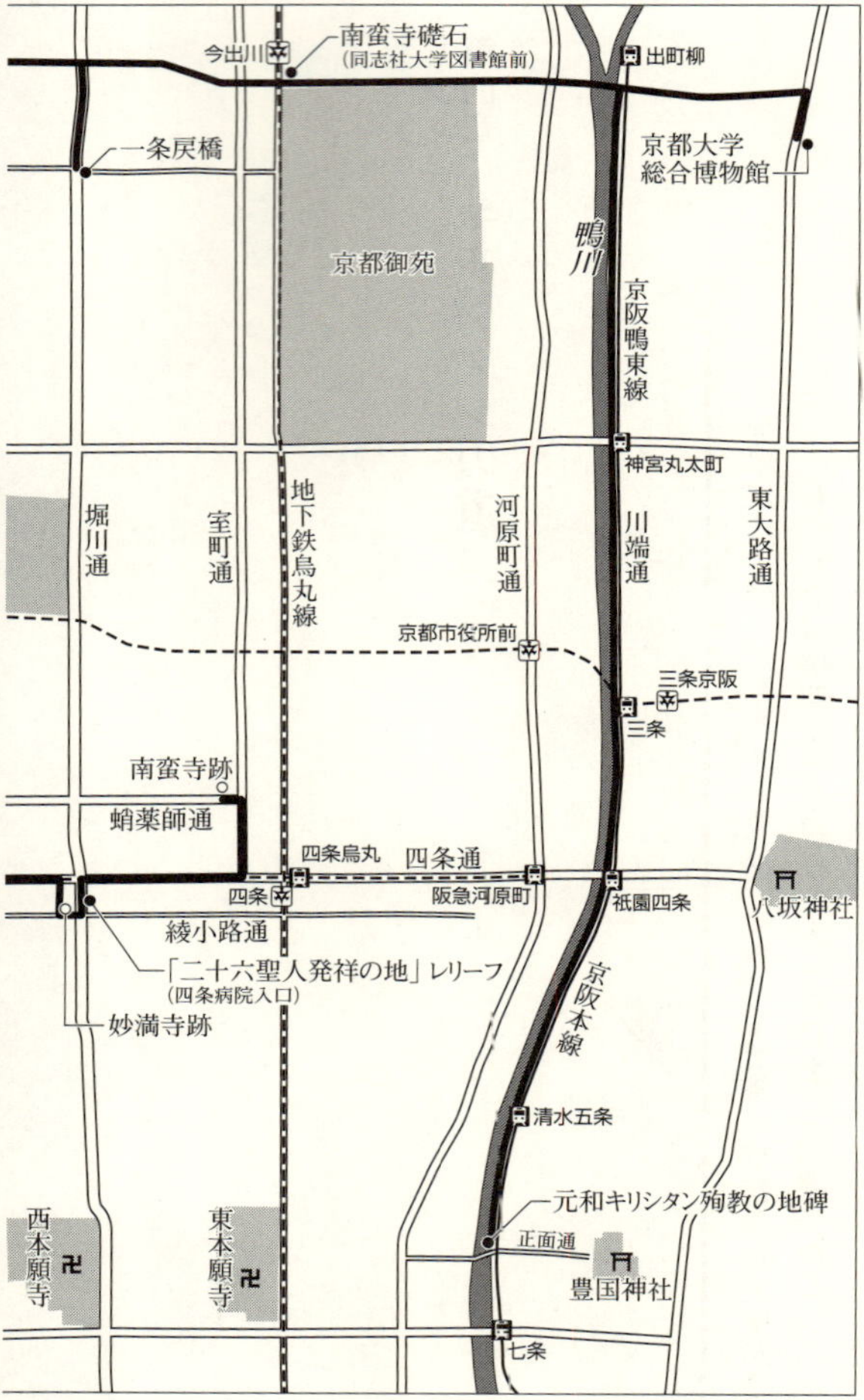

「四条烏丸駅」を下車．妙心寺方面へは，JR 山陰本線「円
地碑へは京阪線を利用し，それぞれ「出町柳駅」および

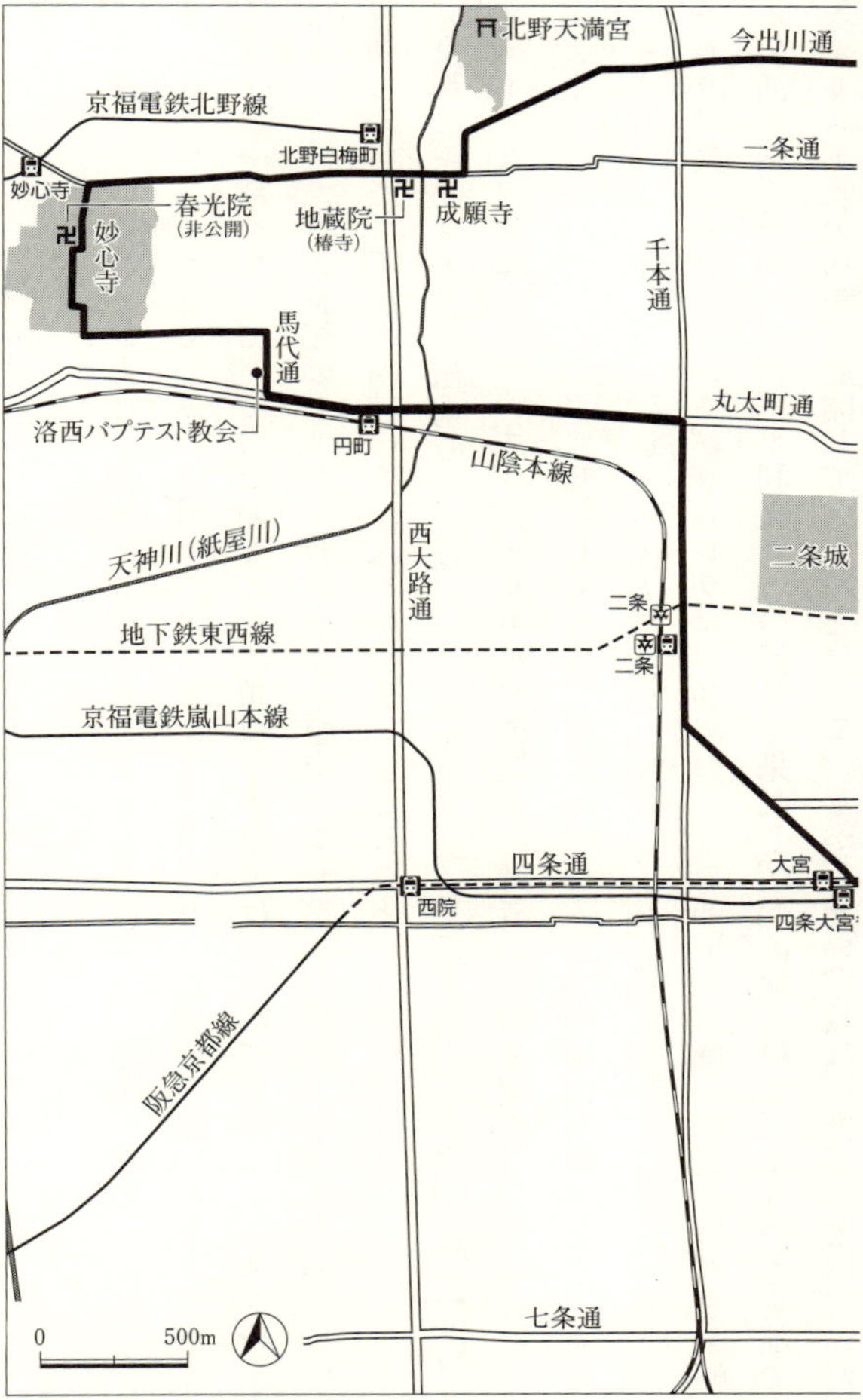

南蛮寺跡へは，地下鉄烏丸線「四条駅」または阪急京都線町」下車．京都大学総合博物館から元和キリシタン殉教の「七条駅」で下車．

南蛮寺の成立

京都らしい風景といえば、神社仏閣をイメージする人は多い。しかし意外にも、京都の街を歩くとあちらこちらでキリスト教の教会を目にする。こうした教会の存在もまた、京都の歴史と文化の一部をなしている。このことを念頭に、本章では、初めて京都にキリスト教が広まることとなった一六世紀のキリスト教をめぐる歴史をふり返り、禁教の時代にあってもなお信仰をつらぬいた、不屈の精神をもつ人々の痕跡をたどることにしたい。

京都にキリスト教が伝来したのは、一六世紀半ばのことである。天文一八年(一五四九)に、スペイン人宣教師フランシスコ・ザビエルが鹿児島に来着したのを契機に、日本にキリスト教が広まっていったことはよく知られている。ザビエルは天文二〇年に京都へ赴き、天皇への謁見を求めるが、果たせず、いったん九州に戻った。その後永禄二年(一五五九)、ガスパル・ヴィレラ神父が入京している。ヴィレラは、物置のような部屋や、掘っ建て小屋などを転々とする生活を送りながら、将軍足利義輝との接見を果たし、允許状《いんきょじょう》を得て、ようやく京都で本格的なキリスト教の布教を展開していくことになる。しかしその布教は、投石や罵倒、いたずらに苦しめられながらの布教となり、困難な状況のなか進められた（ルイス・フロイス『日本史』第一部二四〜二九章）。

永禄四年（一五六一）、ヴィレラは四条坊門通姥柳町の一軒の家屋を仏僧から買い求め、祭壇と聖堂を設けるに至っている。当時洛中においては、家屋の売買に際し町の同意を必要とした。このとき、その同意を得ることができなかったヴィレラは、足利義輝の允許状をもって調停を試み、転居を果たしている。しかし、その後も町の人々とは没交渉であったといい、町内でキリシタンになった者も一人のみという状況であったという（前掲フロイス『日本史』第一部二九章）。

南蛮寺跡碑

天正四年（一五七六）、姥柳町の聖堂は、キリシタン大名高山右近らの協力によって、三階建ての教会、すなわち「南蛮寺」となった（前掲フロイス『日本史』第一部一〇五章）。現在、南蛮寺跡地にあたる市街中心地にある姥柳町の路上には、「南蛮寺跡」と刻まれた石碑と、京都市の立てた説明板がある。また烏丸今出川の同志社大学の図書館前

都の南蛮寺図．提供：神戸市立博物館／DNP artcom

に、南蛮寺の礎石が展示されている。この南蛮寺を描いた扇面図(狩野元秀筆、神戸市立博物館蔵)には、三層から成る南蛮堂を中心に、黒衣を身につけた宣教師たちが起居している様子や、南蛮帽子など珍しい品々を並べる門前の店のにぎわう様子が描かれている。

しかし南蛮寺は、天正一五年(一五八七)、豊臣秀吉による伴《ば》天《て》連《れん》追《つい》放《ほう》令《れい》の発布を契機に破壊されてしまう。五野井隆氏の研究によると、伴天連追放令発布の背景には、天下統一に向け、在地領主とキリシタン宗教勢力との結びつきを断ったうえで、東国平定さらには朝鮮・中国の征服を達成しようという秀吉の目論見があったという。

現在、洛西にある妙心寺春光院には、「南蛮寺の鐘」とよばれる鐘が釣られている(非公開)。この鐘には、イエズス会の紋章であると考えられる十字架と「ＩＨＳ」の文字が刻まれているほか、「一五七七」という西暦年紀とおぼしき数字が刻まれている。「一五七七」年には、姥柳町の南蛮寺のほかにも、京都および摂津に複数の教会寺院が建っていたことから、この鐘を即座に姥柳町の南蛮寺のものであったとみなしてよいか躊躇されるものの、禅宗寺院に南蛮寺ゆかりの鐘が伝えられている点は注目される。春光院はもともと、豊臣秀吉の家臣堀尾吉晴が戦死した長子を弔うため建立したもので、堀尾家断絶後は縁戚関係にあった石川家が檀越となったと伝えられている。奴田原智明氏の記すところによれば、嘉永七年(一八五四)、仁和寺から朝鮮伝来の鐘として「南蛮寺の鐘」を譲り受けたという。伝来の経緯について、謎は多いものの、アジア・太平洋戦争中、金属の供出が求められた際には、この鐘を地中に埋めて隠し、代わりに三具足を供出したといい、大変な努力のもと所蔵されてきた鐘であることがわかる。

二十六聖人の殉教

さて、天正一五年(一五八七)の伴天連追放令発令後、天正一九年に巡察使ヴァリニャーノが秀吉に謁見したのを機に、京都のキリシタンの活動はふたたび活発化する。さらに文禄三年(一五九四)、従来のイエズス会に加え、新たにフランシスコ会の修道者たちが、ルソンから入京し、布教を行っている。その結果京都には、修道院のほか、聖アンナ病院、聖ヨゼフ病院が建設され、「だいうす町」が形成されていった。『京都の歴史』によれば、「だいうす町」とは、キリシタンゆかりの教会寺院の跡地やキリシタンの居住地、宣教師の居住地をさすといい、五条堀川や一条油小路、岩上通四条下ル佐竹町など、複数の地にその名残をとどめている。現在、四条堀川付近の「だいうす町」に、「二十六聖人発祥之地」と記した妙満寺跡の石碑が建っている。また、京都四条病院(四条堀川町)の入口には、一九七九年の年紀をもつ、「二十六聖人発祥の地」と題するレリーフが駐日スペイン大使館・カトリック京都司教区によってはめられている。レリーフには、この地から四〇〇メートル先にある妙満寺町に、文禄三年(一五九四)、聖マリア教会や病院・学校・スペイン使節館が建設されたこと、この地に建てられた聖アンナ病院・聖ヨゼフ病院が京都で初めての西洋式の病院であり、多数の貧民が収容されていたことなどが記されている。

しかし、文禄五年(一五九六)九月にサンフェリペ号事件が発生すると、秀吉は、フランシスコ会に対する弾圧を開始することとなる。すなわち、土佐の浦戸の海岸に漂着したスペインの商船サンフェリペ号の船員が、布教と日本征服との結びつきを示唆する発言をしたため、秀吉の怒りをかい弾圧が始まったのである。土佐で発生したサンフェリペ号事件の影響は、やがて京都にも及ぶところとなり、有名な「二十六聖人の殉教」といういたましい迫害をもたらした。

「二十六聖人」は、スペイン・メキシコ・インド出身の修道司祭・修道士のほか、尾張・伊勢・五島・長崎・京都など日本各地の出身者から成り、大工・刀研《かたなと》ぎ師・弓矢師・仏僧・薬師・談義者・絹屋など、多様な職種の人々であった(一五九七年三月一五日付ルイス・フロイスのイエズス会総長宛長崎における二十六殉教者に関する報告書、以下「ルイス・フロイス報告書」と略記)。彼らは「上京のある辻」(一条戻り橋付近か)で左耳をそがれたのち、荷車に乗せられ洛中を引き回された。そして大坂から長崎に送られ、長崎で磔刑に処せられたのである。現在、「二十六聖人」の殉教の地とされる長崎市の西坂公園内に、日本二十六聖人記念館が建っており、殉教者の事績を今に伝えている。

「二十六聖人」が殉教に至るまでの、京都における具体的な様子については、公家の山科言《とき》経《つね》の日記に「一、大ウス御成敗、上京・下京車ニテ相渡さる也と云々《うんぬん》、大ウス僧□□四人、その外《ほか》日本人件《くだん》の衆へ相入るの衆トモニ廿一人これ有りと云々、左右耳ヲソカルルと云々、次《つ》いで大坂・堺ヲ渡され了《おわ》んぬ、西国ヲ渡され、ナコヤ(肥前)ニテ八付《はっつけ》ニ懸けらる也と云々」と記されている(『言経卿記』慶長元年一一月一五日条)。また壬生孝亮も、「今日大ウス門ト以上廿四人、車に乗りて耳キリ、一条の辻を引く也、これより唐ノ近くニテ御成敗と云々」(東京大学史料編纂所架蔵写真帳『孝亮宿禰記』慶長元年一一月一五日条)と記している。実際には長崎で磔になったにもかかわらず、秀吉が朝鮮出兵の拠点とした「ナコヤ」(名護屋)もしくは「唐ノ近く」で磔に処せられることが想定されている点に、侵略と迫害がほぼ同じ時期に起きていたという時代の様相がよく現れている。

一方「ルイス・フロイス報告書」には、「全員が後ろ手に縛られて、上京のある辻まで徒歩で連行され、そこで皆は左の耳たぶをそぎ落とされた。国王は鼻といっしょに両方の耳をも切り落とすよう命じたが、(石田)治部少輔は皆が釈放される幾らかの希望をつないでいたので、その時には片耳だけがそがれることにしたのであった」と記され、「耳そぎが終わった時、(刑吏たち)は日本国古来の風習にしたがって、すべての囚人たちに(八台の牛)車に乗り、一台の車に三名ずつ乗るよう命じた」と記されている(家入敏光氏の訳による)。そしてこの情景を、数えきれないほど多くの人々が見ており、街道ばかりでなく、窓や屋根の上からも見る人々がいたと記している。

「二十六聖人」に処せられた耳削ぎの刑は、一二世紀からすでにみられる刑罰であり、「ルイス・フロイス報告書」に、秀吉が当初両耳と鼻を削ごうとしていた、とあることからも明らかなように、一般に耳鼻削ぎとして知られる刑罰であった。この刑罰が、中世において、単なる苦痛の付与や見せしめではなく、人間を人間でなくする、すなわち「異形」にするという意味を持ったこと、「妖言の罪」「あざむきの罪」に対応する刑罰であったと考えられることが、早くに勝俣鎮夫氏によって指摘されている。加えて清水克行氏は、耳鼻削ぎには、「本来ならば殺害するところを耳鼻削ぎ」という刑罰としての例と、「殺害した証拠として耳鼻削ぎ」という戦場下での例との二種類があると指摘している。そのうえで、戦国期以降、戦乱の恒常化にともない後者の例が増加していくこと、それが最も顕著に現れたのが豊臣政権の朝鮮侵略であったこと、近世初期には、耳を削いだうえで殺害するという例が多くみられるようになることを明らかにしている。

一方、引き回しの刑が史料に頻出するようになるのも、戦国期以降のことと考えられる。例えば、清水氏も紹介しているが、天文一八年(一五四九)、「重科」を犯した馬場八郎とその妻を、引き回しのうえ処刑もしくは鼻削ぎとする意見が室町幕府奉行人によって提示されている(『中世法制史料集二　室町幕府法』参考資料三二八)。また元亀二年(一五七一)には、聖光坊なる僧の妻とその「間男」(密通相手)が、一条室町から六条河原へ「車」に乗せられ引き回されている(『言継卿記』正月二八日条)。さらに『信長公記』巻十・十二には、天正五年(一五七七)・同七年に、信長に反旗を翻した松永久秀の人質や荒木村重の一族が、上京の一条の辻から車に乗せられ、六条河原まで引き回され処刑された例が記されている。「二十六聖人の殉教」は、刑罰の意味と形式が大きく変容していく時代に起きた迫害であった。

災害と迫害

ところで「二十六聖人」の洛中引き回しは、京都が文禄の大地震にみまわれて間もない時期に展開した。すなわちこの四カ月前の閏七月一三日、京都および畿内を、マグニチュード七・五以上、マグニチュード八に近い規模の大地震が襲っている。寒川旭氏の研究によれば、この地震は、有馬-高槻断層帯、および淡路島東岸の複数の活断層・先山《せんざん》断層の活動により発生したもので、京都盆地、大阪平野東部、六甲山地周辺、兵庫津、淡路島など、各所で液状化現象の痕跡が確認されたという。

この地震によって、秀吉のいた伏見城は倒壊し、多数の死者が発生した。また山科言経《ときつね》の日記によれば、京都市街地の被災状況も、「近代是程の事無し」と「古老」に言わしめるほどの状況であり、下京の本願寺寺内町で三〇〇人、また「四条町」(現在の下京区新町通四条下ル「四条町」をさすか)では二八〇人余りの死者が発生したという(『言経卿記』文禄五年閏七月一三日条)。言経はまた、東寺の諸堂が倒壊した様子や、東山大仏の胸部から下が破損したこと、三十三間堂が歪んだことなどをも記している。さらに市外へと目を転じれば、山崎でも家屋が倒壊し多くの死者が出ており、八幡においても家屋の倒壊がみられ、兵庫でも火災が発生し死者多数という状況であったといい、大坂では城は無事でも城下の町家の多くが倒壊し、数えきれないほどの死者が発生したという(『言経卿記』同日条)。そして、翌年の二月二七日まで余震の記事が続いている。

このような被災状況をふまえるならば、「二十六聖人」は、復興の途上にある洛中および大坂を目にしながら長崎へと向かっていったことになる。この翌年には、第二次朝鮮出兵が行われており、秀吉の専制は地震によっていっそう強化されていったかのようにみえる。サンフェリペ号事件の発生と地震の発生が、ほぼ同じ時期に起きたことは偶然であったとはいえ、被災地における修道者への迫害は、社会不安に対する権力の統制強化を、洛中の人々にまざまざと見せつける効果をもったのではなかろうか。

「二十六聖人の殉教」後も、京都および日本においてキリスト教を信仰し続ける人々は絶えることがなかった。豊臣政権に続いて成立した徳川政権は、いっそう激しい禁教と弾圧を加えている。『京都の歴史』によれば、慶長一八年(一六一三)には、「俵責め」による転宗の強制が信者たちになされたという。首だけ出した状態で米俵に詰め込まれた信者たちは、そのまま転がされ、なおも転宗しない場合には、鴨河原に俵ごと積み重ねられ、圧迫される苦痛に耐えねばならなかったという。さらに元和五年(一六一九)には、「元和の大殉教」とよばれる凄惨な迫害がなされ、幼児や妊婦を含む五二名のキリシタンが七条河原で火あぶりの刑に処せられ殉教している。現在、七条河原の地に、一九九四年(平成六)に建てられた「元和キリシタン殉教の地」と彫られた石碑がある。杉野榮氏によると、碑の下には、五二名の名前を記したリボンと、寄付者の名簿、中山正美筆・バチカン美術館秘蔵の殉教図の絵葉書、長崎日本二十六聖人記念館館長・結城了悟氏の著書『京都の大殉教』、殉教の地を示すケンペルの地図が納められているという。

かくれキリシタンの痕跡

過酷な弾圧をへてもなお、かくれキリシタンが存在していた事実を物語る痕跡が、特に京都市西北部に多くみられることは、早くに『京都の歴史』が指摘している。その一つに、「かまぼこ型」と「光背型」の二つの形式をもつ「キリシタン墓碑」がある。この墓碑には、十字架と「ＩＨＳ」の文字(教会の紋章。「イエスは人類救済者」という意味のラテン語を略記したもの)、年号・洗礼名等が刻まれている。考古学の成果によれば、京都市内で確認されている二〇基のキリシタン墓碑のうち、西ノ京から大将軍付近で発掘された墓碑がもっとも多く、とりわけ一条通と紙屋川の交差点付近に目立つという。すなわち、成願寺境内に四基、椿寺(地蔵院)境内に一基、一条通の立会調査で二基が出土したという。また、墓碑に刻まれている年号は、慶長七年(一六〇二)から慶長一八年(一六一三)であり、いずれも天正一五年(一五八七)の伴天連追放令発令以後のものであることが丸川義広氏によって指摘されている。

現在、これらのキリシタン墓碑のうち、十数基の墓碑が京都大学総合博物館に所蔵・展示されているほか、京都国立博物館構内西南部にある「西の庭」にも、二基が展示されている。また、西大路一条付近(西ノ京)の椿寺にも、キリシタン墓碑が現存している。さらに一九六八年、上京区の松林寺境内で無縁仏の中から発見された慶長八年(一六〇三)の年紀をもつキリシタン墓碑は、現在、長年にわたり京都のキリシタン史の掘り起こしに尽力され、『京のキリシタン史跡を巡る――風は都から』をまとめられた杉野榮氏が牧師をつとめる、洛西バプテスト教会(西ノ京馬代町)に保管されている。

キリシタン墓碑.
提供：京都市埋蔵文化財研究所

北野や西ノ京には、教会寺院も存在した。すなわち『当代記』慶長一九年正月一八日条には、「伴天連師匠の寺二箇所有り、右之内西京寺は焼き払われ、四条町中にこれ有るべき寺は、類火を厭い、こぼちて火を付けらる」と記され、「伴天連師匠の寺」の「西京寺」が焼き払われている。また『時慶卿記《ときよし》』同日条においても、「タイウス門徒」にかかわる「北野辺」の寺が焼かれたことがみえている。

北野天満宮境内の三光門右手に、現在、「織部灯籠」「マリヤ灯籠」とよばれるキリシタン灯籠がある。キリシタン灯籠とは、茶人や文人に愛好された石灯籠の一種で、マリ

秦家の奥庭に残る切支丹灯籠．撮影協力：秦家

ア像などキリスト教にちなむ図像を刻んでいる点に特徴があり、古田織部が考案したとも伝えられることから織部灯籠とも呼ばれている。キリシタン灯籠を、キリスト教信仰と結びつけて捉えることに否定的な見解がある一方、庭の点景物としての織部灯籠と仮託礼拝物としてのキリシタン灯籠との二種があったとする研究もあり、その評価は難しい。ただし、著名な川端康成の小説『古都』の冒頭「春の花」の章には、「北野の天神さん」の切支丹灯籠についてふれ

ている箇所があり、興味深い。なぜなら川端康成もまた、キリシタン遺物にゆかりある人物であるからである。

川端康成は、大阪市北区で生まれ、豊川村(現在の大阪府茨木市)で育ち、一九一二年(明治四五)に茨木中学校に進学している。茨木市には、隠れキリシタンの地として知られる千提寺・下音羽地区がある。この地区において、一九二〇年(大正九)、著名な聖フランシスコ・ザビエル像(神戸市立博物館所蔵)やマリア十五玄義像(京都大学総合博物館所蔵)などのキリシタン遺物を発見した藤波大超もまた、茨木中学校出身であった。高木博志氏の研究によれば、川端より一年早く茨木中学校に進学していた藤波は、地歴科の教師・天坊幸彦の影響を受け、茨木山間部のキリシタン遺物を探索したという。そして川端康成もまた、茨木中学校時代に、天坊の教えを受けていた。

ふたたび小説『古都』「春の花」の世界に目を転じれば、「北野の天神さん」のみならず、主人公千重子の、室町の呉服問屋の家の庭にも、キリストの立像を刻んだ切支丹灯籠がたたずむ設定となっている。川端康成がこの小説を書く際に取材をした、秦家(油小路仏光寺下ル、本書第一章参照)には、実際に今も奥庭に切支丹灯籠がある。『古都』には、茨木で中学校時代を過ごした川端ならではの京都へのまなざしが、息づいている。

第五章　鴨東開発の舞台——岡崎周辺

一一世紀には八〇メートルを超す八角九重塔が建っていた。その後は普通の農村から産業振興の拠点へと激しく変貌。その変貌の中で、八ツ橋や千枚漬けも生まれたのでは。

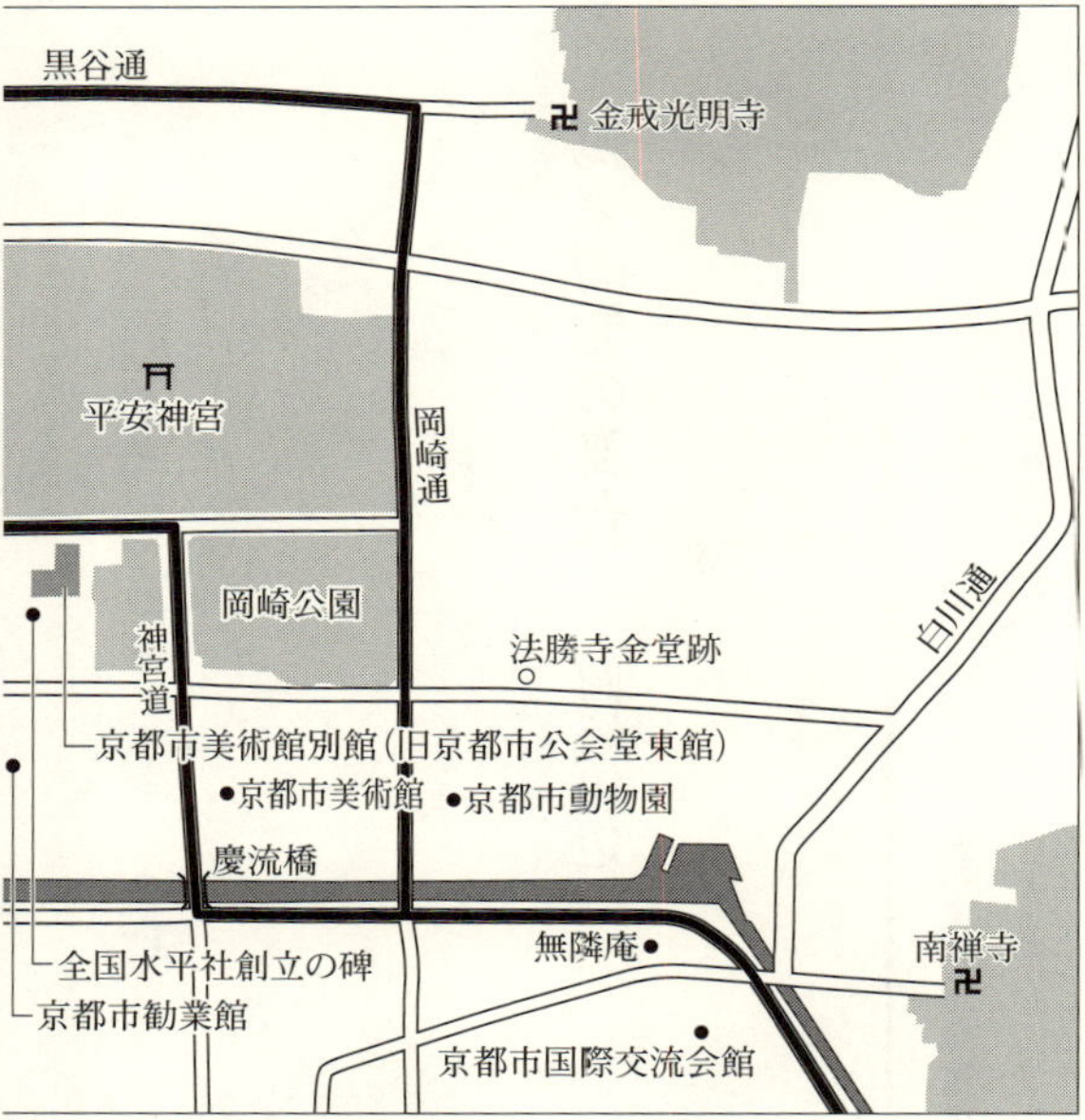

西線「蹴上駅」から徒歩８分.

京都市動物園には，地下鉄東

忘れられた塔

日本で二番目に開園したといわれる京都市動物園。繁殖を続けるローランドゴリラや定番のゾウやキリンなどが子どもたちに人気の都市型動物園のひとつだ。岡崎地域にある京都市有地は、一九〇三年(明治三六)に動物園が開園したのを機に岡崎公園と呼ばれ、以後、京都では数少ない公共的な空間として、都市の性格付けにも大きな役割を果たすことになった。

動物園内に小さな観覧車があるが、近年の発掘調査で、その周囲から法勝寺《ほっしょうじ》八角九重塔の地盤改良跡が出現した。永保三年(一〇八三)に建立された八角九重塔は、現在日本国内の木造建造物としてもっとも高い東寺五重塔(五五メートル)の約一・五倍(八一メートル)にも達したといわれ、のちに院政を始めた白河天皇(上皇)の権勢を象徴するものであった。

しかも、八角九重塔跡からは梵字を記した瓦が多数出土し、少なくとも塔の一部が創建当初から瓦葺きだったことを示している。これまでは、九層の屋根を支えるために檜皮葺だったと考えられてきたが、これにより、一一世紀の建築技術にも新たな光があてられたのである。

しかし、八角九重塔は一二世紀には一度落雷によって焼失し、一四世紀にも焼失、一六世紀末には法勝寺そのものが廃絶した。法勝寺は院政期に整備された六勝寺《りくしょうじ・ろくしょうじ》（ほかに尊勝寺・最勝寺・円勝寺・成勝寺・延勝寺）の中でも中核を占める寺院であり、二条大路のつきあたりに位置していた。八角九重塔は動物園の観覧車あたりにあったのに対し、その真北には金色の盧遮那仏を安置した金堂があった。現在はその基壇跡を利用した民家がある。六勝寺は、院政の象徴であると同時に鴨川東岸地域開発の象徴であったが、法勝寺の廃絶を最後にすべて姿を消し、巨大な塔があったとの記憶も京都の人々からは消えていったのである。

幕末の聖護院・岡崎の村々

八角九重塔．所蔵：京都市歴史資料館

六勝寺跡は江戸時代には京都近郊農村のひとつ岡崎村の畑地となった。畑地は主に、蔬菜栽培に用いられ、江戸時代末期には聖護院蕪《しょうごいんかぶら》や聖護院大根の産地として知られる。こうして蔬菜作が行われていた岡崎村周辺の畑地にも、文久期以降、諸藩の藩邸が櫛比した。

開発前の岡崎村．提供：平安神宮

幕末の政変の中心となった京都には諸大名が相次いで進駐したが、新たに藩邸を営む土地は限られていた。そこで、加賀藩、彦根藩、越前藩などは聖護院村から岡崎村にかけての畑地を開発して藩士を駐留させた。相国寺境内を利用できた薩摩藩、金戒光明寺《こんかいこうみょうじ》境内を利用できた会津藩も、より広い土地を求めて、この界隈にも用地を確保した。円勝寺跡は加賀藩に、最勝寺跡は薩摩藩、さらに薩摩藩退去後は秋田藩や大聖寺藩などによって利用された。法勝寺跡にはごく短期間だが、菰野《こもの》藩邸があったと伝えられる。加賀藩邸の場所は現在の京都市美術館、秋田藩邸などは現在の岡崎グラウンド、菰野藩邸は動物園にあたると思われる。

二つの黒谷通

京都市動物園の正面玄関が面している岡崎通は、岡崎公園の整備に伴ってできた人工的な街路のように見えるが、幕末には加賀藩邸の裏通りにあたり、南は東海道(三条通)から北は金戒光明寺東門前にまで達していた。黒谷《くろだに》(金戒光明寺)に通じているため、その名も黒谷通と呼ばれた。しかし、明治維新以後藩邸群が撤退すると再び畑中の野道に戻ったのであろう。岡崎村の人々の生活道路としては、黒谷通の東側に、ちょうど法勝寺金堂の基壇を避けるように二条通から黒谷へと北上する道があり、そちらが主に使われていたのではないだろうか。

こうして蔬菜作が盛んな田園地帯となっていた岡崎地域に、再び開発の動きが起こるのは、一八八一年(明治一四)頃に京都府知事北垣国道らによって発企された琵琶湖疏水《びわこそすい》計画である。琵琶湖疏水は、琵琶湖から山科盆地を経て京都市中に水をひくもので、その目的は当初、工業や精米などのための動力(水車)、舟運、灌漑、防火・飲料用水、衛生向上などとされたが、一八八八年には水力発電による電力供給をも目指すことになった。京都における上水道と電気事業の始まりである。

動物園の南側を東西に流れる琵琶湖疏水は、一八八五年(明治一八)に着工され、一八九〇年に竣工する。一八八九年九月、京都府は疏水が完成すると周辺に工場や住宅が建て込んでくるのを見越して、鴨川東岸地域にあらかじめ幅員の広い道路を計画的に整備しようとした。その時に敷設の対象となったのが、南北の通りでは広道通と粟田口通であった。いずれも新道路と考えられたためか、耳慣れない通り名だった。これに対し、東西の通りも複数対象になったが、府の諮問案にはとくに道路名は記されていない。

このうち粟田口通は、畑地を新たに切り開こうとした可能性が高く、現在の神宮道（応天門通）にほぼ該当する。それに対し、広道通は、前述の黒谷通と重なるように計画されたが、新しい名称が与えられ、さらに現在では岡崎通と呼ばれている。こうした経緯を持つ岡崎通を、動物園の正面玄関から、左手（西側）に京都市美術館、岡崎グラウンド、平安神宮などを眺めながら北上すると、丸太町通《まるたまちどおり》に出る。それをさらに北上すると、郵便局の北で行き止まりとなるが、岡崎通が突き当たった東西の通りこそが、もうひとつの黒谷通であった。

岡崎通の北端からすぐ東には金戒光明寺の山門に至る参道があり、西には聖護院門前町が続く。一般には、こちらの方が黒谷通として知られている。江戸時代に聖護院や金戒光明寺、真如堂《しんにょどう》、吉田神社などに参る人々は、鴨川に架かる丸太町橋を渡り、熊野神社の西側を北上して黒谷通に至ったものと思われる。京都市中から東山へのメインストリートのひとつだったといっていいだろう。

聖護院界隈は、京菓子八ツ橋《やつはし》発祥の地としても知られ、その賑わいがうかがわれる。八ツ橋は、幕末に聖護院村庄屋の分家が商っていた肉桂《にっき》入りの焼き菓子で、一九一五年（大正四）の大正大典の際、五色豆と並んでよく売れ、京土産の定番となった(『京の和菓子』)。

聖護院文化村

幕末の京都は、諸藩士や浪士らの入洛により、これまでにない賑わいを見せた。これらを相手とする商工業も盛んになり、各所で書画や漢詩などの交わりが形成された。京都市中と東山との間をつなぐ聖護院村西部もそうした文人の集住地のひとつであった。

この地域を富岡鉄斎《とみおかてっさい》が描いた絵図で見ると、黒谷通沿いにも蓮月(大田垣蓮月《おおたがきれんげつ》)、海仙(小田海仙)が住まい、崇徳院の古跡があった。また、黒谷通から熊野神社西側の熊野社前通に入ると、西川耕蔵、鉄斎らが住まい、熊野神社の西鳥居前には丸太町通をはさんで北梅林茶店と南梅林茶店が並んでいた(『史料京都の歴史』8左京区口絵)。

さらに丸太町通を西に向かうと、南側に高畠式部宅、桜塚、海屋《かいおく》(貫名海屋《ぬきな》)宅、棕隠《そういん》(中島棕隠)宅などがある。北側には近衛家抱屋敷があり、税所敦子《さいしょ》の名が記される。このように、黒谷通から熊野社前通、丸太町通にかけての地域には、多くの名所や文人・画家らが集まっていた。

ここで注目されるのは、幕末の丸太町通は熊野神社で突き当たり、それより東には貫通して

丸太町橋旧観．提供：京都市文化財保護課

いなかったことである。上の写真は、丸太町通を鴨川から見たものである。明治になってからも、丸太町通は狭く、鴨川の東川端には熊野神社の鳥居が立っていた。いわば、熊野神社西門前という濃密な空間に多くの文人が集っていたのである。しかし、こうした賑わいも明治維新以後次第に姿を変えていった。

琵琶湖疏水と博覧会

幕末の喧噪が去り、岡崎村周辺にも近郊農村としての日常が戻った。藩邸跡は再び畑地となった。この地域にあらためて開発の動きが起こるのは、前述のように琵琶湖疏水計画による。一八八八年（明治二一）、聖護院村や岡崎村は上京区に編入され、翌年には上京区と下京区を合わせて成立した京都市の一部となる。こうして岡崎周辺が市街地として開発される気運が高まると、京都府が前述の道路計画を立てる。府の道路計画は、琵琶湖疏水の完成を前に、工場や宅地の進出をあらかじめ計画的に進めようとするものであった。計画の中で、もっとも広い一等道路は二路線あった。すなわち、ひとつは疏水に沿って新設する道路、もうひとつは熊野社前通を拡幅して今出川通から二条通にかけて南北を貫通する道路であった。

しかし、この道路計画が実現する前に、より大規模な開発が行われることになる。平安遷都から一一〇〇年を期して、京都市が中心になって平安遷都千百年紀念祭(以下、紀念祭と記す)を開催し、それにあわせて政府主催の第四回内国勧業博覧会(以下、内国博と記す)を誘致することになったのである。内国博は第三回まで東京の上野で開かれており、大阪などでも誘致の動きがあったが、京都は紀念祭と結びつけることで誘致に成功した。

また、琵琶湖疏水着工以来、鴨東地域が急速に発展しているのに対し、京都の西北部に位置する西陣などからは不満の声が上がっていた。そこで、京都市内でも紀念祭・内国博の会場をどこに設けるか議論が起きたが、疏水に隣接し、幕末の藩邸跡や道路計画が残る岡崎地域を会場とすることが決まった。

紀念祭・内国博の会場が岡崎地域に決まると、各施設の配置が議論されたが、当初、紀念祭の祭場は現在の動物園の位置に、東山を背にして、西向きに計画された。これは京都市中から見て正面に祭場を設け、東山を借景とするためだったと考えられるが、祭場が平安京大極殿《だいごくでん》を模して建てられることになったため、本来大極殿が建っていたように南向きに建てるべきとの意見が強まった。そこで、今度は岡崎地域の北側に祭場を設け、南側の内国博会場に向かって建設されることになる。現在の平安神宮がこれにあたるが、当初はあくまでも祭場であって、神社になることが想定されていたわけではなかった。

紀念祭祭場の建設は、熊野神社東側の畑地の開発を意味した。熊野神社で行き止まりになっていた丸太町通が東に延伸するきっかけが生まれたのである。紀念祭・内国博の会場は、丸太町通から疏水までを一体として開発することになった。疏水に沿って拡幅された道路には、京都駅から京都電気鉄道(京電)が営業運転を始めた(日本最初の市街電車の営業運転)。疏水の目的が、水車動力から水力発電へと変化したことにより、その電力供給先として市街電車が導入されたのである。紀念祭・内国博は格好のお披露目の機会となった。また、紀念祭祭場も、一部に根強くあった慎重論を押し切って神社として維持されることになり、平安神宮となった。

こうして内国博を契機に整備された岡崎公園は、同じく内国博を契機に整備された東京の上野公園、大阪の天王寺公園と並ぶ近代的な都市公園となった。

岡崎公園を歩く

現在、熊野神社は丸太町通の北側にしかない。丸太町通が東に延伸した後、分断された南半分は開発された。また、一九一〇年(明治四三)前後に行われた三大事業により、市中の主要道路が拡幅され、そこに電気鉄道が敷設されることになった(京都市が経営したため市電と呼ばれる)。すなわち、東西は今出川通・丸太町通・四条通・七条通の一部、南北は東山通《ひがしやまどおり》・烏丸通《からすまどおり》・千本通《せんぼんどおり》の一部がこの時拡幅された。このうち、東山通は岡崎地域を南北に貫通する新道路で、熊野神社の東側を通ることになったのである。

こうして、丸太町通は東山通以西が拡幅され、東山通は丸太町通以南が拡幅された。熊野神社は、丸太町通を西から走ってきた市電が、東山通で南に曲がる場所に位置することになり、市電の停留所も設けられた。これで、岡崎地域の南北の幹線道路は東山通となることが確定し、かつて拡幅が予定されていた熊野社前通は行き交う人々もまばらな細い路地となった。かつて西門前にあった南北梅林などは、拡幅された丸太町通の敷地などに取り込まれたのであろうか。

熊野神社から東山通を少し下がると、橋下を琵琶湖疏水が西に流れる。その先には夷川《えびすがわ》船溜まりがあり、疏水を下ってきた船が方向転換する場所になっていた。しかし、舟運が衰退し、かわって電力需要が伸びたため、一九一四年(大正三)には夷川発電所が新たに設けられた。これも三大事業の一環であった。

東山通から疏水に沿って東にさかのぼると、すぐに南に折れたところから岡崎公園を見渡すことができる。東には平安神宮、南には京都会館(ロームシアター京都)などが立ち並ぶ。紀念祭・内国博が終わった後、紀念祭祭場は平安神宮として残ることになった。平安神宮は当初は神社にすることを目的にしていなかったため、応天門と大極殿を中心に、左右に蒼龍楼・白虎楼を擁するなど、神社としては独特な様式となった。京都市中には平安時代に関する名所旧跡が少ないため、王朝文化を偲ぶよすがとして定着した。はじめて訪れる修学旅行生などの中には、平安神宮が平安時代からここに建っていると誤解しているのを見聞きすることがあるが、かつての平安京大極殿は現在の千本通あたりにあり、その規模もずっと大きかった。平安神宮は建てられてからまだ一二〇年程の近代建築であることをあらためて強調しておきたい。今では京都の三大祭りのひとつとして定着した時代祭も、一八九五年に行われた紀念祭の余興として始められた。その後全国で創り出される大名行列風のパレードのさきがけといっていいであろう。

平安神宮の東には、内国博の美術館が残り、京都市が運営していたが、平安神宮は大極殿を取り巻くように庭園の整備を図った。それを受けて美術館が取り除かれたのは一九一一年(明治四四)であり、東神苑が整備されるのはそれ以降である。

京都市公会堂と産業振興

応天門から南に向かうと、右手(西側)には京都会館(京都市公会堂本館跡)、左手(東側)にはグラウンドと駐車場がある。一九一七年(大正六)に京都市公会堂が建設されるまでは、小学校創立三十年紀念式典や三大事業起工式などといった公的な式典でも平安神宮が使われることがあったが、公会堂ができてからは公的な行事だけでなく、水平社の創立大会やメーデーの演説会など様々な集会が公会堂で開催され、一般市民にも親しまれた。さらに、一九三一年(昭和六)には公会堂東館もできたが、一九三四年の室戸台風で本館が被災した。東館は京都市美術館別館として現存し、本館跡には一九六〇年になって京都会館が建設された。

一九〇九年(明治四二)、内国博跡地(京都会館の南東)に京都御苑から京都府立図書館を移築、その北東(グラウンドの南)には京都市商品陳列所を建設した。さらに、一九一一年(明治四四)には商品陳列所の南に第一勧業館、一九一三年(大正二)に図書館の西に第二勧業館を建設する。岡崎公園は産業振興の拠点として急ピッチで整備されていったのである。

京都では、明治維新直後から西本願寺や京都御苑などで毎年博覧会を開催していたが、一八九七年(明治三〇)からは内国博の旧工業館を利用することになった。これは、工業館を譲り受けた京都

京都博覧会碑

市が博覧会館として移築し、博覧会を主催する京都博覧協会に使わせることを認めたからである。さらに、一九一四年(大正三)からは勧業館が新たに博覧会場となった。現在、京都市勧業館(みやこめっせ)の北東部には、一八八〇年(明治一三)につくられた京都博覧会碑が建つが、これはかつて博覧会場となっていた京都御苑内にあったものを、一九三七年(昭和一二)に京都博覧協会が解散する際に勧業館に移したものである。

産業振興から文化ゾーンへ

内国博終了後も、岡崎公園は、大規模な博覧会が計画されるたびごとにその会場となって賑わった。一九一五年の大典記念京都博覧会、一九二一年の内外産業博覧会、一九二四年の万国博覧会参加五十年記念博覧会、一九二八年の大礼記念京都大博覧会などがそれである。一九一〇年代から二〇年代にかけての岡崎は博覧会全盛期であった。

一九二八年(昭和三)の大礼記念京都大博覧会は、こうした岡崎が持つイメージの転換点となった。この時、第一勧業館の前に大鳥居が仮設され、翌年には今も残る大鳥居が新設される。さらに、一九三一年には第一勧業館が廃止され、一九三三年にはその敷地に京都市美術館が開館する。岡崎が産業振興の場から、文化ゾーンへと本格的に転換するのはこの頃であろう。美術館は公立美術館としては日本で二番目といわれるが、大鳥居の東に洋風建築の上に和風の屋根を載せた帝冠様式の建物が完成すると、岡崎の雰囲気も一変したことであろう。

岡崎は、一九二〇年代には博覧会によって賑わうが、一九三〇年代には南北の中心軸にあたる平安神宮から大鳥居を経て慶流橋へと至る応天門通が際立ち、戦時中は大政翼賛会京都府支部の結成式や出陣学徒の壮行会などが行われる。文化ゾーンとしての性格は、戦時中に色づけされたものでもあった。

慶流橋からさらに南に下ると、円山公園から八坂神社、あるいは東山の古社寺へと向かう京都観光のメインストリートであるが、ここでは、疏水に沿ってさらに東へとさかのぼることにしたい。すると、疏水の北側に出発点の動物園を望むことができる。また、南にはかつて山県有朋の別荘であった無隣庵《むりんあん》がある。このあたりには、疏水の水を活用した植治《うえじ》(小川治兵衛)の手による庭園が散在しているが、今でも非公開の私邸が多い。無隣庵は、誰でも回遊できる数少ない「植治の庭」のひとつである。

無隣庵の南側の参道は南禅寺に通じており、さらに疏水について知りたければ琵琶湖疏水記念館や南禅寺境内にある水路閣《すいろかく》など見所は多い。参道には湯豆腐屋が立ち並び、参道の南に隣接する京都市国際交流会館には外国人向けの窓口もある。一服してその後の行き先を考えるのもよいだろう。

第Ⅱ部 京の歴史が動くとき

国家の拠点として八世紀末に開かれた都市京都の歴史は、その後も「国家」とその政治の影響を強く受け続けながら現在に至っている。こうした京都の特質は、具体的にどのような痕跡の中に見出しうるのか。この部では大礼、外交、災害、河川流通、学問といった多様な素材から、時代のうねりの中に生きた人々の姿に迫りたい。取り上げる場は、京都御苑、鹿苑寺金閣、鴨川、高瀬川、大学・高校などである。いずれも現存しているものの、その多くは、過去に有していた役割や性格が忘れられ、その景観も変貌している。

東京遷都後、御所の近代化によって整備された京都御苑に向かう行幸路として烏丸通が拡張されたこと、鹿苑寺は、一五世紀、外交使節を迎える御所であったこと、同じころ、鴨川に多くの飢民が集まり亡くなったこと、幕末に天誅の舞台となった木屋町通の賑わいは、高瀬舟運の隆盛に支えられていたこと、学都京都の成立の背景に、東京あるいは国家からの自立と自由を企図する学問の営みがあったこと……。こうした事実をふまえながら、眼前にある景観を見つめ、その価値や意義を問い直すことがいま求められているのではなかろうか。

第六章　大礼の道——皇居から京都御苑へ

現在の京都御所は、室町時代の里内裏の定着にはじまり、近世には公家町に囲まれた。明治二年(一八六九)の東京遷都をへて京都御苑となり大礼の場となる。御苑に歴史の痕跡をたどってみよう。

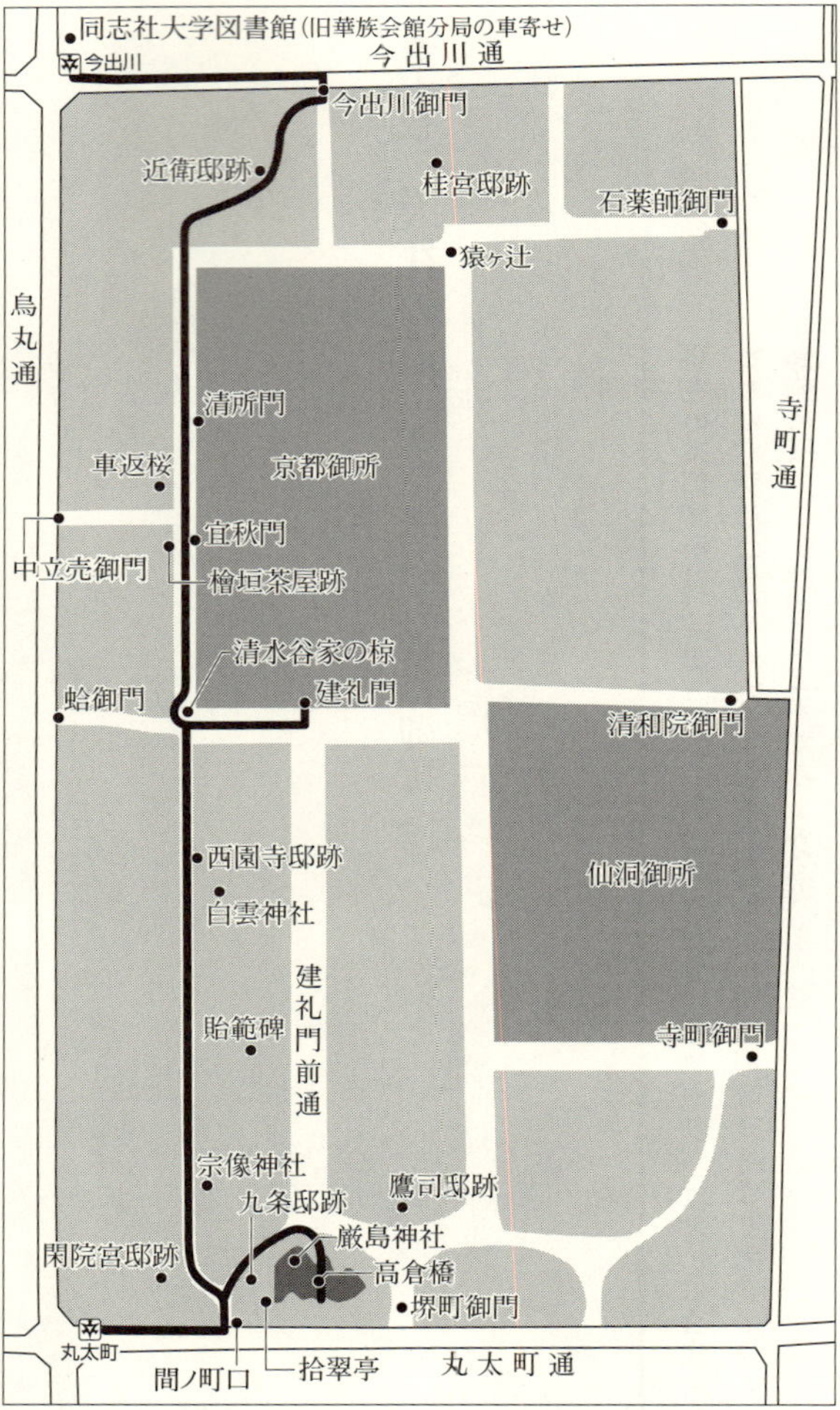

京都御苑（閑院宮邸跡）へは，地下鉄烏丸線「丸太町駅」から徒歩3分．

京都御苑

京都御苑を訪れると、今出川通、烏丸通、丸太町通、寺町通の外郭に石塁がとりまき、南側の堺町御門から入ると御所に続く建礼門前の大通には砂利がしきつめられている。よく手入れされた松並木と芝生の苑地がひろがる。かつて江戸時代には公家町や禁裏御所が立ち並んでいたが、明治二年(一八六九)の東京遷都をへて大正大礼にかけて、新たに御苑の景観が創り出された。

京都御苑は、明治二年の東京遷都で天皇が不在となる京都の歴史性を体現する場であった。帝都東京と古都京都との国土における歴史的位置関係を、この場を通じてまず考えてみたい。

明治二年の東京遷都以後、文明開化状況とともに、皇室と京都や畿内とのつながりは断ち切られてゆき、比叡山延暦寺、東寺、泉涌寺《せんにゅうじ》、賀茂社、石清水社《いわしみず》などの京都周辺の社寺は、廃仏毀釈や上知令ともあいまって困窮していった。明治四年(一八七一)から一八八二年(明治一五)までの京都府管轄時代の京都御苑は、円山公園とならぶ「文明開化」の場であり、石油灯がともり、博覧会場・禽獣園・博物館などが立ちならんだ。そもそも京都御苑という言葉も、明治一〇年代初めの槇村正直のネーミングであり、東京遷都前の禁裏御所・仙洞御所・公家屋敷などを含む九門内に、「大内保存」事業として、新しい「公園」がつくられた。

一八七七年(明治一〇)の明治天皇の京都行幸が画期となった。天皇は、京都―神戸間の鉄道開業式への臨席をはじめ、京都府庁・裁判所・女学校・舎密局《せいみきょく》などの文明／近代を体現する諸施設を訪れた。そして同時に奈良では正倉院を開封し神武陵で親祭を行うとともに、京都では孝明天皇陵で行幸十年式年祭をおこない、賀茂両社や平等院や桂宮邸を訪れた。荒廃した京都御所に滞在した天皇は、一二年間にわたり毎年四〇〇〇円の御所への保存金を支給することを宣言した(『明治天皇紀』)。このことが一八八〇年代に本格的に展開する、欧米の「一等国」に対して、京都御苑の整備をはじめ葵祭の再興や古社寺への援助を通じて、京都の歴史や伝統を保存し、「日本らしさ」「京都らしさ」を発信する起点となっていった。

そして一八八一年(明治一四)一月には京都府知事が槇村正直から北垣国道に交代し、一八八三年(明治一六)の岩倉具視の建議がだされた。ここに京都府所管の公園構想から、皇室財産として天皇の即位式・大嘗祭《だいじょうさい》を行う大礼の場としての京都御苑へと、御所の基本的な位置づけが転換していった。背景には、一八八〇年代のロシアの政治的首都であるペテルブルグに対する儀典都市であるモスクワにならって、東京に対して即位式・大嘗祭を京都御所で行い、伝統を保存し古都を新たに位置づけようとする、立憲制を射程においた国家構想があった。

一八八九年の大日本帝国憲法発布とともに、天皇は赤坂離宮から皇居に移り、明治宮殿や宮中三殿(賢所・皇霊殿・神殿)のこけら落としが行われ、帝都東京は皇居を中心に位置づいた。しかしこのとき定められた皇室典範では、天皇の即位式・大嘗祭を京都で行う簡単な規定しかなかった。一九〇九年(明治四二)の登極令によってはじめて天皇就任儀礼の詳細が確定し、明治から大正への一九一五年(大正四)の大礼を迎えることとなった。大正大礼の時に、今日につながる京都御苑の景観は完成したといえよう。そして大正大礼は日清・日露戦争後の帝国日本を象徴する代替わり儀式であったが、それを契機とする京都と東京の都市計画の成果として、京都駅の改築、東京駅の新設、そして皇居や御所からの「行幸道」などのインフラも整っていった。

皇居から京都へ

まず韓国併合後の帝国日本における就任儀礼となる一九一五年の大正大礼について、帝都東京から古都京都へと向かう天皇の道筋を追ったうえで、大礼で神聖な天皇が誕生する京都御所

開業時の東京駅．提供：鉄道博物館

の歴史的意味を考える。

大正の「新世劈頭《へきとう》の新現象」として一九一四年（大正三）一二月に東京駅が開業するまで、「明治文明の先駆」であった新橋駅が西日本からの東京の玄関であった。夏目漱石の小説『三四郎』（一九〇八年）の主人公が、浜松で乗り合わせた髭《ひげ》の男の「いくら日露戦争に勝って、一等国になっても駄目ですね」と日本のナショナリズムを揶揄する語りに面食らいつつ着いたのが、新橋駅だった。日露戦後の大国意識と帝都の都市計画のなかで、大正大礼に向けて皇居から南に東京駅に向かう通りが整備され、一九一三年（大正二）に辰野金《たつのきん》吾《ご》設計の東京駅が皇居の南に新しい玄関として完成した。それに呼応して来るべき代替わりのページェントに向けて、京都では二代目京都駅が急遽新築され、三大事業の一環として烏丸通が拡幅、整備された。

一九一五年一一月六日の大正大礼では、皇居からの行幸は、賢所《かしこどころ》を載せた御羽車《おはぐるま》に続く天皇の乗る鳳輦《ほうれん》が、皇居の正門から馬場先門をでたあと左折して、整備された堀端通を通って、開業後の東京駅に着いた。皇居の門外の両側では貴衆両院議員や高等官ら二六四六人が見送った(『大礼記録』)。

この東京駅は、一九一四年一二月一四日まで、二五年をかけて完成したものであった。辰野金吾が東京駅の設計を依頼されたのが一九〇三年(明治三六)であった。その後、日露戦争の勝利をうけた国家的威信を体現する駅舎をつくるという後藤新平の強い意向により、当初の平屋の構想が、予算も三八〇万円に達し、南北の長さが三三〇メートルをこえ、レンガ積み三階建ての豪壮なルネサンス様式の建築へと変更された。中央正面に花崗岩をはった車寄せがあり、そこを入ると吹き抜けの四面には、のちに戦災で失われる東京美術学校の黒田清輝、和田英作両教授の手になる海陸、殖産、工業をテーマとし、大日本帝国の「文明」を謳歌する油絵が掲げられた。そして駅の西側には、中央郵便局、東京府庁、東側には鉄道院が隣接することになった。

大正天皇は東海道を途中、名古屋離宮で一泊し、京都へ向かった。滋賀の馬場駅から難工事であった逢坂山《おうさかやま》のトンネルを抜け、山科の勧修寺から大亀谷《おおかめだに》を通り伏見の稲荷駅をへて、御料車は京都駅へと向かう。「鉄道唱歌・東海道」(一九〇〇年、大和田《おおわだ》建樹《たけき》)には、「赤き鳥居の神さびて/立つは伏見の稲荷山/東寺の塔を左にて/とまれば七条ステーション」と沿線がうたわれ、京都駅に至る。

京都駅から京都御苑へ

京都駅、すなわち京都停車場は、一八七七年(明治一〇)二月五日に、開業式典がおこなわれた。京都停車場は七条通塩小路南に設置され、京都初の洋風レンガ建築で洋風レストランとともに京都の文明開化の象徴となった。

京都駅を軸として新たな交通体系が形成された。一八九七年(明治三〇)には京都駅から嵯峨駅まで、一八九九年(明治三二)には園部駅まで京都鉄道がのびた。また第四回内国勧業博覧会にあわせて一八九五年には日本最初の市街電車である京都電気鉄道が、一つは岡崎の蹴上まで、一つは西陣の玄関である堀川中立売まで、そして京都とは別の町であった伏見の下油掛町までと、京都駅前から三方向に敷設された。四条大宮から嵐山への嵐山電気軌道は一九一〇年(明治四三)の開業であった。

また塩小路七条という下京の町のはずれに京都駅ができることにより、市中に入るのに、江戸時代以来の東海道の三条通や伏見街道や竹田街道等に加えて新たな人々の流れが生じた。すなわちそれが、大正大礼に際して拡幅された、南北の烏丸通であった。烏丸通は三大事業計画時から重要な幹線かつ動脈であり「行幸道」と認識された。西郷菊次郎市長の一九一一年(明治四四)の計画で京都駅から京都御苑南側の丸太町までは幅員一五間(約二七・三メートル)で歩車道が区別され、歩道には約四間(約七・三メートル)間隔でユリノキが植樹された。大正大礼時には、この堺町御門から丸太町通を西へ烏丸通を南に京都停車場にいたる御所—京都駅間の行幸道路のほか、御所—二条離宮(二条城)間の行幸道路、御所—泉涌寺間の行幸道路が整備された。その路面には天皇通行時には一分(三ミリ)までの白砂が撒かれた(『大正大礼京都府記事、庶務之部上』)。

さて大正大礼に向けて、一九一三年(大正二)からわずか一〇カ月の工事期間で完成した二代目京都駅は、下賜された木曽御料林の檜の木造二階建てで、外観は石造のルネサンス様式で、西側の皇室玄関口には豪華な便殿や貴賓室が設けられた。二代目京都駅は、創業時よりも南へ一四〇メートルばか

二代目京都駅．撮影黒川翠山．提供：京都府立総合資料館「京の記憶アーカイブ」

り移動しており、烏丸通にむかって、広大な広場が駅前に登場した。この広場に大正大礼に際して、ローマ風の奉迎門がつくられた。

大正大礼時には市電がすでに運行していたが、交通機関としての人力車がいまだ全盛であった。同年三月の調査では一人乗り二五〇六輛、車夫二五四八人を数えた。北野天満宮門前で人力車を経営する侠客・小畑岩次郎に、京都府は人力車の調達方を命じた。小畑岩次郎は同じ時期、興行主として耳塚を整備し、歌舞伎・文楽の太閤記ものの興行にかかわり、中村鴈治郎や川上音二郎などが耳塚の玉垣を寄進している。

一方、御苑内に目を向けると、即位式は紫宸殿《ししんでん》に天皇の高御座《たかみくら》、皇后の御帳台《みちょうだい》をすえて、大嘗宮は仙洞御所内西寄りに設けられた。大正大礼のために、禁裏御所の建礼門から南へまっすぐ高倉橋北詰から堺町御門へと進む通りを幅二〇間(約三六メートル)に拡幅し、ウメ、モミ、アスナロ、ウバメガシなどが計二〇〇〇本以上も植えられ、野芝も七三〇〇坪となった。この建礼門前通では、天皇の鹵簿《ろぼ》が通る一一月七日には各種団体八万人が奉迎したし、復興された賀茂祭の路頭の儀もここからはじまるように、近代御苑におけるもっとも重要なページェントの場であった。そして大正大礼を契機として、御苑内の道路は賀茂川から三年間かけて拾われた「玉のような小砂利」ではじめて敷きつめられた。こうした荘厳な空間は、ひとり京都御苑だけではなく明治後期から大正期にかけて、伊勢神宮・橿原神宮・天皇陵などの天皇制の聖なる空間として、連動して設計されていった。

大正大礼と檜垣茶屋

大正大礼の時には、明治維新後の東京遷都によって断ち切られた、京都や畿内の地域社会と皇室とのつながりを確認し取り戻そうとする農民・商工業者・官家士族などによる、さまざまな奉仕や献納の申請がだされた。たとえば近世の朝廷の年中行事や即位式の時に奉仕した、かつて賤視された在地の陰陽師である畿内の「歴代組《れきだいぐみ》」は、士族編入の請願を行った(「若杉家文書」)。

ここでは、江戸時代の御所観光においてもっとも華やかな場である、公家の参内を見る公卿門前、そこにあった檜垣茶屋《ひがきちゃや》の末裔による奉仕願いを紹介したい。檜垣茶屋を糸口にして、天皇がかつて京都にいた東京遷都(明治二年)以前の九門内の空間へと誘ってゆきたい。

下鴨村居住の士族・森本善信は、一九一五年(大正四)一一月に大正大礼後の式場拝観者のための休憩処設置の願書とともに、由緒書を提出した(「大正四年、大礼事務、知事官房」『京都府行

公卿門公家参内．出典：『名所手引京都図鑑綱目』菊屋長兵衛刊，宝暦４年

政文書』)。由緒書には、一五世紀の寛正《かんしょう》年間以来、禁裏御所の築地内の公卿門および台所門の傍らに檜垣茶屋の設置が許され、現在は御苑内大榎《えのき》の側に移ったことが記された。さらに九門内の行商人を排除したり、公卿および諸侯の参勤時には供の侍らへのお茶の接待をし、直径二寸(六センチ)ばかりの菊の紋入りの饅頭を一〇文で売ったとされた。

その他、歴代の即位式・大嘗祭では下賜の茶器でお茶の献上をしたり、毎年元日には宮・摂家・清華《せいが》などへ甘茶《あまちゃ》・香煎《こうせん》・挽茶《ひきちゃ》の三種を献上した。即位式の時の舞・能御覧や正月の闘鶏、節分、夏の灯籠などの年中行事でもお茶を献じた。庶民に禁裏御所の拝観が許された折には、檜垣の紋章のある上下の衣装や緒太《おぶと》草履を貸して、一人一〇文ずつで拝観者の履き物を受け取り、また一〇文で手荷物を預かるなど、森本家はかつての朝廷とのつながりを強調した。この大正大礼への御用奉仕は認められた。

江戸時代後期の京都観光の目玉が、禁裏御所と公家町めぐりであり、そのクライマックスが、公卿門前で公家たちの参内を見ることにあった。檜垣茶屋とはまた、公卿門の傍らに奉仕する茶屋であり、人々はそこで酒肴を楽しみ、京上りの旅人たちは、様々な行装をした異形の公家たちの参内を見物した。江戸地域でいえば、最大の観光スポットは江戸城であり、人々が「武鑑」片手に、家格により豪華さの異なる大名行列を見入ったが、それと同じであった。そして森本家の由緒書からは、九門内の禁裏に向かう築地内の道筋だけでなく、禁裏御所も即位式・大嘗祭や正月や節分の年中行事に、一〇文を払えば拝観できたとあり、ときに御所も庶民に開かれた空間であったことがわかる。

なお即位する天皇への緒太草履の供進が大和国の被差別部落の職掌であったように、九門内の道筋は蓮台野《れんだいの》の部落の小法師《こぼし》役によって掃き清められた。古代以来、王権と芸能や宗教にたずさわる「賤民」との有機的なつながりは、明治二年(一八六九)の東京遷都までの京都御所で続いた。正月の左義長《さぎちょう》で赤熊《しゃぐま》をかぶり鼓を打つ陰陽師や壬生の猿回し、あるいは大和万歳らは、特殊な能力を持つものとして賤視されつつも畏怖されていた。近世を通じて、彼らが天皇眼前で芸能を修することによって正月の祝いの場が成り立つ構造があった。すなわち網野善彦が指摘した王権と賤民との不可分の構造は、東京遷都までの京都御所に存続していた。

京都御苑めぐり

現代の京都御苑においては、禁裏御所・仙洞御所のほかには、環境省が整備した閑院宮《かんいんのみや》邸跡、拾翠亭《しゅうすいてい》の茶室が残る九条邸跡、桂宮邸跡の築地塀、白雲神社《しらくもじんじゃ》、宗像神社《むなかたじんじゃ》などの御苑内の神社、明治天皇生誕の祐井《さちのい》ぐらいしか、江戸時代の建造物・遺構は残っていない。かつて江戸時代に

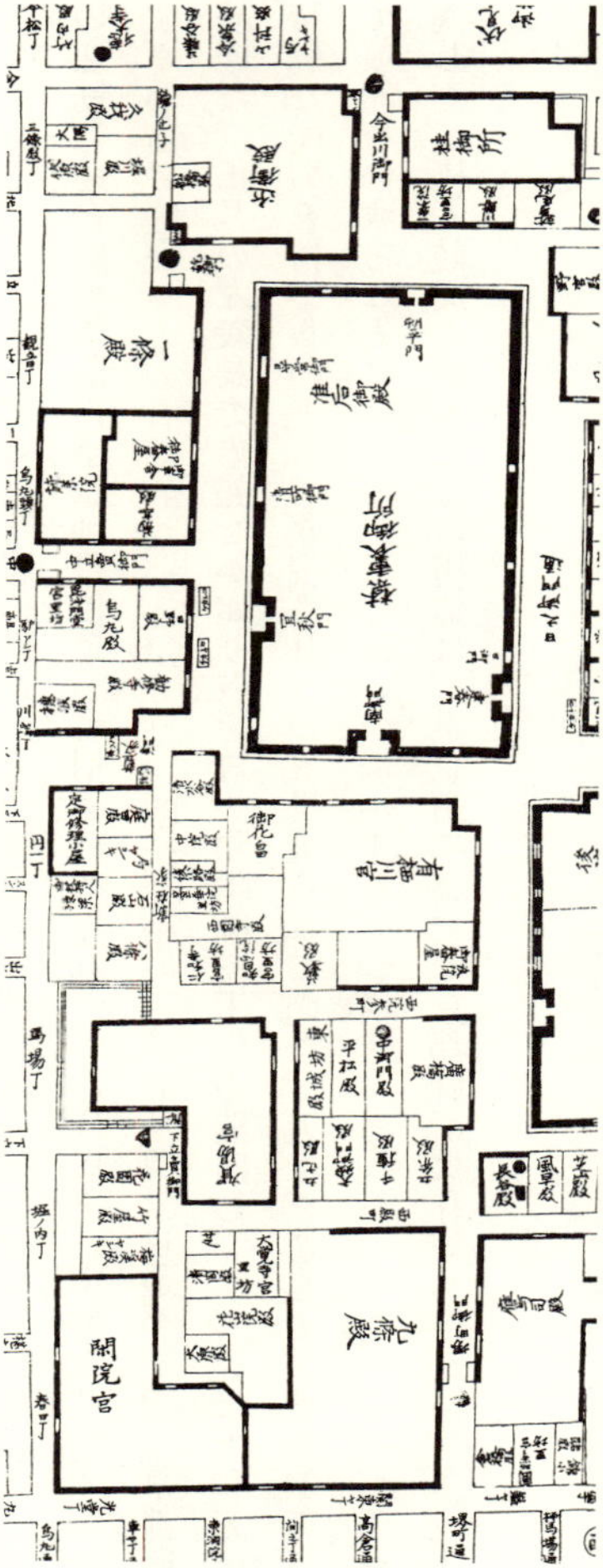

幕末の公家町（西の部分）．出典：『掌中雲上抜錦』慶応２年

は、天皇の住む禁裏御所を中心に院の仙洞御所、そして近衛家を筆頭とする摂政関白をつとめ幕府の意を受けて朝廷を支配する五摂家、有栖川宮、桂宮などの天皇の親戚である宮家をはじめ、昇殿が許された公卿は一三八家にのぼった。

慶応二年(一八六六)に刊行された『掌中雲上抜錦《しょうちゅううんじょうばっきん》』からは幕末の京都御所のあり様がよくわかる。ここで今日の通念と違うところは、烏丸通・今出川通・丸太町通などの外郭の通には、土塀に瓦を葺いたしっかりした築地塀や石塁(現在のものは一八七八年から八〇年までに積まれた)がなかったことである。しかし、九門から天皇の住む禁裏御所に向かう道筋の両側には、統一された荘厳な築地塀があった(太線で表記)。すなわち武家が二条城からやってくる御所の正門は中立売御門《なかだちうり》であるが、中立売御門からまっすぐ東にゆき禁裏にいたる道筋、南の堺町御門から禁裏御所の公卿参内を見物して今出川御門にぬける旅人の道筋、禁裏より寺町の清和院《せいわいん》御門にいたる道筋など、いずれの道筋も両側に築地塀があった。加えて、禁裏御所・仙洞御所、摂家・宮家の高い家格の屋敷にも築地塀があった。

現代の京都御苑の散策は、地下鉄丸太町駅に近い閑院宮邸跡(環境省)の展示施設からはじめることをすすめたい。ここには京都御苑の歴史や四季の自然が展示で説明される。閑院宮邸には、一八八三年に宮内省京都支庁が設置されたため、貴重な江戸時代の建物や庭が残っている。

明正天皇即位式の屛風(部分)．所蔵提供：宮内庁

展示からは、江戸時代の公家町は京都の町続きのイメージであり、京都の町人や旅人は自由に九門内に入ることができたことを知る。

閑院宮邸をあとにして、九条邸跡の高倉橋の上からは、明治前期の博覧会で料理屋や茶店が開かれたり、海女の潜水ショーが行われたことを記憶したい。御苑を南北に走る建礼門前の大通りは、大礼の場であった京都御苑の近代の性格を体現する。

また注目したいのは公家屋敷内の祠が残されていることである。九条邸跡の厳島神社、花山院《かざんいん》邸跡の宗像神社、そしてもう少し北に行った西園寺邸跡の白雲神社からは、江戸時代の京都の町の人々にも開かれた信仰があったことがうかがえる。琵琶の家元である西園寺家の屋敷内の神社である白雲神社には、妙音弁財天《みょうおんべんざいてん》が祀られる。残された灯籠からは、寛政期より続く京都の町人の「巳《み》の日講」の活動がわかる。同様に、出町柳にある弁財天は、江戸時代には今出川通の東の突き当たり鴨川西岸、伏見宮の屋敷内にあった。江戸時代には、宮屋敷や公家屋敷も禁裏御所同様に、人々に対しては、ときに開かれた空間だったのだ。

さて京都御苑内を、政治力のある宮であった朝彦親王邸跡の貽範碑《いはんひ》をみながらさらに北上する。元治元年(一八六四)の禁門の変で来島又兵衛《きじままたべえ》が自決した椋《むく》の木が清水谷《しみずだに》邸の場所にあったことを確認したい。江戸時代、京都の観光スポットであった公卿門前の檜垣茶屋では、酒や肴が売られ、腰掛け椅子にすわった人々は一杯飲みながら公家の参内をみていた。すでに述べたように禁裏御所内にもお金を払えば即位式や、節分・灯籠などの年中行事も見物できた。かつての開かれた朝廷や九門内の公家町のありようを想像してもらいたい。春には公卿門前から北をのぞめば、菊亭家の車返桜《くるまがえしざくら》や、近衛邸の枝垂れ桜が、築地塀から薄桃色の滝のようにこぼれていただろう。

京都御所には、春と秋の一般公開時に公卿門より入って参観できる。御所内は南の紫宸殿・小御所《こごしょ》・御学問所《おがくもんしょ》など公的な場から北に行くほど、天皇の御常御殿《おつねごてん》・御花御殿《おはなごてん》・皇后宮常御殿《こうごうぐうつねごてん》へとしだいに私的な場へと変化する。七世紀後半の天武朝にはじまった大嘗祭は、日本の独自性が強い文化であり、安政二年(一八五五)に建造された紫宸殿に面する南庭には右近の橘と国風文化を象徴する左近の桜が植えられていた。それに対して、南庭を取り囲む回廊内は、朱に塗られた唐風の空間であり、即位式時に紫宸殿内に飾られる聖賢図屏風《せいけんずびょうぶ》も中国の故事にちなむ皇帝の文化である。また一七世紀後半の明正天皇《めいしょうてんのう》の即位式の屏風からは、即位の拝観を許された庶民が南庭で酒を酌み交わし、母親は胸をはだけて乳を含ませ歓談するざわめきが聞こえてくる。こうしたおおらかな、禁裏や公家町と人々との交歓の風景を思い起こすことにより、王権のありようは前近代と近現代とでは大きく変容したことがわかってくる。

第七章　「日本国王」の道——北野と北山を歩く

関東ではなく京都の地に開かれた室町幕府は、公家・寺社など既存の権力と切り結びながら独自の基盤を「北山」の地に築き、外交政策を展開していった。その意義について考える。

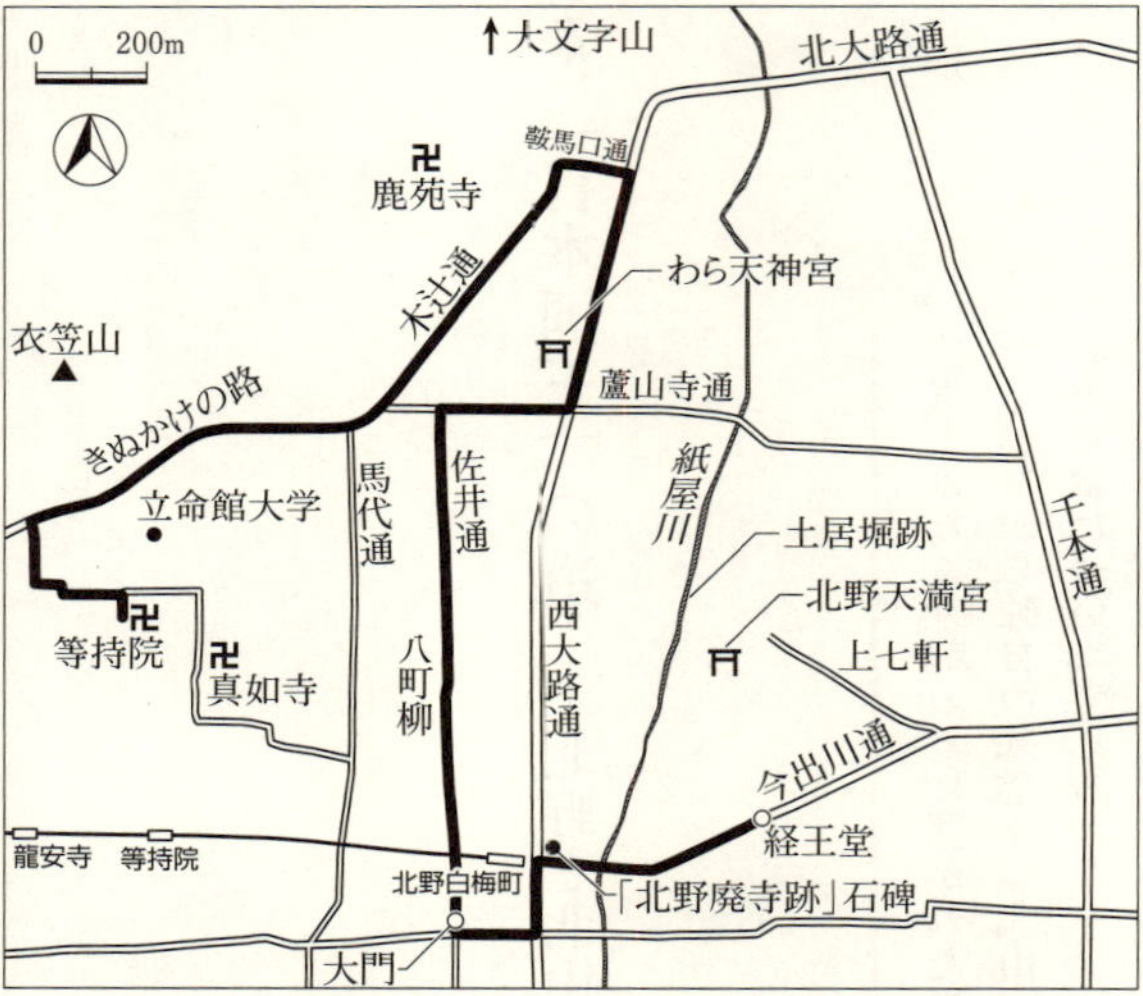

北野天満宮へは，地下鉄烏丸線「今出川駅」から市バス 203 に乗車，「北野天満宮前」で下車．もしくは京都駅前から市バス 101，205 に乗車，「北野白梅町」で下車し，徒歩．鹿苑寺へは，京都駅前から市バス 101，205 に乗車，「金閣寺道」で下車し，徒歩．

「北野」の天満宮

「宮都」として出発した京都の長い歴史のなかで、室町時代は、武家政権の本拠がおかれた特異な時代であったといえる。室町幕府は、鎌倉でも江戸でもなく、この京都の地に開かれた。その背景には、畿内武士団を編成しつつ後醍醐天皇側の動向を把握せねばならなかった幕府草創期の政治課題のほか、当時の京都が流通経済を著しく発達させていたという経済状況があったと考えられている。京都に室町幕府が開かれたことにより、禅寺の隆盛や祇園祭をはじめとする祭礼の発展など、現代の京都文化をかたちづくる基礎が築かれたといっても過言ではない。とりわけ室町幕府の京都支配権を確立させた三代将軍足利義満は、「皇位簒奪」「王権簒奪」を企てたとする学説が存在するなど、政治史・国家史のうえで特筆すべき存在とみなされ、その政治的位置付けをめぐる議論が活発に展開されてきた。

その義満が、京都・室町に「花の御所」とよばれる邸宅を構え、さらに将軍職を子の義持に譲ったのち京都・北山に「北山殿」を建立したことはよく知られている。近年、細川武稔氏の研究によって、この「北山殿」を中心とする政治空間が「北山新都心」とよばれ、注目を集めている。そこで本章では、細川氏の研究に学びながら、「北山新都心」とその隣接地域を歩き、義満の政治について考えたい。

はじめに、「北山新都心」に接する地で、なおかつ足利将軍家と関わりが深かった「北野」の地を歩くところから始めることにしたい。「北野」はもともと、平安京成立以前は、山背国《やましろのくに》葛野郡上林郷《かどののぐんかむつばやしごう》に属す広い地域であり、渡来人秦氏の開発地であった。現在、北野白梅町交差点東北角に、「北野廃寺跡」と刻まれた石碑がたつ。このあたりには、飛鳥時代に秦氏が建てた寺院のあったことが発掘調査によって確認されている。「北野」の地は、平安京成立以前から雷神＝天神をまつる地として知られ、元慶年間（八七七〜八八五）に、藤原基経が作物の豊作を願い雷神に祈ったところ効験があり、以後毎年秋に雷神をまつるようになったと伝えられている（『西宮記』巻二四臨時一二裏書）。このような性格をもつ場に、清涼殿への落雷をもたらしたとされる菅原道真の御霊が天神と習合し、北野天満宮への創祀に至っていくのである。

北野天満宮の創祀は一〇世紀のことで、根本縁起の一つ「北野天満大自在天神宮創建山城国葛野郡上林郷縁起」（『神道大系　神社編』北野）によれば、天慶五年（九四二）、右京七条二坊一三町の地の住人であった「多治比奇子《たじひのあやこ》（文子）」に、自らを北野の「右近の馬場」の地にまつるようにとの天神（道真）の託宣が下ったことに始まるという。現在は、もっぱら学問の神をまつる神社として知られる北野天満宮であるが、これまで述べてきた「北野」の地の性格や天満宮創祀の経緯により、招福神・雷神・怨霊神・冤罪をはらす神など、多様な信仰の歴史を持っている。北野天満宮の南にひろがる旧北野天満宮領「西之京」では、現在も天神を五穀豊穣の神として位置づけており、毎年一〇月一日〜五日のずいき祭において、西之京瑞饋神輿保存会《にしのきょうずいきみこしほぞんかい》が野菜神輿の「瑞饋神輿」を奉納している。

道真が自らをまつるよう望んだとされる「右近の馬場」は、現在の北野天満宮境内の東側を走る道(御前通の延長線上にある道)に相当する。菅野扶美氏の研究によれば、室町時代には、「南鳥居」(現在の一ノ鳥居の北に所在)の範囲をも含む空間をさし、後にふれる経堂《きょうどう》のほか、連歌所や八幡社・夷社《えびす》・所司代松があった。室町幕府四代将軍足利義持は、この馬場に千本の桜を植えており(『満済准后日記』応永二六年一一月二五日条)、梅の名所として知られる天満宮が、室町時代は連歌にも読み込まれるほどの桜の名所であったという。

一〇世紀の創祀以降、北野天満宮の社殿はたびたび焼失しており、現在の北野天満宮の社殿は、慶長一二年(一六〇七)に豊臣秀頼が建てたもので、本殿と拝殿の間に石の間を置く石の間造(権現造)で、国宝である。北野大茶の湯の興行をはじめ、天満宮と豊臣政権との関係は深かった。秀吉の京都改造によって、北野社境内をとりこむ形で土居堀《どいぼり》が形成され、北野天満宮は

「洛外」から「洛中」の寺社へと変化し、芸能興行も盛んとなり、江戸時代には一大参詣地と化す。その基礎を築いたのは豊臣家であるといえるが、豊臣家に先んじて、代々の室町将軍もまた北野天満宮に崇敬を寄せ、とくに三代将軍足利義満、四代将軍義持は足しげく通い、参籠した。現在の北野天満宮境内を歩けば、創祀から現代に至るまで、天満宮が経てきた歴史を語る様々な痕跡を認めることができる。ここではそうしたもののなかでも、特に足利将軍家にかかわるものについて取り上げ、紹介していくことにしたい。

足利将軍家と北野天満宮

平安時代末期から鎌倉時代にかけ、北野天満宮のもつ荘園所領は、能登国菅原保や筑後国河北荘などわずかであったが、足利将軍家の崇敬を受けて以降、飛躍的に増大し、二四ヵ国八〇ヵ所に及ぶ社領を持つに至ったことが河音能平氏によって指摘されている。足利将軍家と北野社との結びつきは、初代将軍尊氏とその弟直義が、南北朝内乱期に、北野社の社僧に対し、戦勝祈願の見返りとして所領寄進を行ったことを契機に強まっていく。以後、祈禱命令を通じ、将軍と北野社との関係が深まっていき、特定の社僧が「将軍家御師職《おししき》」とよばれる地位について祈禱を行うシステムがととのうようになり、三代将軍義満期以降、「松梅院《しょうばいいん》」を名乗る社僧が御師職を継承していった。

すでに西山克氏・桜井英治氏が指摘しているように、室町幕府三代将軍義満・四代将軍義持は、北野天満宮にたびたび参詣・参籠している。そもそも四代将軍義持の出生は、義満が北野社に御産祈禱を命じ、参籠をしてかなったものであった。そのようにして出生した義持もまた、早世した五代将軍義量《よしかず》のあと、嫡子出生を願ってたびたび松梅院禅能の住坊を訪れ、参籠している。その松梅院の住坊は、『洛中絵図』(寛永一四年、宮内庁書陵部蔵)等を参考にするならば、現在の東門から通りをはさんで北東の位置にあったと考えられる。

また現在の一ノ鳥居の南には、かつて、足利義満の命で造られた経堂(経王堂)が存在した。野地秀俊氏の研究によれば、経堂は、現在の今出川通へ突き出すように建っていたといい(現在一ノ鳥居前を走る今出川通は、一九三八年(昭和一三)に拡張された)、ここは当時、北野社の「境内」に含まれる地であった。この経堂は、有力守護家の山名氏を義満が挑発して起きたといわれている明徳の乱の戦死者の霊を鎮めるため開かれた「北野万部経会《まんぶきょうえ》」の読誦の場として建てられた。万部経会は、毎年一〇月五日から一四日までの一〇日間、法華経一万部を千人の僧が読誦する法会で、代々の将軍が願主となり、また「御成《おなり》」(法会に出席し聴聞すること)をした。

瀬田勝哉氏の研究により、当初は「北野南馬場」に造られた「仮屋二宇《かりやにう》」で、天台僧を願主としていわば民間の僧により行われた万部経会が、義満の命で行われるようになったこと、応永八～一〇年（一四〇一～〇三）にかけ「御堂」すなわち経堂が完成するにともない、万部経会が年中行事として確立したこと、経堂の建つ地は、義満が明徳の乱の主戦場であった「内野《うちの》」（大内裏跡地）を、後小松天皇から北野社に寄進してもらったのとひきかえに、北野社の介入しない室町将軍家の管理する地とされたことなどが明らかにされている。

現在、北野天満宮の一ノ鳥居のある今出川通、すなわち経堂跡地から東をのぞむと、雄大な比叡山の姿が見える。経堂が東向に建てられていたとする竹内秀雄氏の指摘や、万部経会の発端に天台僧がかかわっている事実をもふまえると、万部経会および経堂建設の地としてこの地が選ばれた背景に、比叡山延暦寺の存在が影響していた可能性が考えられる。北野天満宮は、寛弘元年（一〇〇四）、菅原氏出身の比叡山延暦寺西塔北渓東尾坊《さいとうきたたにとうびぼう》の僧是算《ぜさん》が別当職となって以降、東尾坊（のちの曼殊院門跡）が、代々別当職を相伝し統轄する神社であった。すなわち神仏習合思想のもと、明治の神仏分離まで、延暦寺の末社として「社僧」とよばれる僧侶により運営・維持される神社であったのであり、北野社本殿の灯は、延暦寺東塔の根本中堂の灯をもらい受けてともされるならわしであった（『北野社家日記』慶長六年正月八日条）。

竹内氏によれば、経堂は明治三年(一八七〇)に廃寺となったといい、「経王堂」の文字を記す竪額が北野天満宮の東にある大報恩寺(千本釈迦堂)に所蔵されている。この額は、『満済准后日記』応永三二年(一四二五)一〇月五日条に「今日経堂の額之を打たる、経王堂と云々、御筆と云々」とみえる額に相当するものと考えられている。

一方、経堂と関わりの深い輪蔵《りんぞう》については、現在、愛媛県新居浜市にある曹洞宗の寺院・佛國山瑞應寺が所蔵している。輪蔵とは、仏典を納めた回転式の蔵をさし、これを回転させることにより、仏典読誦と同等の功徳が得られると考えられていた。大塚紀弘氏の研究によれば、輪蔵はまず唐代・宋代の中国で造られるようになり、その後鎌倉中期に日本においても造られるようになったといい、時代が下るにつれ、京都・鎌倉から諸国へと建立地が拡大していったという。このような流れのなかで、北野天満宮においても、応永一九年(一四一二)覚蔵房増範《かくぞうぼうぞうはん》の勧進により一切経の書写が始められ、その翌年にこれを納める輪蔵が建立されたと伝えられている(『大日本史料』七編之十六「洛北千本大報恩寺縁起」)。一切経書写の勧進にあたった覚蔵房は、以後、一切経の管理と経堂の管理を担うとともに、万部経会の経奉行となった。

北野天満宮の輪蔵が瑞應寺へと移転した経緯については、瑞應寺瑞雲会編の『一切経勧募と輪蔵の由来』に詳しく、明治初年の神仏分離の影響下、瑞應寺方丈と北野社の社務担当者および仏師らで交渉をし、瑞應寺の総檀頭で大阪の住友本店総理であった広瀬宰平らの尽力により明治四年に瑞應寺に移転したことがみえている。二〇一五年(平成二七)一月、西之京瑞饋神輿保存会の御厚意により同会の研修旅行に同行させていただき、瑞應寺を訪ね、八角形の輪蔵を拝見することができた。写真はその折の一枚である。

佛國山瑞應寺に伝わる北野天満宮の輪蔵．撮影協力：瑞應寺

以上のように、参詣や参籠、経堂の建立等を通じ、足利将軍家と北野天満宮は深いかかわりを持っていた。ここで注意されるのは、義満の北野信仰が、義持という次代の将軍出生をもたらすばかりでなく、これから述べる「北山殿」とよばれる新たな都市空間の形成にもつながっていったことである。すなわち細川武稔氏の研究によれば、義満は北山殿への移住にあたり、北野天満宮の存在を強く意識していたといい、移住と同時に参籠を恒例行事化したという。さらに現在の敷地《しきち》神社《じんじゃ》(わら天神)は、かつて北山の「天神社」とよばれ、もとは北山殿北側にあったものの北山殿造営にともない現在地に

遷された可能性が高いという。義満による北野万部経会の開催および経堂の建立もまた、義満の北山殿移住後になされたものであることをふまえれば、細川氏の指摘するとおり「北山と北野は境界を越えて影響し合って」いたといえよう。

北山殿へ

北山殿の造営は、応永四年(一三九七)に始まる。すでにこれより前の応永元年(一三九四)、義満は将軍職を子の義持に譲っており、その翌年には出家を遂げていた。

北山の地にはもともと、一三世紀に西園寺公経が建てた「北山第」が存在し、本堂西園寺を中心に仏堂が建ち並び、別荘としての寝殿も築かれ、後深草上皇をはじめ上皇・天皇の訪れる場ともなっていた。東洋一氏の指摘によれば、公経は『源氏物語』の「若紫」の巻に登場する「北山」のある寺を理想として西園寺を建設したといい、日宋貿易で利益を得ていたほか、「北山殿」に熊野三山の世界と中国天台山の世界を融合させた大滝を築造していたという。この地を譲り受け、新たな「北山殿」を建造した義満もまた、ときに光源氏になぞらえられ、日明貿易を行った。そして「北山殿」を核に、武家の邸宅や延暦寺や醍醐寺の門跡の住坊をも含みこむ「北山新都心」を形成していくのである。

その「北山新都心」を、細川武稔氏の研究を参考に「北山殿」へと向かって歩いてみることにしよう。「北山新都心」の南の境界は、一条大路にあった「一条大門」で、この大門の所在地は、現在の一条通と佐井通とが交差する地点に比定されるという。この大門には、「拱北門《きょうほくもん》」の額が掛っており、「拱北」には、「四方の民が天子の徳化に帰するという意」があった。そしてこの大門から八町分(約九七〇メートル)北上し、佐井通と「高橋通」(蘆山寺通)が交差する地点付近へ向かうと、北山殿の「惣門」にたどり着く。この一条大門から惣門にかけての八町分の道は、「八町柳」とよばれ、西園寺家の北山第が所在した時代から北山第への順路となっていた。

また八町柳にはその名のとおり、柳が植えられていたことから、この通りが朱雀大路になぞらえられていた可能性も指摘されている。義満が明との間に国交を開き、日明貿易を開始した人物であることはよく知られているが、応永九年(一四〇二)、義満を「日本国王源道義」と称する皇帝の詔書を携えた明の使節は、八町柳の両側に武士が並び立つなか、北山殿へと向かっていった(『和漢合符』)。現在、閑静な住宅街と化している八町柳は、かつては外交使節の通る道だったのである。

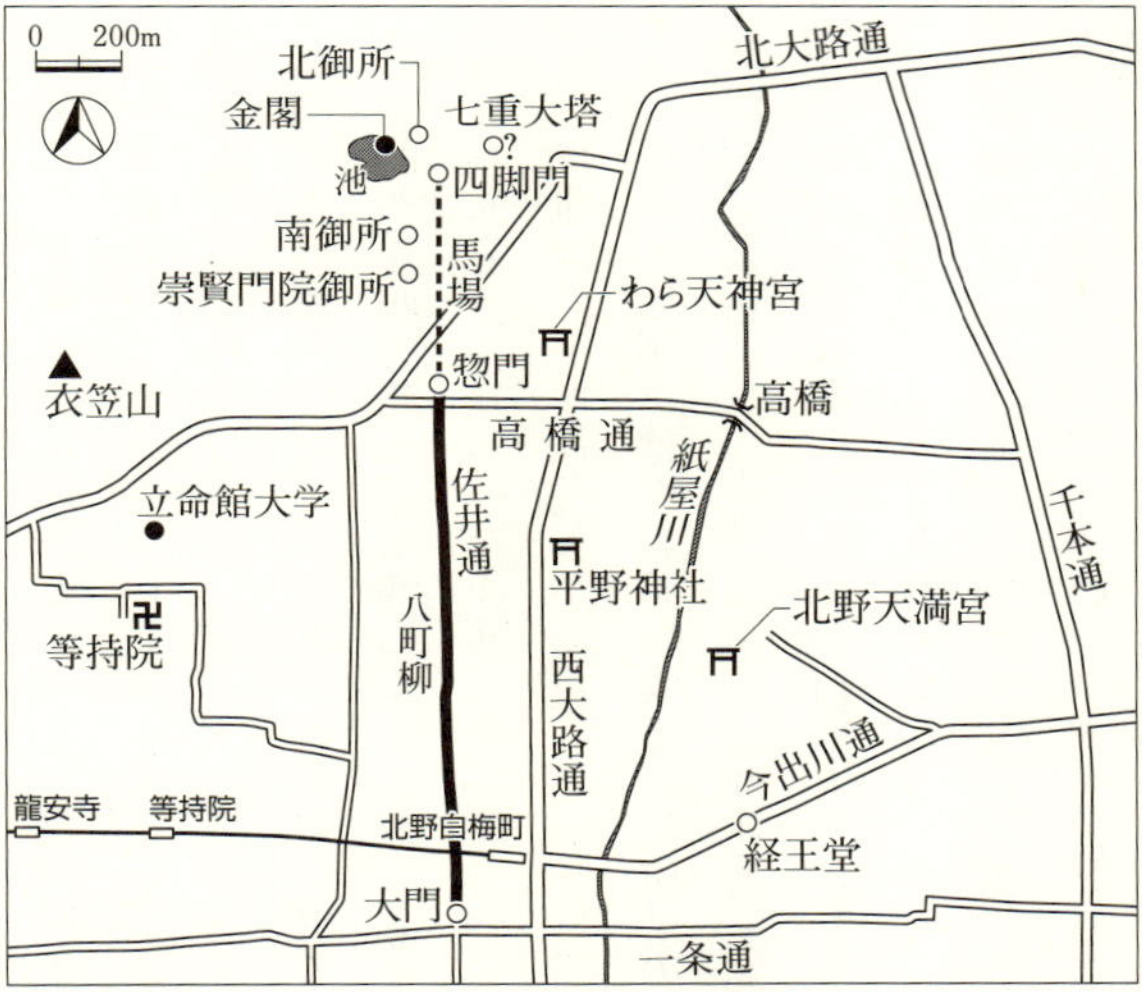

北山殿の周辺地図．細川武稔「『北山新都心』に関するノート」所収の地図をもとに作成改変

その八町柳を北上した先にある「惣門」は、北山殿の南の境にあたる位置にあり、この惣門から大文字山のあたりまでが、北山殿の南北の範囲であった(北山殿の東の境界は紙屋川、西の境界は衣笠山であったと考えられる)。惣門の前を東西に走る「高橋通」(蘆山寺通)は、義満が応永六年(一三九九)に相国寺塔供養へ赴く際に通った道であり、応永一五年(一四〇八)に後小松天皇が北山殿に行幸した際にも、高橋通から惣門へ向かっていることなどから、「重要な国内行事」の折に、洛中と「北山新都心」とを結びつける道として機能していたと考えられている。高橋通の

「高橋」とは、この通りが紙屋川にかかる橋を「高橋」と呼んだことに由来し、この地には義満の側室「高橋殿」が居住していた。高橋殿は「北野殿」ともよばれており、応永八年、北野天満宮本殿に納められた「御正躰《みしょうだい》」(鏡)の願主であったことが知られている(「御神宝注文」『北野天満宮史料　古記録』)。

惣門を入りさらに北上すると、義満の居所である「北御所」に通じる「四脚門《しきゃくもん》」にたどりつく。惣門から四脚門に至る「馬場」には、応永一五年の後小松天皇の行幸時、「西東わけてひまなくひしとうへならべたる桜。やへひとへこきまぜて。いまを盛とこの御幸を待かけたるも心有がほ也」(『群書類従』第二十四輯「北山殿行幸記」)とあるように、満開の桜が立ち並んでいた。また、馬場の西側には、義満の妻・日野康子の居所となった「南御所」と「崇賢門院御所」(崇賢門院は、後小松天皇の祖母で義満母の姉妹)があった。このうち「南御所」の所在地については、現在の金閣小学校そばにある「白河天皇火葬塚」付近に比定できるという。

さらに馬場の桜並木を北へと進んでいくと、南面するかたちで四脚門があり、その先に、義満の居所である「北御所」があった。応永九年に明の使節が北山殿を訪れた際、義満は四脚門まで出向いて使節を迎えている(『満済准后日記』永享六年五月一二日条)。また応永一五年の後小松天皇の行幸時にも、義満は四脚門で天皇を出迎えた(前掲「北山殿行幸記」)。

北御所の東側には、天台門跡の一つ・青蓮院門跡の住坊も存在した。北山殿で行われる月例の「大法」と、山門・寺門・東密各門派の阿闍梨の住房等で行われる廻祈禱をはじめとする修法が「北山第祈禱」を重層的に構成していたことは、大田壮一郎氏の研究に詳しく、青蓮院尊道は「大法」の大阿闍梨を聖護院道意と交代で勤めていた。その聖護院道意の住坊もまた、北山殿内にあったことが指摘されている。さらに、北野天満宮の別当であった竹内門跡(曼殊院門跡)の住坊は、北山殿の造営後、応永五年(一三九八)に、鴨川の東から「北山新都心」内の北寄り、「高橋」の近くに移転したといい、応永九年、青蓮院尊道のあとを受けて天台座主となったのは、曼殊院道豪であった。このほか、「北山新都心」の南端には、醍醐寺三宝院の宿坊もあった。

金閣と七重大塔

北御所の内部・西側には、舎利殿金閣が池に面してそびえていた。金閣については、西芳寺瑠璃殿をモデルとして、義満の聖徳太子信仰と舎利信仰を象徴するものであったとする見解があるほか、八世紀に中国の聖地五台山で建てられたという「金閣寺」に由来したとする説があ

焼失前の鹿苑寺金閣．出典：京都市編『京都名勝誌』

る。義満の建てた金閣は、一九五〇年(昭和二五)に焼失し、その後、一九五五年(昭和三〇)に再建され今に至っている。焼失前の金閣も、現在と同じ三層の建物であり、二層には義満筆の「潮音洞《ちょうおんどう》」の額が、また三層には、後小松天皇筆の「究竟頂《くっきょうちょう》」の額が掲げられていたほか(『蔭涼軒日録』文明一七年一〇月一五日条)、会所として造営された天鏡閣と二階造の廊下でつながっていたという(『臥雲日件録抜尤』文安五年八月一九日条)。

このほか北山殿には、「七重大塔」があった。七重大塔は、先に相国寺に造営されており、応永六年(一三九九)、義満は北山殿から相国寺へ、完成なった大塔の供養に出向いている。この相国寺七重大塔は、かつて白河上皇が法勝寺に造営した高さ約八一メートルの九重大塔を超える、約一一〇メートルもの高さのある塔であった。現在の京都タワーの高さが、下部のビル部分の高さを除けば一〇〇メートルであることをふまえると、相当の高さであったことが想像できよう。しかし、応永一〇年(一四〇三)に落雷で焼失してしまい、その後北山殿に再建されることになったのである。

再建のための普請は、焼失したその年のうちに始められ、天龍寺や南禅寺などの禅僧のほか、東寺僧も招集された(『大日本史料』第七編之六「吉田家日次記」「東寺百合文書」)。北山に再建されることになった七重大塔は、本尊を東寺五重塔の安置仏にならって金剛界四仏としたことなどから、密教の塔としての性格を帯びていたことが冨島義幸氏によって指摘されている。しかしこの大塔も、完成途上にあった応永二三年(一四一六)、再び落雷により焼失し、再度相国寺に再建されるものの、文明二年(一四七〇)に焼失してしまう。

北山の七重大塔の所在地については必ずしも明確でないが、現在の鹿苑寺《ろくおんじ》境内・不動堂参道の東側の高まり部分を候補とする東洋一氏の説や、鹿苑寺境内の外部にあった可能性を指摘する細川氏の説などがある。いずれの説をとるにせよ、京都が北へ行くほど標高が高くなる地形であることをふまえるならば(現在の京都駅と鹿苑寺門前の標高差は、約六八メートルである)、七重大塔は京都のあらゆる地点から見えていたはずであり、義満の権力の強大さをよく示していたに違いない。

等持院と足利将軍家をめぐる評価

北山殿の西南にある足利将軍家の菩提寺・等持院もまた、「北山新都心」の一区画をなしている。初代将軍尊氏・二代将軍義詮の墓が置かれていたほか、義満が荼毘に付されたのもこの等持院であった。等持院の付近には、かつて「法住寺」とよばれる禅院もあり、北山殿を訪れた明の使節の宿所にあてられていたという。

現在、等持院の境内東側にある霊光殿には、歴代足利将軍の木像が安置されている。これは将軍の死後まもなく刻まれたものであるといい、応仁・文明の乱で焼失したため、現在の木像は江戸時代初期に制作されたものと伝えられている。文久三年(一八六三)、尊氏・義詮・義満の木像の首が、尊王攘夷派の志士たちにより、鎌倉以来の「逆臣」として三条河原にさらされるという事件がおこっている。

足利氏を「逆臣」「逆賊」とみる評価は、明治期以降、「南北朝正閏論」の展開によっていっそう強まっていき、やがて「逆賊」足利氏への筆誅を歴史研究の使命とする時代へと突入していったことは、戦後の南北朝時代の政治史にめざましい進展をもたらした佐藤進一『南北朝の動乱』の「はじめに」等に詳しい。一八九五年(明治二八)の平安神宮創建を契機に始まった時代祭においては、楠木正成を顕彰する行列はあっても、足利氏の行列はなく、「室町時代執政列」が加えられるようになったのは、実に二〇〇七年(平成一九)のことであった。

足利義満木像．提供：等持院

応永一五年(一四〇八)、北山殿で死を迎えた義満に「太上天皇」の尊号が追贈されたことや、死の直前の後小松天皇の行幸を契機に、子息義嗣が異例の速さで官位昇進をとげ、内裏で立太子の礼に準じた元服を行ったことなどをふまえ提示された「皇位簒奪」「王権簒奪」論については、近年相次いで批判が出されている。小川剛生氏の研究によれば、義満はすでに生前から「太上天皇」の尊号を望んでいたといい、その背景には「日本国王」の号をもって明の冊封を受け容れることへの批判を避ける目的があったという。義満の要望に朝廷側は難色を示し、斯波義将の諫言もあって結局実現に至らなかった。したがって、義満没後の「太上天皇」の尊号の追贈も、あくまで幕府からの辞退を前提になされたと考えられるという。また橋本雄氏の研究によれば、明の皇帝の詔書にみられる「日本国王」号を、義満が日本国内において使用した形跡はないといい、「日本国王」の号に義満のもつ権力の「象徴的称号」としての意味を見出すことはできないという。

義満が亡くなったその翌年、将軍義持は、北山の地ではなく三条坊門に新たに政庁を築き、政治を行い、明との国交を断っている。そして応永二六年(一四一九)には、かつての北山殿のうち、舎利殿のみを残し大半を解体・移築し、「鹿苑寺」とした。義持以後に展開する公武関係や顕密仏事のありようから、「北山殿」「北山新都心」における義満の政治は、近年の研究において、「例外」であり「特異」なものであると評価されている。とするならば、「例外」というるほど突出した権力を、義満は皇位・王権を「簒奪」することなく手中に収めることができたということになる。それがなぜ可能であったのか、またそのような権力をどのように呼ぶべきか、疑問は尽きない。

第八章　災害の痕跡を歩く——鴨川流域をたどる

美しい景観を成す鴨川の河原も、かつては洪水・飢饉・疫病によって亡くなった人々の死体が集積する場であった。京都の歴史は、都市災害の歴史でもある。災害が何を現出させ、それがどのように克服されたのか、みていくことにしたい。

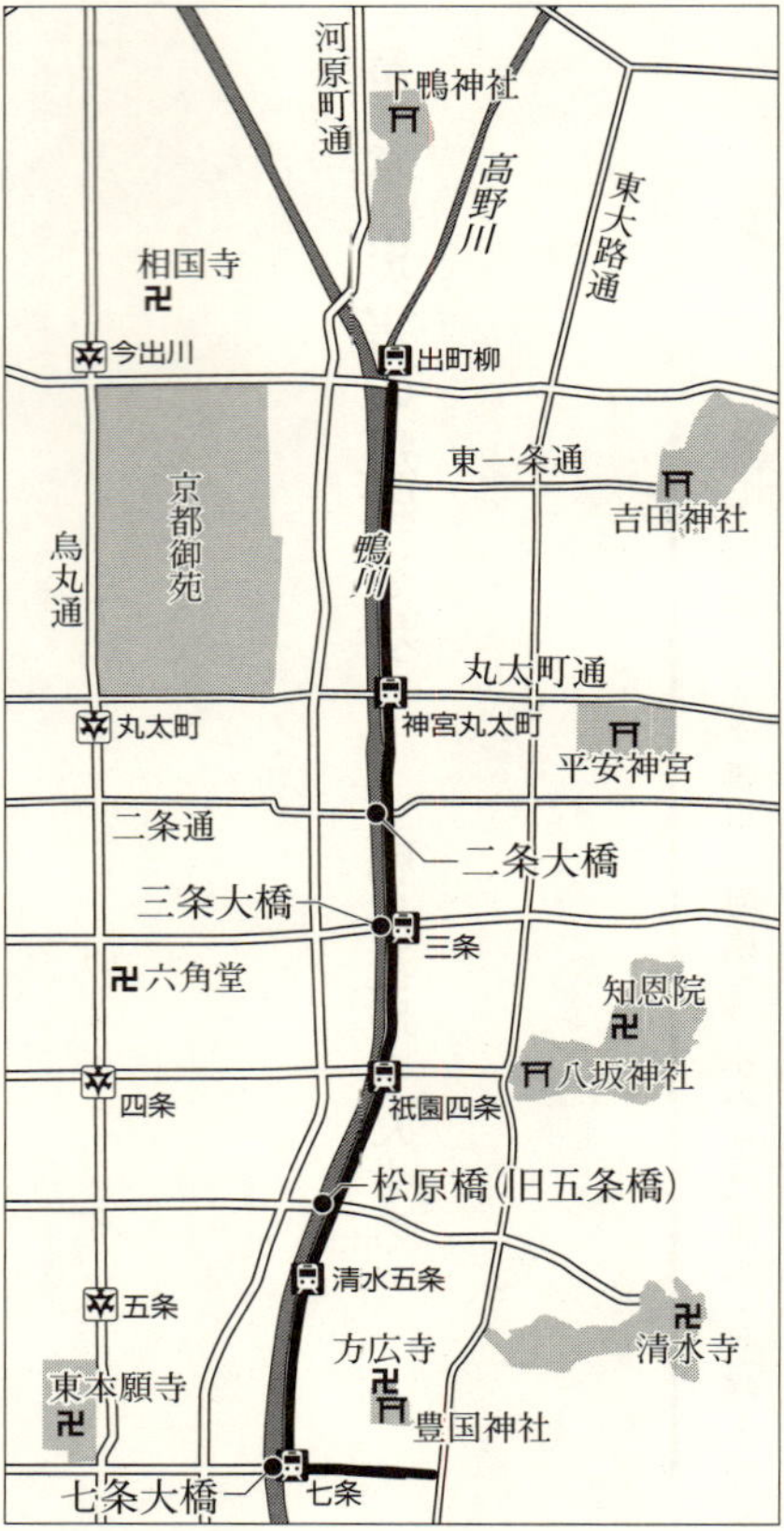

京阪鴨東線「出町柳駅」下車，高野川と鴨川の合流地点から鴨川沿いの遊歩道を南へ．

鴨川の洪水

春は桜、秋は紅葉に彩られ、遠く山々をのぞむ鴨川べりの風景は、山紫水明の地京都を象徴するものとして、多くの市民・観光客の心をひきつけ続けている。とりわけ繁華な三条大橋、四条橋、五条橋のあたりでは、橋上を行き交う人々の中にも、しばし足を留め、橋下を流れる川や遠く山々をのぞむ人の姿が絶えない。しかし、わたしたちが今橋上で見ている風景とは全く異なる風景を、かつての人々は見ていた。

鴨川は、平安京成立以前より、ほぼ現在と同じ川筋で流れており、平安京成立後、いつのころからか、高野川との合流地点より上流を「賀茂川」、下流を「鴨川」と呼ぶようになったといわれている(本章では便宜上、「鴨川」と表記する)。現在、鴨川流域には四〇を超える橋が架橋されているが、意外にも、一〇世紀に至るまで鴨川に架かる橋は無く、人々は歩いて川を渡っていた(唯一の例外として、平安京南端部に「韓橋」が存在した)。それほど当時の鴨川の水量は多くなかったといえようが、しかし降雨によってひとたび水量が増せば、白河上皇が、「天下三不如意」の一つに「賀茂川の水」をあげたように、大きな被害をもたらすこととなった。その原因は、上流の山地部が流域面積の半ば以上を占め、河川勾配もまた山地部が大きいという鴨川の地形上の特質にあり、集中豪雨が発生すると、鴨川は急速に増水しやすかったのである。

このように、鴨川は時に水害をもたらす川として、人々の暮らしに大きな影響を与えることとなったが、その川べりと橋にもまた、災害の歴史が刻みこまれている。以下、鴨川を上流から下流へと下りながら、災害の歴史をたどることにしたい。

河合から二条通へ

まず平安京東端を縦断する鴨川の、京内上流部からみていくと、現在の高野川との合流地点から二条大橋あたりまでの鴨川流域は、平安時代、「七瀬祓《ななせのはらえ》」を行う地として知られていた。七瀬祓は、河合、一条通、土御門《つちみかど》通、近衛通、中御門《なかみかど》通、大炊御門《おおいみかど》通、二条末通の鴨川べりで天皇・貴族が行った祓をさしている。こうした禊《みそぎ》の川としての鴨川の性格は、嵯峨天皇の時代に、王城としての平安京の浄化・粛清のための諸施策にともなって現れたものであるといい、同じ時期に、治水を担当する防鴨河使《ぼうかし》の設置もみられた。

しかし七瀬祓の場となった河合、一条通付近の鴨川べりは、同じ平安時代、堤が決壊しやすく、しばしば洪水被害に見舞われたことが、藤原道長の日記『御堂関白記』をはじめとする貴族の日記により確かめられる。増淵徹氏の研究によれば、その背景には、左京東北部の都市化の進展により、市街地が鴨川と接近するようになるという住環境の変化があったという。その後の白河上皇の鴨東開発にともなう東岸の堤の築造は、西岸の都市域への洪水被害をさらに増大させた可能性が高いといい、朝廷により、防鴨河使の設置や、流路の改修、堤の築造などの諸施策がとられたものの、その対象範囲は六条以北の地に限られ、とりわけ二条以北の地に重点がおかれていたという。しかしその後も、繰り返し洪水が発生した。

三条大橋から南へ

二条大橋から鴨川をさらに南へ下っていくと、三条大橋にたどり着く。この橋は、今でこそ多数の人と車が行き交う橋となっているが、古代はもちろんのこと、中世においても恒常的に架橋されていたものではなかった。朝尾直弘氏の研究によれば、天正一七年(一五八九)、天下統一をめざす豊臣秀吉の命によって、架橋が開始され、以後、東海道・東山道の起点として、公儀権力・幕藩体制を支える重要な機能を担うようになっていったという。一七世紀半ばまで、

「一遍聖絵」に描かれた四条橋．巻七より．
所蔵提供：東京国立博物館

六条河原で処刑された人々の首は、この三条大橋で晒《さら》されており、その後も、罪人を三条大橋で晒したのち刑場で処刑する処置がとられていた。また一七世紀、鴨川が二〜三年に一度は「大水」「洪水」に見舞われるなか、三条大橋の流失を防ぐため、公儀の命で人夫が動員されていたという。

一方、三条大橋よりさらに南に位置する四条橋、五条橋は、一二世紀半ばには架橋されていたことが知られる。このうち四条橋は、「祇園橋」ともいわれるように、鴨川東岸にある祇園社（八坂神社）の参詣路に架かる橋としての性格を持ち、祇園御霊会《ぎおんごりょうえ》の折には、神輿が渡御する橋となっていた。正安元年（一二九九）に成立した「一遍聖絵」には、四条橋の西岸、洛中に接する部分に鳥居が描かれている。

しかし中世を通じ、四条橋はしばしば洪水で流され、架橋されていない時期もあったことが指摘されている。天正四年（一五七六）の洪水の際、織田信長の命によって修築がはかられたものの、その後も流失を繰り返し、近世に入ってもなお「仮橋」であり続けた。その後安政四年（一八五七）、祇園新地および祇園社氏子町々の負担により、本格的な橋が架橋されるに至ったことを朝尾氏が明らかにしている。

洛中洛外図に描かれた五条橋．四角で囲った部分．所蔵提供：米沢市上杉博物館

さらに南の五条橋は、かつては現在の松原橋の位置に架橋されていた。これは現在の五条通の位置が、豊臣秀吉の方広寺大仏殿の造営により、六条坊門《ろくじょうぼうもん》小路の位置に変更されたためで、これ以前、五条通といえば、清水寺への参詣路である現在の松原通を指したのである。「第三章　清水坂の歴史と景観」において述べているように、大仏殿造営以前の五条橋は、中洲に相当する「中島」をはさむ形で、二つの橋から成っていたといい、中島には、鴨川の治水信仰にかかわる「法城寺」「晴明塚」が存在していた。

五条児童公園内にある
五条橋の石柱

その後秀吉により、方広寺への参詣路にかけ直された五条橋は、大坂城ついで伏見城との交通にも利用されるなど、政権運営の要となる橋としての性格を有し、以後近世を通じて、三条大橋と同じく「公儀橋」としての機能を備えていったことが指摘されている。現在、京都国立博物館構内の「西の庭」に、豊臣秀吉が天正一七年（一五八九）に架橋した五条橋の橋脚や石柱が野外展示されている。また五条大橋西詰にある五条児童公園内にも、同じく天正一七年架橋時の石柱が二ヵ所にわたって立てられている。

五条橋をさらに南へ行くと、方広寺・豊国神社の参詣路へとつながる正面橋、七条橋へとたどり着く。五条橋から七条橋にかけての、鴨川両岸の都市開発が本格的に進められていくのは、江戸時代の正徳・享保年間（一七一一〜三五）のことであり、これ以前は、複数の川筋と広い川幅の両岸に、田畑が広がる地であったと朝尾氏が指摘している。一二世紀以降、六条河原は処刑の地として史料に散見され、また西岸には、「河原者《かわらのもの》」とよばれた被差別民の集住地も形成されていたが、この江戸期の開発によって、西岸は「新地」となり、東岸も町並の形成へと向かったのである。

「河原」の出現と応永の飢饉

ところで、三条大橋から旧五条橋のあたりの鴨川べりの「河原」は、中世においては、人家の存在する一つの「地域」であった。すなわち、著名な鴨長明の『方丈記』において、平安京左京域を指す「京のうち」に対比するものとして、「河原」「白河」「西の京」の地名が挙げられている。その範囲を詳細に検討した北村優季氏によれば、近世以前の「河原」の範囲は、南北については三条橋から五条橋まで、東西については近世初期の絵図を参考に、木屋町通以東（四条以北）もしくは寺町通ぞいに並ぶ寺院から東側一帯（四条以南）であったといい、特に四条以北の「河原」の市街地化が進展していたという。

ただし、四条橋がたびたび洪水で流失するような状況をふまえると、「河原」の居住環境は劣悪であった可能性が高く、少なくとも中世段階において、「町」共同体のような、定住化した人々の共同体が営まれた形跡は認められない。このことは、この地が直接に洪水の被害を受けやすい地であったことによるばかりでなく、飢饉・疫病など、京都内外で生じた災害によって被災した人々が多く集まる場であったことにもよっていよう。

一五世紀初頭の応永二七年(一四二〇)、全国規模で、大飢饉が発生した。この年は春から夏の降雨日数が少なく、秋に降雨日数が異常に多い年であったといい、これ以前の数年にわたる気候の不安定さも手伝って飢饉となったことが、清水克行氏によって指摘されている。翌年の年明けから京都に諸国の難民が次々と殺到する状況となり、伏見宮貞成親王《ふしみのみやさだふさしんのう》の記した『看聞日記《かんもんにっき》』には、「抑《そもそも》去年炎旱飢饉の間、諸国貧人上洛し、乞食充満す、餓死者数知れず、路頭ニ臥すと云々《うんぬん》」と記されている(二月一八日条)。

これを受け、足利義持は、諸大名に命じて五条河原に仮屋《かりや》(仮設住宅)を建てさせ、施行《せぎょう》(食べ物を施し与えること)を行った。しかし、食べ物を口に入れたとたんに亡くなる者が多く、その数は「千万」規模に及んだという。さらにその後疫病が流行し、「万人死去」する状況となったため、天龍寺と相国寺で「施行」が行われている(『看聞日記』二月一八日条)。

翌応永二九年には、義持の命により、死者を供養するため、五条河原で「施餓鬼《せがき》」(「施餓鬼会」の略。餓鬼道におちて飢餓に苦しむ亡者(餓鬼)に飲食物を施す意)が行われることとなっている。『看聞日記』によれば、これに先立って、勧進僧が読経しながら死骸の骨で六体の地蔵を造り、石塔を建て供養する「河原施餓鬼」が行われていたという。これに対し、義持の命じた施餓鬼は、五山僧(天龍寺、相国寺、建仁寺、東福寺、万寿寺の僧)によるものであったが、結局大雨で延引となった(『看聞日記』九月六日条)。こうした経過は、民衆の手で独自に始められた死者への供養が、幕府および五山という権力によって吸収され儀礼化されていくことを示すものであると、西尾和美氏が指摘している。

ところで、この応永の飢饉において、「諸国貧人」が京都に殺到しているのは、当該期、列島の富の京都への一極集中という状況があったためで、室町時代は、都鄙間の格差がより明確化した時代であったことが指摘されている。すでにこれより前の、養和元〜二年(一一八一〜八二)に発生した養和の飢饉の際にも、『方丈記』に、「国々ノ民、或ハ地ヲ捨テテサカヒヲ出デ」との表現がみられることなどから、北村氏は、養和の飢饉時にも飢えた人々の多くが京都に向かう状況にあったと指摘している。『方丈記』にはまた、「築地ノツラ、道ノホトリニ、餓ヘ死ヌル物ノタグヒ、数モ不知《シラズ》。取リ捨ツルワザモ知ラネバ、クサキ香世界ニ充《ミ》チ満《ミチ》テ、変リユク貌《カタチ》・アリサマ、目モ当テラレヌコト多カリ。イハムヤ河原ナドニハ、馬・車ノ行キカフ道ダニナシ」との記述もみえ、応永の飢饉時と同様、「河原」に多数の死体のあった様子がうかがえる。

このように、飢饉が発生すると「河原」、とりわけ五条河原は、飢えた人々が多く集まる場となると同時に、多数の死体が集積する場となり、死者を供養する場ともなったのである。

寛正の飢饉

応永の飢饉に続いて、長禄三〜四年(一四五九〜六〇)、天候不順によって、洪水、旱魃、長雨、蝗害《こうがい》等の発生により、再び大きな飢饉が列島を襲った。長禄四年一二月、「寛正」と改元され、事態打開がはかられるも、翌年には京都の餓死者が八万二〇〇〇人に達したとの情報が東福寺の僧雲泉太極の日記『碧山日録《へきざんにちろく》』に記されている(二月晦日条)。

太極はこの前年三月、六条の路上で、死んだ子を抱え慟哭する「老婦」に出会った時の様子も日記に記しているが、この母子は飢饉により河内国から京都へと上ってきた人々であったという。すでに桜井英治氏が注目しているように、同じ日、太極は数千もの従者を従え花見をする「貴公子」の一行と出会い、彼らが酔いつぶれ嘔吐する様子を、怒りをもって書き記している(『碧山日録』長禄四年三月一六日条)。

寛正の飢饉については、奈良興福寺の大乗院門跡によって記された『大乗院寺社雑事記《ぞうじき》』にも詳しく、長禄四年の冬から寛正二年の春にかけて、一日に餓死する者が五〇〇人あるいは六〇〇～七〇〇〇人いたこと、将軍足利義政が勧進聖の願阿弥《がんあみ》に命じて六角堂前にて毎日施行を行わせたが、餓死する者が跡を絶たないため、死者を四条橋・五条橋の下に埋めたこと、一つの穴に一〇〇〇～二〇〇〇人が埋められたことなどが、伝聞情報として記されている（寛正二年五月六日条）。この時にも、四条橋・五条橋付近に、多くの死体が置かれ、やがて埋葬されたことがわかる。

六角堂前で施行を行った願阿弥は、当時、勧進《かんじん》（不特定多数の人々に、善根功徳になると勧めて寄付を募ること）を通じ、五条橋の架け替えや南禅寺仏堂の再興を行うなどしてその名を広めていた勧進聖であった。応仁・文明の乱後は、清水寺の再建のため諸国で勧進活動を展開し、本堂の再建に寄与し、「成就院願阿弥」の名を得ている。寛正の飢饉時に施行の場となった六角堂前には、願阿弥の指示のもとで「茇舎《ばっしゃ》十数間」が設置され、「粟粥」がふるまわれたという（『碧山日録』寛正二年二月二・六日条）。

この地が施行の場として選ばれた一つの理由は、六角堂が洛中の中心部に位置するという立地状況にあったと考えられ、応仁・文明の乱後には、下京の町の自治の象徴となった。六角堂そのものは、頂法寺の本堂にあたり、古くから観音霊場として知られ、親鸞の百日参籠の場として著名である。そして六角堂執行《しぎょう》として頂法寺の供花に携わっていた池坊《いけのぼう》が、立花《たてばな》を大成させていき、華道池坊の礎を築いていったこともよく知られている。その池坊の立花の様子が、史料上明確に現れ始めるのは、まさに飢饉直後の寛正三年(一四六二)の『碧山日録』によってであり(二月二五日条)、立花が飢饉や戦乱にあえぐ人々の祈りの中から育まれていった文化であることを示している。

寛正の飢饉の際にも、応永の飢饉の時と同様に、幕府は五山僧に、四条橋・五条橋の上で大施餓鬼を行うよう命じている。しかし大乗院門跡の記すところによれば、今回の飢饉の原因は、諸国の旱魃のみならず、河内・紀州・越中・越前等で生じた兵乱(守護畠山氏をめぐる乱)にあったという。その後京都では、疫病も流行し始めており、「公家・武家輩少々他界」という状況に陥り、天災に人災が加わって、被害はより増大した(『大乗院寺社雑事記』寛正二年五月六日条)。

ところでこうした飢饉のさなかにあっても、祇園御霊会などの祭礼は、中止されることなく行われている。そもそも祇園御霊会は、疫神に対抗する外来の神・牛頭天王《ごずてんのう》が、疫病を追い払う祭りとして、疫病の流行した一〇世紀末に定着した祭礼であり、京の民衆が自発的に始めた御霊会の一つであったことが指摘されている。一五世紀においても、飢饉について起こる疫病の悪神を、町の人々が囃物《はやしもの》によって追い払う動きを見せていたことが指摘されており、飢饉と疫病の発生はむしろ、祭礼の実施を強く要請するものであったと考えられる。

寛正の飢饉時、「大略町人等餓死」という状況下にあった北野社大舎人《おおとねり》神人は、北野祭に鉾を出すのは困難であると北野社に訴えている。しかし、北野社および室町幕府は、形ばかりでも鉾を用意するよう命じており、祭礼による飢饉・疫病の鎮静を強迫的なまでに必要としていたのは、むしろ支配権力であったとみることもできよう(北野天満宮「禅盛記録抄」)。

これまでみてきたように、近世以前の四条橋・五条橋あたりの鴨川べりは、洪水により橋が流失するなど、しばしばこの地自体が被災地と化した。その一方、飢饉・疫病など、列島社会を覆う災害が起こると、諸国から被災者が集まる場となり、また亡くなった人々の埋葬地・供養地ともなったのである。こうした性格は、豊臣政権期以降、三条橋・五条橋の公儀橋化や「御土居《どい》」の築造、さらには江戸時代の寛文九年(一六六九)にはじまる新堤の形成と新地開発等により失われていった。

昭和一〇年の洪水

「御土居」の築造と寛文新堤の形成は、特に五条以北の鴨川治水に有効であったものの、その後も近代に至るまで、三条橋・五条橋の流失や東岸部への氾濫、六条・七条新地への浸水な

鴨川の大洪水．1935 年．出典：『水禍と京都』

ど、洪水被害は続いた。そして今から一〇〇年前にも満たない一九三五年(昭和一〇)六月に、大洪水が起こっている。この洪水の発生は、鴨川治水の近世的なあり方の破綻と、防水対策の近代化をもたらす「決定的な転換点」を成したと横田冬彦氏が指摘している。

以下、横田氏の研究を参考にその様相をみていくと、この洪水は、梅雨の集中豪雨、さらには前年の室戸台風による「水源林の損傷」等によってもたらされたもので、上流から下流へと増水した鴨川の水位は、市内ほぼ全域で三メートルを超え、四条橋付近においては五メートルを超えていたという。ただし、三条橋、五条橋、七条橋をはじめとする橋の多くが流失もしくは大破するなか、一九一二年(明治四五)に京都初の鉄筋コンクリート製の橋として架け替えられた四条橋は、流失をまぬがれた。

鴨川以外にも、桂川、御室川、天神川をはじめとする市内各河川が氾濫した。その結果、全市面積の四分の一が浸水し、全半壊・流失戸数は約六〇〇、浸水戸数は約五万、死傷者約一六〇名、被災者十数万人にのぼる被害をもたらしたという。

こうした被害を受け、鴨川をはじめとする各河川の大改修計画がたてられたが、当時の時代状況とあいまって、その主眼は皇室関係施設の保護におかれていたという。また、この二年後に日中戦争が始まり、戦線が拡大していくなかで、応急処置はとられたものの計画は中止となり、各橋の欄干をはじめとする鉄材も戦時供出の対象となったという。一九四七年(昭和二二)、ようやく河川改修が完成し、一九五〇年(昭和二五)には、豊臣政権が架橋した天正一八年(一五九〇)の擬宝珠を載せ現在の三条大橋も完成する。一方、戦時中に修復・復興された四条橋、五条橋については、四条橋が一九六五年(昭和四〇)に欄干部分を、また五条橋が一九五九年(昭和三四)に橋全体を新調し、現在に至っている。

いま私たちが見ている鴨川の風景は、直接には一九三五年の大洪水からの復興と、戦後もたらされた平和によって形作られたものである。その基層には、平安京成立以来の洪水と治水とのせめぎあいの歴史と、飢饉・疫病にあえぐ民衆を見下ろす橋の歴史とが存在する。近年においても、集中豪雨による鴨川の決壊が危ぶまれる状況が続くなか、災害の歴史からくみとるべきことは多い。

第九章　志士の道——高瀬川と明治維新

高瀬川は、米や薪炭の通り道として、近世京都三〇万人余りの生活を支えた。高瀬舟が廃止され、埋立が取り沙汰されるようになると、保存の声があがり始めた。

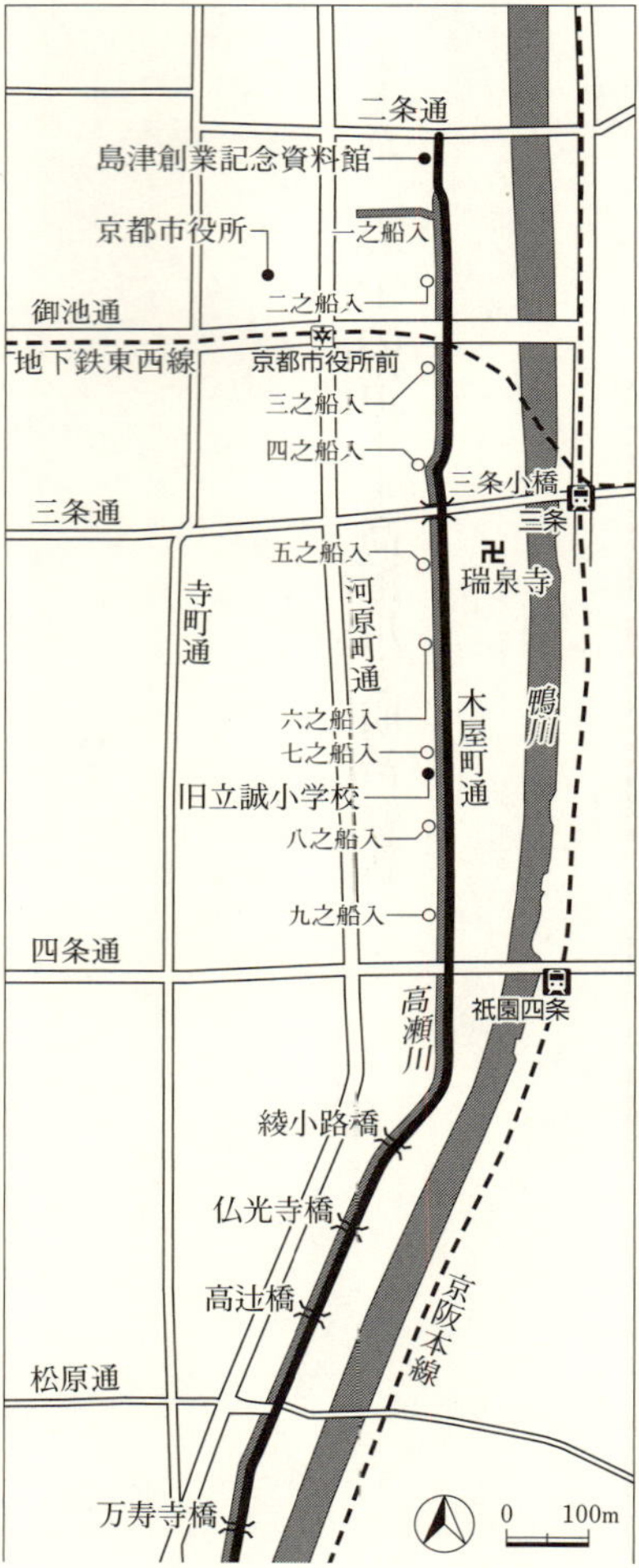

二条通
島津創業記念資料館
京都市役所
一之船入
二之船入
御池通
地下鉄東西線
京都市役所前
三之船入
四之船入
三条小橋
三条通
三条
五之船入
瑞泉寺
寺町通
河原町通
六之船入
七之船入
木屋町通
鴨川
旧立誠小学校
八之船入
九之船入
四条通
祇園四条
高瀬川
綾小路橋
仏光寺橋
高辻橋
京阪本線
松原通
万寿寺橋
0
100m

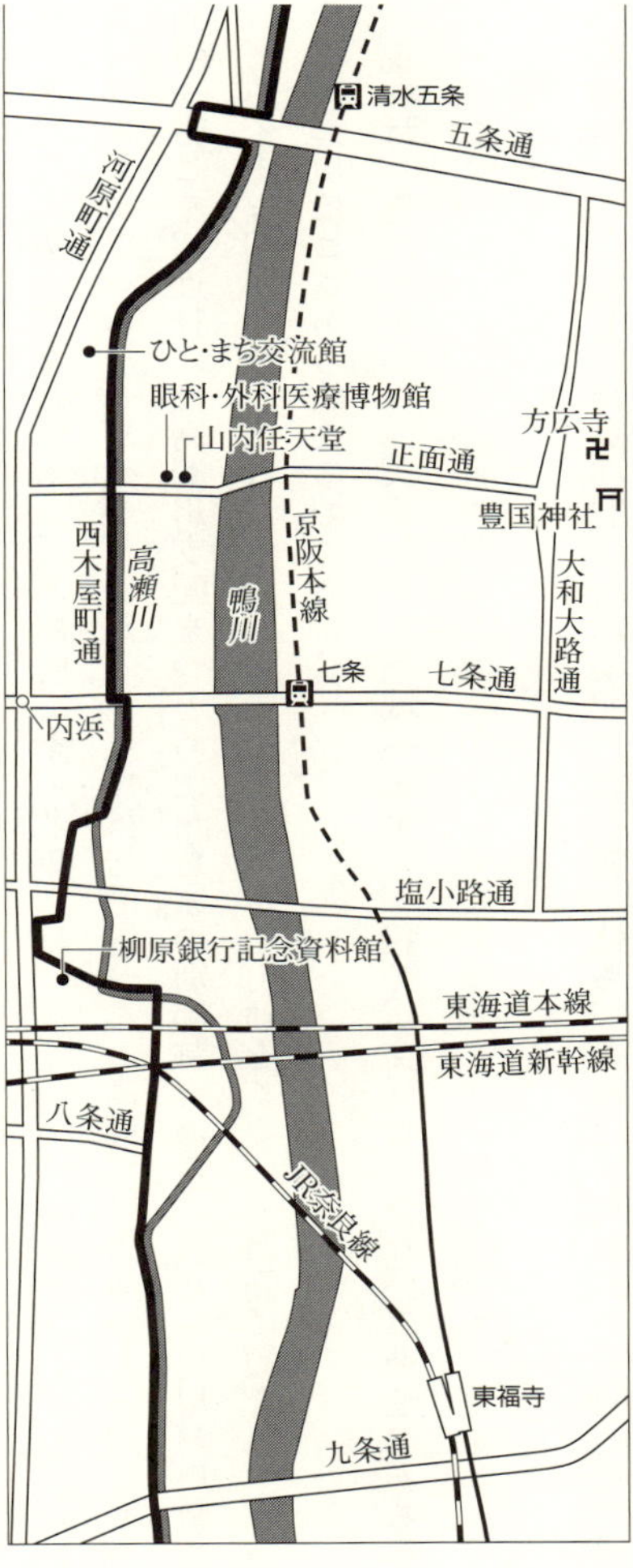

二条木屋町・一之船入には，地下鉄東西線「京都市役所前駅」から徒歩5分。

変貌する一之船入

地下鉄では東西線京都市役所前駅から北東に約五分程のところに、木屋町通の北の突き当たり、木屋町二条の三叉路がある。木屋町二条の北東には、数年前までホテルフジタが、現在はリッツカールトンホテルが建つ。また、南東には居酒屋がんこ高瀬川二条苑があるが、この居酒屋一帯こそ、近世には高瀬川支配をつとめた角倉《すみのくら》家の別邸跡である。現在も鴨川河川敷を流れるみそそぎ川から取り入れた水路が苑内を走り、木屋町通をくぐって西側に顔を出す。いわゆる高瀬川はここから始まるのである。

現在は、鴨川にかかる二条橋から二条城へと至る、狭く、交通量も少ない二条通であるが、江戸時代には上京と下京の町の境界にあたり、いわば二条城の大手筋であった。高瀬川が二条通を起点としているのも、この通りの重要性をあらわしている。

高瀬川の起点の北には島津製作所創業記念資料館が建ち、この辺りが京都の文明開化の揺籃の地であったことを偲ばせる。島津製作所の創業者島津源蔵がここで理化学器械の製造を始めたのも、高瀬川に面し、物資の流通に便利であったことと無関係ではなかった。

高瀬川の起点には、それとわかるように高瀬舟の模型がつながれる。高瀬舟の西には、かつて高瀬川を遡上してきた船が、荷下ろしをするために設けられた船溜まりがある。高瀬舟は、ここで今度は下流へと運ぶ荷物を積み込んで下っていく。高瀬川には、京都市中に何カ所かこのような船溜まりがあったが、角倉別邸に隣接するこの船溜まりが一之《いちの》船入《ふないり》と呼ばれ、高瀬川の起点となった。また、二条城の大手筋ともいうべき二条通に面した一之船入は、京都市中随一の港でもあった。文明開化の時代には、まだ高瀬川が物流に大きな役割を果たしていたのである。

高瀬川起点

　しかしその後、琵琶湖疏水や鉄道が建設され、その役割は急速に小さくなっていく。一八九五年（明治二八）には、琵琶湖疏水に沿って開発された岡崎において内国勧業博覧会が開催されるが、岡崎と京都駅（一八七七年に開設され、京都の鉄道輸送の拠点となる）との間には、琵琶湖疏水の水力発電を利用して京電（路面電車）が走った。京電とは、市街電車を経営する京都電気鉄道のことである。京都駅から岡崎に向かう京電は、五条通のあたりから木屋町通を北上し、二条通を右折して二条大橋で鴨川を渡った。木屋町通、すなわち高瀬川に沿って京電が走る姿は、高瀬川舟運の衰退を象徴するものであった。

樵木町の形成

近世初期の絵図(中井家旧蔵「洛中絵図・寛永後万治前」)によれば、高瀬川は二条通の南側から土居の東側をまっすぐに南下、四条通の南側で再び鴨川に取り込まれる。土居と高瀬川の間には角倉家の邸宅、松平長門守(長州藩)や松平土佐守(土佐藩)の藩屋敷も見られるが、高瀬川と鴨川の間には屋敷らしいものは描かれておらず、鴨川の自然堤防そのままの姿といっていい。土居は、豊臣秀吉の京都改造の一環として天正一九年(一五九一)頃に築かれ、今でも洛北などにその痕跡が残るが、京都市中の人々は親しみを込めて「御土居」と呼んだ。

おそらく、近世初期の高瀬川は、洪水の際には鴨川に飲み込まれてしまうような小川であった。したがって、絵図などにも四条通以南の高瀬川は描かれず、独立した河川としての体裁すら保っていなかった。高瀬川が再び鴨川から分離するのは東九条村以南で、そこからは農村部を屈曲しながらゆったりと伏見まで流れて宇治川に達した。

それでも、高瀬川と鴨川の間には次第に人家や倉庫が建ち並ぶ。おそらく、最初に住み始めたのは、高瀬川を通じて搬入される材木や薪炭を商う商人たちで、樵木町《こりきちょう》という名も生まれた。その後、船頭や入洛者相手の宿屋や借家などが増えるにつれ、鴨川からの取水口を管理する角倉家別邸がある生洲町《いけすちょう》をはじめ、角倉町、上樵木町などの町名が付けられるようになったのであろう。

生洲の図.『都名所図会』より.
提供：京都市歴史資料館

ちなみに、生洲町の語源は、高瀬川から水を引いて川魚を放流し、それを商売にする料理屋や旅籠があったからだという。近世後期になると、高瀬川筋の川魚料理席は名物となり、鰻や鯉料理などで賑わった。

一之船入の埋立問題

高瀬川には、七条通にあった内浜を含めると、最盛期には京都市中に一〇カ所の船溜まり(船入)が設けられていた。

しかし、舟運の衰退とともに、船入は不用になり、徐々に埋め立てられた。最後まで残った一之船入も、一九一七年(大正六)には埋立問題が起こることになった。

高瀬川や一之船入は維新後国有地として京都府が管理していたが、この年、高瀬船組合と京都市が無償下付を申請する。高瀬船組合は舟運の衰退によって生じた負債を処理することを、京都市は水質汚染や臭気など衛生問題を解決することを目的として掲げたので、おそらく下付を受けた後で一之船入を埋め立てることを考えていたのであろう。しかし、この時はいずれの申請も府が受け入れるところにはならなかった。

ところが、翌一九一八年(大正七)には、一之船入を市に無償下付する計画が再燃する。これは、同年四月に京都市が隣接町村を編入し、郊外を含む「大京都」を目指すようになったこと、一九一〇年代に開業した京都市営電気軌道(京都市電)が民間の京電を統合することにより市内外の市電網の整備とそれに伴う道路拡幅が計画されるようになったことなどからである。木屋町通でも、京電が京都市電に統合されるにあたり、拡幅・改良が取り沙汰されるようになったのである。

一方、一九一八年からは東京市区改正条例が、横浜・名古屋・大阪・神戸と並んで京都にも準用されることになり、市区改正(都市計画)を目的とすれば、川沿いの国有地(「官有河岸地」)を市に無償で下付することが可能になった。府はこれを受けて、木屋町通を拡幅し、市街地を南北に貫通する幹線道路にしようとしたのである。木屋町通の拡幅とは高瀬川の埋立を意味し、これにより船が行き交うことがなくなれば、船入も不用となる。結果的に、船入の埋立が可能になったのである。

一九一九年(大正八)一二月になると、都市計画をめぐる議論が本格化し、南北の幹線道路として木屋町通拡幅案と河原町通拡幅案が相対立する。拡幅によって立ち退きが迫られる者や交通量の増大により地価の上昇を期待する者など、両通沿いの住民ともに立場の違いにより、賛否が分かれた。たとえば、高瀬川の存続を望む者と河原町通の拡幅を望む者とは利害が一致することになった。

舟運廃止と高瀬川・一之船入の保存

都市計画論議の最中、四百年以上続いた高瀬川の舟運が静かに幕を閉じた。これに危機感を抱いた高瀬川沿岸の旅館や運送業者などは、一九二〇年(大正九)以降、高瀬川保存期成同盟会を結成して活動を本格化する。

木屋町通を路面電車が走る．提供：京を語る会

一方、旅館の中には高瀬川を埋め立て、道路を拡幅した方が利益を得る者もいた。舟運が途絶し、不用になった高瀬川や船入が、衛生上から見て問題があることも事実であった。また、河原町通が拡幅されると立ち退きを余儀なくされる河原町界隈の借家人らも、木屋町通の拡幅を支持した。

高瀬川保存期成同盟会は、都市計画事業計画反対同志会に発展した。その一方で、京都市会では、木屋町通でも河原町通でもない寺町通案が審議された。しかしこれも否決された。

この頃から木屋町通拡幅反対派が主張するようになったのは、高瀬川の歴史上・景観上の価値である。高瀬川の埋立は、一九一九年に公布された史蹟名勝天然記念物保存法に反するというのである。こうした主張も効果があったのか、一九二二年六月、都市計画の委員会において、河原町通の拡幅が確定する。すなわち、木屋町通が拡幅されなかったことにより、高瀬川が残ることになったのである。また、高瀬川自体は史跡にはならなかったものの、一九三四年(昭和九)に高瀬川一之船入が史跡に指定され、現在まで保存されることになった。

木屋町通の形成

寛文九年(一六六九)に鴨川新堤ができると、鴨川と高瀬川の間の土地が水害に見舞われる危険性が遠のき、商家や住宅が建ち並ぶようになった。すると、それまで二条通から三条通を中心としていた樵木町が南に伸びる。薪炭問屋などは、高瀬川に面して荷置き場や納屋を設け、荷車などが通る通りをはさんで東側の鴨川寄りに店を構えた。宝暦年間(一七五一〜六四)には、この通りを木屋町通と呼ぶようになった。すなわち、高瀬川から鴨川までの間に、川を上る船のために綱を引く人足が通る綱引き道、薪炭や材木などを貯めておく納屋などが建つ浜、人々が行き交う木屋町通、薪炭問屋や材木屋などの店ができた。

また、幕末には高瀬川の西側に、長州藩邸、土佐藩邸だけでなく、加賀藩邸、対馬藩邸、彦根藩邸などが建ち並んだ。これは、このあたりが京都市街中心部に近く、舟を使った物資の移動にも便利が良かったからである。木屋町通は、政治的立場が異なるさまざまな人々が行き交い、天誅と呼ばれる暗殺騒ぎの舞台となった。文久二年(一八六二)七月、木屋町二条で島田左近が暗殺されたのが、天誅の始まりという。島田は、関白九条尚忠に仕え、大老井伊直弼との連絡にあたるなど、安政の大獄に深く関わっていたのである。

一之船入から御池通までの約一〇〇メートル程の間に幕末政治の中心を担う長州藩邸があった。このあたりにはかつて二之船入があったというが、藩邸内に組み込まれたためか、痕跡は残っていない。藩邸内に船入があったということは、中から手引きする者がいれば、浪人であっても高瀬川から直接藩邸に出入りできたことを意味する。

高瀬川畔には、佐久間象山と大村益次郎の遭難の碑が建つ。象山が襲われたのは元治元年(一八六四)、大村の暗殺は明治二年(一八六九)のことであるが、ともに開明派として知られ、攘夷派に命を狙われた。一方、長州藩士と親しく、尊攘派志士として知られた平野国臣が潜居したのもこのあたりだったという。

四之船入

御池通を南に下がると、加賀藩邸跡である。加賀藩邸の下手に三之船入があった。三之船入の南には対馬藩邸があり、その南には四之船入があった。

石田孝喜氏によれば、四之船入が高瀬川に最初にできた船入という。慶長一七年(一六一二)には、角倉了以はここに船入を設け、その北側に生洲が営まれた。これより北は、鴨川からの分流水を受け止めるために川幅が広かったが、先に述べた鴨川新堤の整備により、これ以北の流路も再整備の結果、安定した。

船入には、材木や薪炭の荷揚げのための浜があり、薪炭商などの納屋が建ち並んだ。高瀬川に架かる恵比須橋は、四之船入の浜地に渡るために架けられていたため、納屋橋とも呼ばれた。恵比須橋の東には、佐久間象山、浮田一蕙、武市瑞山、吉村寅太郎らの寓居があったと伝えられ、それを示す石碑も多い。恵比須橋から二〇メートルも下がると三条小橋に出る。東海道の西の起点であり、江戸時代には京都の目抜き通りであった。全国から上洛してくる志士たちにとっても、三条小橋は目印のひとつだっただろう。三条小橋東詰の目立つところに、佐久間象山・大村益次郎遭難の碑が建つが、佐久間象山が実際に襲われた場所については前述した。

三条通の北側、三条小橋から西へ数軒目のところに池田屋があった。池田屋の当主惣兵衛は、長州をはじめとする尊攘派志士と親しく、元治元年六月五日にも会合がなされていた。そこに新選組が踏み込み、宮部鼎蔵、北添佶摩、大高又次郎ら多数の志士が死んだことはあまりにも有名である(池田屋事件)。

瑞泉寺から旧立誠校へ

三条通を横切ると、木屋町通の東側に瑞泉寺《ずいせんじ》がある。瑞泉寺は、角倉一族が豊臣秀次の菩提を弔うために創建したといわれる。これは、この地が秀次の妻子数十人が処刑された三条河原だったためである。瑞泉寺の前には五之船入があった。

このあたりには材木商が多く、五之船入の浜地には材木商の荷揚げ場が並んでいた。坂本龍馬が滞在し、海援隊の屯所にしたといわれる材木商酢屋嘉兵衛もこれに面していた。五之船入は一九二〇年代まであったが、その跡は興行地となったあと、松竹創業者の一人白井松次郎邸となった。材木橋から東をのぞむと先斗町歌舞練場が見える。一九二七年(昭和二)に建てられた洋風建築で、毎年五月に鴨川踊りが催されることで知られる。京都を代表する花街のひとつ先斗町は、歌舞練場から四条通までの間、約五〇〇メートルの石畳が続く。

五之船入の南には彦根藩邸があり、その南には六之船入があった。さらに、三〇メートルほど南には土佐藩邸があった。高瀬川に架かる蛸薬師橋から路地を入ると、土佐藩邸ゆかりの土佐稲荷が再興されている。このあたりには七之船入があったとされるが、早くに消滅していた。

蛸薬師橋の南には、閉校になった立誠小学校の校舎が残る。戦前から小学校教育に力を入れてきた京都の中でも、一九二七年(昭和二)建設の洋風校舎が保存されている小学校は少なくなってきた。その偉容から、この地域の教育にかける思いを偲ぶことができる。校舎の前は小広場となり、角倉了以顕彰碑などがある。

旧立誠小学校の校庭の南側には八之船入があった。一八八九年(明治二二)、京都電灯がこの地に発電所を設けたのも、高瀬川による石炭搬入の便が良いからであった。現在、この地に関西電力の変電所があるのは、この発電所の名残である。

和泉屋町と美濃屋町

高瀬川に沿って木屋町通を歩くと、川縁には柳並木やベンチ、石標などが点在する。しかし、高瀬舟が米や薪炭、材木などを積み込んで高瀬川を行き交っていた頃には、ベンチや石標などのかわりに、材木や荷揚げ場や薪炭を保管する納屋が建ち並んでいた。これら荷揚げ場や納屋が建ち並んでいた場所を浜と呼んだ。

また、高瀬舟が二条まで上がってくるときには、船頭だけの力では上がることができず、川縁で綱を持って船を曳く人足がいた。川縁の人足の通り道のことを、綱引き道と呼んだ。すなわち、高瀬川と木屋町通の間には、川に不可欠の施設として、綱引き道と浜があったのである。四条小橋までの間の、かつて綱引き道と浜があったところには、現在は歩道が敷設されており、昼夜を問わず、散策を楽しむ人々が多い。

四条小橋から南に下がると、高瀬川の川縁は植栽されたツツジに変わる。歩道がないため、散策する人々は減り、維新史跡なども見られなくなる。四条小橋から二〇〇メートルほど下がると、東に鴨川に架かる団栗橋が見える。これは、高瀬川と鴨川がきわめて接近していることを示している。寛文新堤ができるまでは、このあたりから南は鴨川河川敷(鴨河原)の一部であり、とても人が定住できる状態ではなかった。しかし、新堤ができたことで、鴨川と土居の間に屋敷地が開発されることになる。

寛文新堤ができてから、仏光寺通より南側の開発を請け負ったのが和泉屋休卜と美濃屋源右衛門であった。市之町、天王町、天満町、和泉屋町、清水町、美濃屋町、難波町、材木町、富永町など高瀬新屋敷九町(のちに下材木町が加わり十町組となる)がこれにあたるという。その名残は、和泉屋町と美濃屋町という町名に見られる。

ところで、該当する鴨河原の土地は、開発当時どのように取り扱われていたのであろうか。これについては、土本俊和氏の詳細な研究があるので、それを参考に簡単にまとめておきたい。

寛文新堤築造以前の鴨河原は、人が定住できる状態ではなかったが、普段から水に浸かっているわけではないので、近隣住民が畑地として利用するには絶好の地であった。のちに美濃屋町になる辺りも、河原を開発して畑作を行う人々がいた。寛文新堤ができた時、その地域で既得権を主張したのは寺町通松原にある植松町の町民たちであった。平安時代には崇親院があった植松町周辺は、寛文新堤ができるまでは下京の町はずれで、土居をはさんで河原に接していたのである。植松町は、河原で畑作をしていたことから既得権を主張したのであろう。

そこで、美濃屋源右衛門らは新屋敷開発にあたり、植松町にも出資を求める。植松町の町民らは、新屋敷開発に出資することで、新たにできた屋敷地を売却することで得られる利益の配分を受けようとした。美濃屋源右衛門らの側からいえば、植松町の既得権を認め、利益を植松町にも配分する約束をすることで、はじめて畑地の開発に着手できたのである。

橋の維持管理

高瀬新屋敷の開発により、この地域を縦断する高瀬川にいくつかの橋が架けられた。この地域に船廻しができるのも、町の形成と無関係ではなかった。町民が増え、生活や商売を営むための都市施設も設置されるようになる。ただ、そうした施設は常に破損する可能性があり、維持管理には一定の費用が避けられない。そこで、屋敷を分譲する際に、開発者と新住民との間でいくつかの契約がなされたという。

天和三年(一六八三)に各町の行事・年寄らが町奉行に差し出した書類によれば、高瀬川両側の石垣はそれぞれが接する町の住民に修復の義務があり、それ以外の石垣については、場所によっては開発者に修復の義務があるという。また、高瀬川に架けられた橋は、橋の両側の町が一カ所ずつ修復を担当する。おそらく、市之町と天王町が綾小路橋を、天満町と和泉屋町が仏光寺橋を、清水町と美濃屋町が高辻橋を、難波町と材木町が万寿寺橋を担当するといった具合である。

高瀬川を横切る三条通と五条通は、京都から主街道への入り口にあたるため、三条小橋と五条小橋の維持管理は町奉行所の所管であった。鴨川に架かる三条大橋、五条大橋も同様で、その管理は幕府の責任において行われていた。いわゆる「公儀橋」である。これに対して、御池通や三条通界隈で藩邸から木屋町通への出入口として造られた橋は、各藩が管理したものと思われる。

こうしてみると、高瀬川に架かる橋の多くは、近隣の町の住民の便宜のために設置されたものである。したがって、橋の多くは高瀬舟の運航の邪魔にならぬよう、道路面よりかなり高く作られており、階段などを使って川をまたいだ。構造上、荷車などの通行は困難だったと思われる。こうした橋の維持管理は、両岸の町が行った。いわゆる「町橋」である。

川は誰のものか——高瀬川裁判の成り行き

美濃屋町は松原通までで、その南は難波町となる。豊臣秀吉によって五条大橋が架設されるまでは、この松原通のあたりに平安京の五条大路があった。したがって、牛若丸と弁慶が出会ったとの伝説も、事実だとすれば、この辺りだったはずである。しかし、弁慶と牛若丸の像は現在、木屋町通をさらに四〇〇メートルほど下がった、移転後の五条大橋西詰にある。五条通が移動してから四〇〇〇年も経つと、松原通(旧五条大路)ではわかりにくいということだろうか。前述のように、五条通にかかる橋は幕府による公儀橋であった。高瀬川も伏見から五条通までが豊臣秀吉政権の指示によって開削されたものである。これは、方広寺の大仏殿造営のために材木などを運び込むのが目的だったといわれ、だとすれば、五条通以北は必要なかった。角倉了以は、その指示に従い、五条通あたりまで開削するが、さらに独自に二条あたりまで開削する。すなわち、五条から二条までは角倉家が自費によって開削したというのである。以上は、明治維新以後の角倉家の言い分によるものであるが、角倉家はこうした由緒に基づき、五条以北の高瀬川を自家のものと主張した。

角倉家がこのような主張を展開したのは、一八九九年(明治三二)に国有土地森林原野下戻法が公布され、政府が明治維新直後に行った官民有地区分に異議を唱えることができるようになったからである。角倉家は、維新後、幕府によって公認されていた高瀬舟の支配権や邸宅などを失い、困窮していた。一方、木屋町通に路面電車が開通するなど、高瀬川沿岸の地価は高騰した。

角倉家は、五条以北の高瀬川、綱引き道及び浜が自家のものであると主張し、その返還を求めた。一九〇五年(明治三八)、内務省は同家の主張の一部を認めた。すなわち、高瀬川そのもの返還は認めなかったものの、納屋などに用いられていた川縁の土地の一部を返還したのである。その際、納屋の使用者など、既得権を持っている営業者に配慮することなどの条件は付されたものの、その後、同家は返還された土地を売却しながら家政を立て直したものと推察される。

六条河原と七条新地

五条通は第二次大戦中に空襲に備えて行われた建物疎開によって拡幅された。したがって、今は木屋町通に沿って五条通を横切るのは危険なので、一旦、河原町通に沿って下り、再び木屋町通に戻ることにしたい。

五条木屋町の南東から鴨川にかけての一帯は、平治の乱では戦場となり、のちには石田三成が処刑されたことでも知られる六条河原である。六条河原は、近世になると斃牛馬を処理して皮作りをする被差別民の集落(六条村)などがあったが、宝永四年(一七〇七)に移転を強制され、七条通の南(大仏柳原庄)に移転することになった。六条河原はその後、町人らによって開発され、町場となった。

町場は、南から七条新地、六条新地、五条橋下の順に開発されたといわれる。いずれも茶屋を営む家が多く、近世後期から戦後にかけて一部が遊廓化し、全体を七条新地と呼ぶこともあった。戦後、売春防止法が施行されると、北部は五条楽園という歓楽街となった。こうした町の成り立ちをうかがわせるものとして、木屋町正面から東に五〇メートル程入ったところに、山内任天堂の旧社屋が偉容を誇る。同社は、明治期に花札を製造したことに始まる。任天堂の西隣には、近世からこの地で医療を担ってきた奥沢邸が残る。同家は眼科・外科医療博物館を設立し、予約による見学を受け付けている。

変貌する崇仁学区

再び木屋町通に戻り七条通を横切ると、高瀬川は、高低差が少ない土地を屈曲しながら南下する。近世には、このあたりが京都市街地の南限で、その南には一八世紀初めに六条河原から移転してきた六条村があった。その後、六条村の南には銭座跡村《ぜにざあとむら》が、西には大西組が開発されるなど人口増加が続いた。幕末から一九〇〇年(明治三三)頃まで、この地域は皮革業などの一大集散地として栄え、柳原銀行《やなぎはらぎんこう》という銀行もあった。一方、京都駅の設置や近代化の進展により、この地域に季節労働者や生活困窮者の流入が目立ち、「不良住宅」が急増した。

一九一八年(大正七)には、かねてより念願の京都市編入が実現し、柳原小学校が崇仁《すうじん》小学校と改称されたため、この地域も崇仁学区と呼ばれるようになった。崇仁学区界隈の生活問題は、一九五一年(昭和二六)に起きたオールロマンス事件により全国的にも注目を集め、住宅改良が本格化した。以後、学区内に高層の改良住宅が建ち並ぶようになる。高瀬川はその中を大きく西に湾曲しながら流れていたが、現在は流路を短縮して、ビオトープとして整備された。

移築前の柳原銀行．写真提供：柳原銀行記念資料館

一九九七年(平成九)、柳原銀行の旧社屋は移築・保存されて記念資料館となり、被差別部落の歴史や町づくり運動などを紹介する拠点となっている。近年では、ここが中心になり、崇仁小学校に伝えられてきた水平社宣言などをユネスコの世界記憶遺産に登録する運動も進められている。
以上のように、明治維新以降、急激な変化にさらされてきたこの地域であるが、近い将来には地域内に大学が移転してくるとの構想もあり、さらに変貌する可能性がある。

高瀬川はさらに南流し、映画「パッチギ！」の舞台となった在日朝鮮人集住地域の中を縦断し、鴨川へと合流する。鴨川との合流点あたりの高瀬川岸には、在日朝鮮人がバラックを建てて集住し、廃品回収などで生計を立てていたが、一九九〇年代に公営住宅への入居が進められ、バラックは姿を消した。高瀬川と鴨川の合流点は水量が増し、深みができているために釜ヶ淵と呼ばれ、かつては高瀬舟の難所として知られた。高瀬川は合流点から再び南に流れ出し、独立した河川として伏見に至るのである。

第一〇章　学都京都を歩く

京都御苑の周辺は、近世には朝廷の公家や宮などの屋敷が広がっていたが、東京遷都後に、同志社大学などの学校に変わった。鴨東《おうとう》が京都帝国大学などの文教地区となる意味を考えよう。

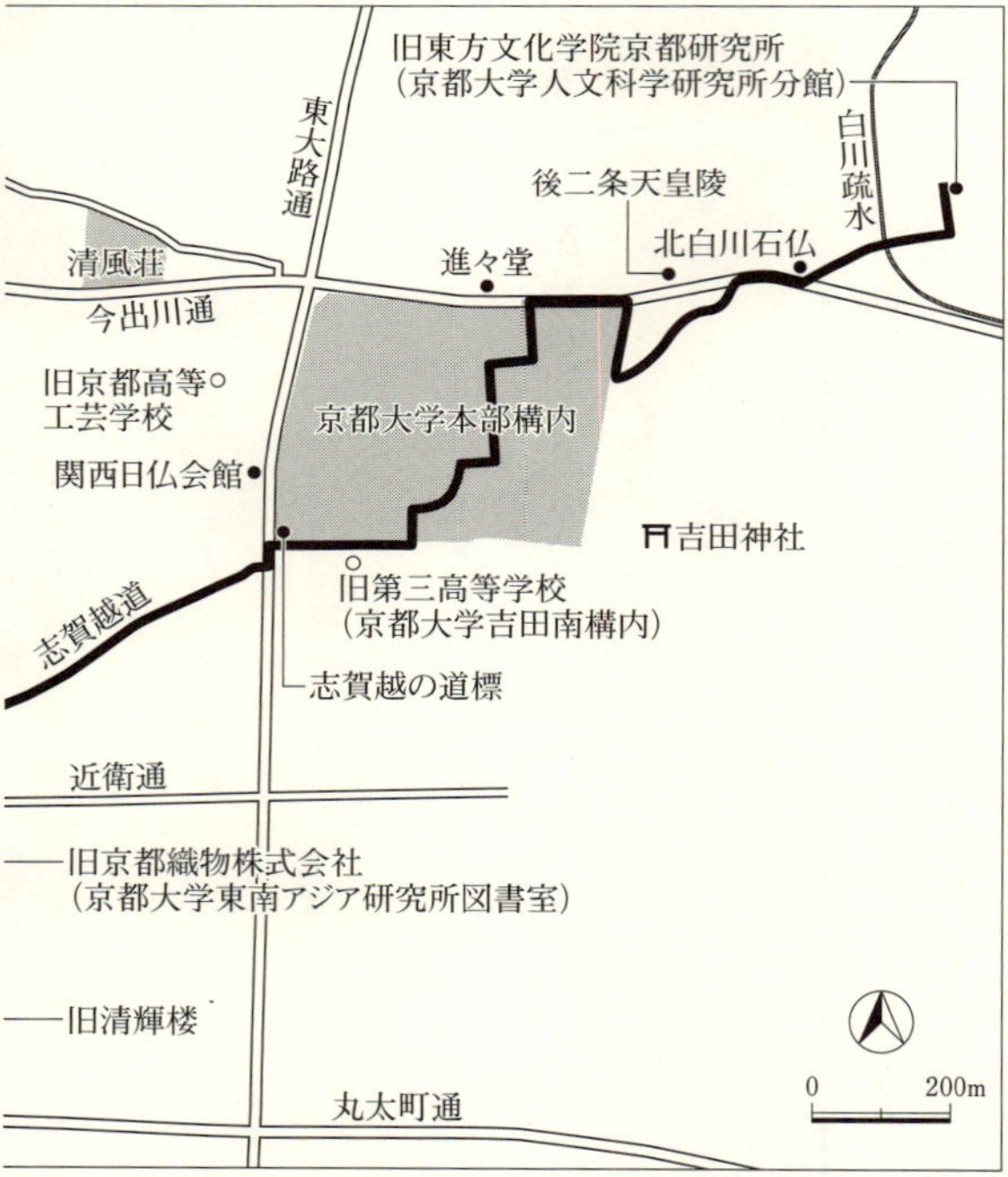

分．荒神橋へは，京阪鴨東線「神宮丸太町駅」から徒歩．

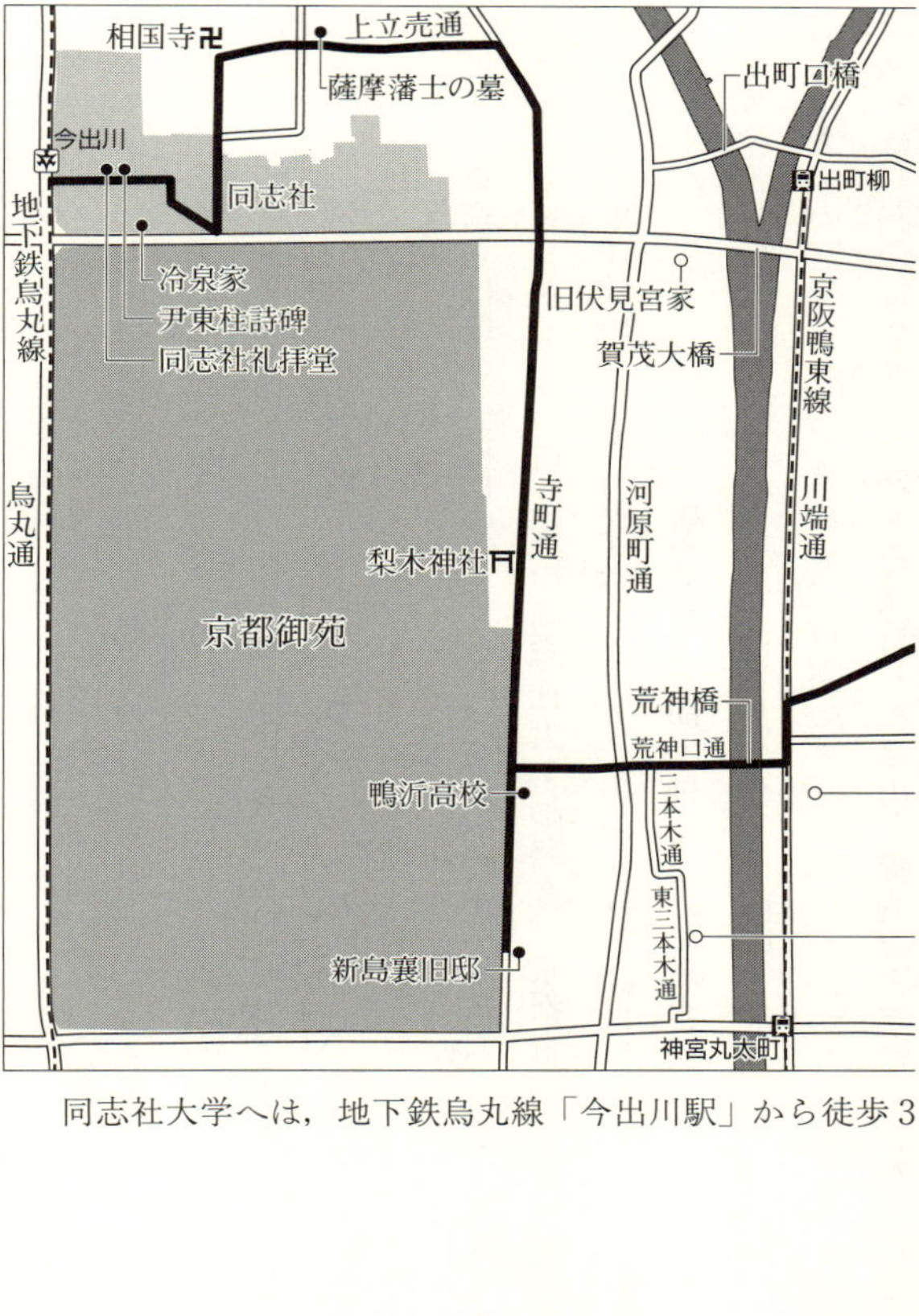

同志社大学へは，地下鉄烏丸線「今出川駅」から徒歩3

学都の国際性と民主主義

学都とは、多分にお国自慢にもとづく、都市の自己表象である。ナショナリズムが高揚する日清・日露戦争をへた二〇世紀に入って、郷土愛の喧伝《けんでん》や地方利益の導入があたりまえとなり各地の都市が表明したものであった。とりわけ仏教系の宗門《しゅうもん》大学に加えて、ここでとりあげる上京・左京に、国公立・私立の多くの大学が集まっている京都は、二〇世紀には学都を自認した。

政府の足元の東京とは違い、近代の京都においては、自由で独自な学問が展開した。明治以来の京都におけるキリスト教の自立性や同志社大学の存在、京都帝国大学の滝川事件や河上《かわかみ》肇《はじめ》の影響、京都の東洋学の中国との交流、ハンセン病の強制隔離に反対した小笠原登《おがさわらのぼる》の実践、戦争体験の反省から生まれた日本史研究会や京都民科などの科学運動、関西日仏会館の活動や、フランスやスペインの人民戦線を紹介した『世界文化』の国際交流などを思い起こす。

北海道帝国大学の宮澤・レーン事件で、無実のスパイ容疑がかかり治安維持法で捕まり病死した宮澤弘幸《みやざわひろゆき》は、闊達《かったつ》にサハリンなどを旅行した自由主義的な青年であった。宮澤と交流し、二風谷のアイヌ民族を調査した人類学者フォスコ・マライーニは、一九四〇年(昭和一五)の京都帝国大学文学部・イタリア語学文学講座の初代講師となった。それは日伊協会ができた年でもあった。イタリア研究には、ファシズムの影とともに京都のリベラルな文化交流の自立性をもみいだせる。マライーニは、一九四三年(昭和一八)一〇月、イタリア降伏とともに名古屋の収容所に敵国人として収容されるが、待遇改善を求め小指を切り落として抗議した。

また京都大学人文科学研究所は、「世界文化に関する人文科学の総合研究」を目的として、戦前の西洋文化研究所、東方文化研究所、旧人文科学研究所を統合し、一九四九年(昭和二四)に出発した。国際交流の戦前以来の伝統は、フランス文学者桑原武夫のリーダーシップの下に、たとえばハーバード大学出身で鋭い文明批評を行う哲学者・鶴見俊輔を採用したこと、戦後歴史学を担う井上清、林屋辰三郎、飛鳥井雅道と、戦後学知の学際性と批判精神に満ちた人材を輩出したことからもうかがえよう。

戦前以来の国際交流や人民戦線の経験が、敗戦直後の労働組合・共産党・社会党などの推す革新的な高山義三《たかやまぎぞう》京都市長や蜷川虎三《になかわとらぞう》京都府知事を生み出した京都民主戦線の水脈となった。もう一つ例を上げれば、一九六七〜六八年の原水爆禁止運動や部落解放運動の分裂までは、「戦争に起因する諸種の国民的義務」や「極端なる国家主義的統制」からの解放をうたい、一九四六年(昭和二一)に創設された在野の日本史研究会にみられるように、戦争体験にもとづいて戦後の民主主義を見つめる、政治から自立した学問とその担い手の幅の広さが京都には見られたのではないか。

御所周辺と大学

国際性や民主主義の伝統に満ちた学都京都をたどることになるが、そこは江戸時代には朝廷や公家社会とのかかわりが強い場所であり、その痕跡があちこちに見られる。地下鉄今出川駅から同志社大学の正門を入ると図書館脇の西側に「啓真館跡」の扁額と旧華族会館分局の唐破風の車寄せの遺構がある。これは御苑の南西隅にあった閑院宮邸の古材を移築したものである。一八七七年(明治一〇)一月に設置された華族会館京都分局は同年七月に閑院宮邸に移り、一八七九年に徳大寺《とくだいじ》実則《さねつね》邸跡の玄武町に分局が移った(『華族会館誌』霞会館)。江戸時代の徳大寺家の門が、現在の同志社大学図書館の南側に大学院門として残っている。

このように同志社大学、そして府立医科大学、元立命館大学広小路校舎といった京都御苑の北側から時計回りに丸太町までの周辺地域は、維新から明治期にかけて大きな変容を見せた。

幕末に同志社大学は薩摩藩屋敷、同志社女子大学は二条家であった。今出川通に面しては、東京遷都後も京都に残る冷泉《れいぜい》家、その並びには藤谷家、山科家、徳大寺家が、今出川御門内の摂家近衛家と向かい合っていた。

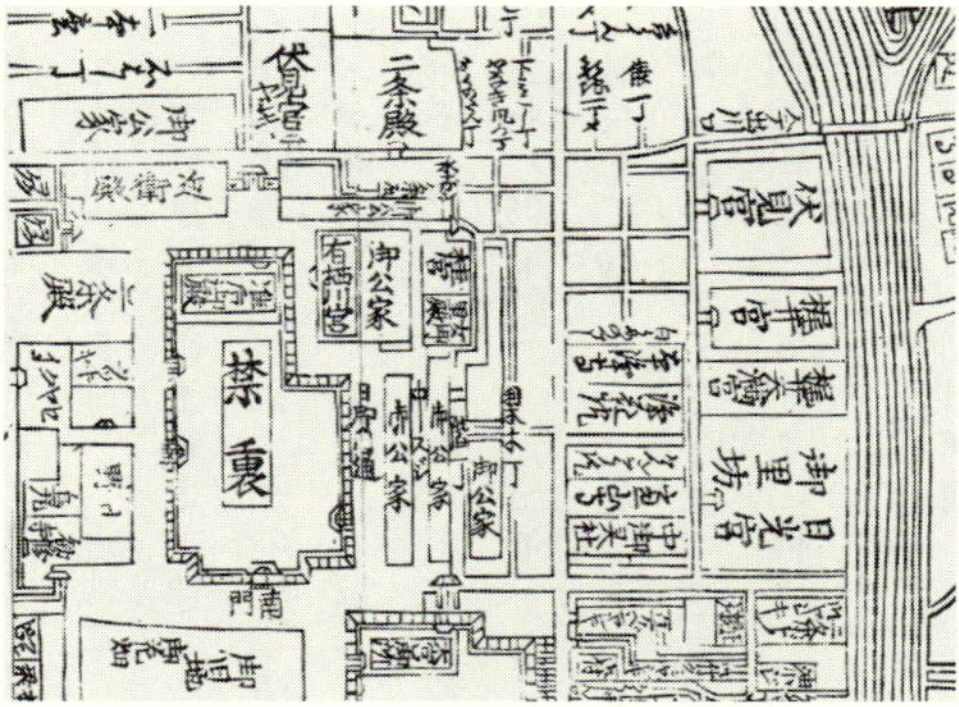

幕末の御所周辺地図．出典：『新板京都大絵図』文久３年，伏見八大屋弥吉版，京都大学人文科学研究所蔵

元立命館大学の広小路校舎のあたりは上御霊《かみごりょう》神社の御旅所であった中御霊《なかごりょう》神社や遣迎院《けんこういん》や日光宮里坊の跡地であった。出町から伏見宮、梶井宮屋敷と賀茂川沿いを南下し、府立医科大学の地には、日光宮里坊、二条家、正親町《おおぎまち》家の三邸宅がかつてあった。久邇宮の屋敷は、東京遷都後に荒神橋の北西に存在した。今出川通の北側から相国寺まで、寺町通東側の賀茂川までは、公家・宮・社寺など公家社会の延長する空間があり、そこに維新後、同志社学校、同志社女学校、療病院、医学校、京都法政学校(のちの立命館大学)ができた。丸太町橋西詰南側には高等女学校、舎密局《せいみきょく》など、学校や

公的な機関が設置されてゆく。明治維新と東京遷都により幕末までの旧藩邸や公家・宮屋敷などの大規模な屋敷地は、近代になって公共的な空間となったものが多い。

さて新島襄が山本覚馬と連名で一八七五年(明治八)に寺町通丸太町上る松蔭町に同志社英学校を開設し、翌年に現在の薩摩藩屋敷跡に移った。京都のなかで、洋風意匠を取り入れた本館などが並ぶ龍谷大学大宮学舎とともに、同志社大学今出川キャンパスには、重要文化財の建物が残る。アメリカンボードの宣教師であるD・C・グリーンが設計した京都最古のレンガ建築物である彰栄館(一八八四年)、正面の円形のバラ窓、左右のアーチ窓のステンドグラスが美しい礼拝堂(一八八六年)のほか、ハリス理化学館(一八九〇年)、クラーク記念館(一八九四年)や、当初、「書籍館《しょじゃく》」と呼ばれた有終館など、明治維新当初のキリスト教学を思い起こすように、御苑の緑とキャンパスの楠とが調和した清新な景観を形づくっている。チャペルを見上げるように、尹東柱《ユンドンジュ》の「序章」の詩碑がたっている。尹は、ハングル詩が独立運動につながるとみなされ獄死した。図書館前には室町蛸薬師から発掘された南蛮寺の礎石がある。

単に伝道者を養成するだけではなく、キリスト教を基盤とした総合大学が必要であると考えた新島襄は、アメリカンボードの宣教師であるJ・D・デイヴィスの協力を得て、同志社英学校を開校した。旧会津藩士で京都府顧問であった山本覚馬から六〇〇〇坪近くの今出川校地を購入した。一八七六年(明治九)には熊本バンドの約三〇名の学生を同志社に迎えて活況を呈し、翌七七年には府立の女紅場とならぶ女子教育の先駆として女学校を開設した。

一八九〇年代の同志社は、伝道者の養成のみを求めるアメリカンボードとの関係を断ち切ろうとした。また内地雑居のなかで宗教と教育の分離が問題となって、キリスト教主義教育を禁止した文部省訓令第一二号(一八九九年)への対応に苦慮した。一九〇三年(明治三六)の専門学校令をへて、一九二〇年に同志社大学として制度的に確立していった。

同志社大学の南側の冷泉家は、藤原定家の流れをくみ歌道を家職とする家であり、唯一、今日まで公家屋敷の景観を護っている。御文庫には藤原定家の手になる『明月記』や『藤原定家自筆申文《もうしぶみ》草案』などの多くの史料・典籍を保存し、歌会始や乞巧奠《きっこうでん》(七夕行事)などの宮中年中行事を今に伝える。東京遷都時の当主は冷泉為理《れいぜいためただ》であるが、その後も同家は京都に残った。

同志社大学のキャンパスを東へ横切り、相国寺の参道にはいる。相国寺の南門を入って参道の東側に、北に向かって石組みの禁裏御用水の溝が残っている。ここには賀茂川の現在の北山橋あたりから取水し、上御霊神社の西側から南下し相国寺の境内を通って、相国寺の参道をへて今出川御門から御所や公家屋敷の庭を潤し、清和院御門から荒神橋の南側へと至る、禁裏御用水が流れていた。

琵琶湖疏水の竣工後、一九一二年に鴨川の下を貫く鉄管の水道ができて禁裏御用水の役割は終わった。近世の上賀茂神社(賀茂別雷神社《かもわけいかずちじんじゃ》)境内を流れる水は、やがて禁裏御用水をへて御所に流れる神聖な水のため、上流を汚さないようにと上賀茂神社は主張したし、公家町内の用水で魚を捕らないようにとの町触《まちぶれ》も出された。

相国寺は足利義満の創建による臨済宗の寺で、桃山時代の本堂(重要文化財)天井には伝狩野光信の鳴き龍があり、伊藤若冲《いとうじゃくちゅう》とも関わりが深かった。相国寺の東門をでると禁門の変や鳥羽伏見の戦いの薩摩藩戦死者七二名の墓がある。戊辰戦争の官軍の墓は明治初年から手厚く慰霊された。しかし鳥羽伏見の戦い以降、「賊軍」となった会津や幕府方の戦死者たちは、黒谷の会津藩墓地や鳥羽伏見から淀にかけてある賊軍墓地をみても、多くは大正期まで地域の人々の慰霊はあっても公的に顕彰されなかった。

相国寺の東門から寺町通を今出川までくだり、今出川通から東山を望む。河原町通から賀茂川まであった伏見宮屋敷地付近を、今出川通が、賀茂大橋をへて百万遍までの東今出川通となるのは、一九三一年(昭和六)の市電延長にともなってであった。したがって、それ以前には市中から京都帝国大学方面に行くには、出町口橋を渡らねばならなかった。また今出川通の東への延長に伴い、清風荘(田中関田町《たなかせきでんちょう》)の敷地の南側を削られることとなった。清風荘は、近世徳大寺家の別邸であったのが一九〇七年(明治四〇)に住友に養子に入った春翠の手により、実兄の西園寺公望の京都別荘となっていた(「史料からみた清風荘の建築」)。

寺町今出川の交差点を大原口の道標を見ながら南下すると本禅寺、清浄華院《しょうじょうけいん》、廬山寺《ろざんじ》と寺町が続き、西の御苑側に梨木神社《なしのき》がある。梨木神社は、三条実万《さねつむ》、三条実美《さねとみ》を祭神として一八八五年(明治一八)に創建されたが、明治維新後に歴史上の功臣を顕彰した政策の一環であった。創建神社は、天皇が東京遷都により不在となった京都御所(御苑)を中心として、平安京以来の功臣や天皇を祀り、古都の歴史的な記憶と慰霊の空間を創出した。そのほかにも建勲《たけいさお》神社(現在地に一八八〇年建設、祭神織田信長)、護王《ごおう》神社(現在地に一八八六年に建設、祭神和気清麻呂《わけのきよまろ》)、白峰《しらみね》神宮(現在地に一八六八年に建設、祭神崇徳上皇《すとくじょうこう》)、平安神宮(一八九五年創建、祭神桓武天皇)などが、京都御所というトポスをめぐり、囲繞する。

梨木神社から広小路にはいると、一九八一年(昭和五六)まで法学部が残っていた立命館大学の広小路校舎の跡が、京都府立医科大学の図書館となっている。府立医科大学の沿革は、明治五年に明石博高《あかしひろあきら》らが資金を集めて設立した木屋町仮療病院が、青蓮院《しょうれんいん》の粟田口仮療病院をへて、一八八〇年(明治一三)に現在の場所で広小路療病院となったものである。一八七五年(明治八)四月には上京区第十二組の人々が梶井町元日光宮里坊、二条、正親町の三旧邸に、砂持ちをし、普請を祝った。その北側には武田五一《たけだごいち》の設計した旧山口玄洞邸が、現在は聖ドミニコ会聖トマス学院京都修道院となっている。

理論物理学の湯川秀樹は、京都帝国大学の地理学者、小川琢治《おがわたくじ》の三男として生まれた。湯川は、一九一三年(大正二)に京極小学校に通うまでに、梨木神社の北隣の染殿町《そめどのちょう》の六条家の持ち家から、河原町に面した東桜町の豊岡子爵家の持ち家へと引越しをした。その頃、家の向かいには久邇宮邸と府立医専があり、近所には元三高校長・折田彦市《おりたひこいち》をはじめ、片岡直温《なおはる》や高倉子爵などが住んでいたと、回顧している。

立命館大学は、一九〇〇年(明治三三)の当初には、荒神口通から現在の京都地方法務局の西側を南に下がった東三本木の清輝楼の二階を校舎とする京都法政学校として、西園寺公望の秘書であった中川小十郎が開校した。芸者のいた花街にあった料亭清輝楼は、幕末に芸者幾松が桂小五郎を鴨川畔へと逃がした逸話を持つ。その南には頼山陽が『日本外史』などを執筆した頼山陽書斎(山紫水明処)があり、明治前期に富岡鉄斎も居所とし、保存にかかわった。また料亭吉田屋跡には、竹内栖鳳《たけうちせいほう》の師匠である幸野楳嶺《こうのばいれい》が居した(『京都遊廓見聞録』)。

京都法政学校は、京都帝国大学の教授を夜学の講師として迎えた。開校の翌年、一九〇一年(明治三四)に現在の広小路に移転し、西園寺公望の私塾の名を得て、一九一三年(大正二)に立命館大学と改称した。一九三三年(昭和八)には滝川事件で京都大学を追われた多くの教授たちを講師として迎え、法律の学科が充実した。そうした流れから戦後の一九四五年(昭和二〇)には末川博を学長に迎え、「平和と民主主義」の教学が展開した。いまや廃止された立命館や同志社の夜学に学んだ勤労学生が、戦後社会を支えていった。

寺町通をさらに南下すると、京都府立鴨沂《おうき》高校がある。明治五年(一八七二)に土手町通丸太町下がる旧九条殿河原町邸に開かれた「新英学校及女紅場」が、一九〇〇年(明治三三)に松蔭《まつかげ》町《ちょう》に移転してきて、一九〇四年(明治三七)に京都府立第一高等女学校となった。鴨沂高校の表門は、近世末期の九条殿河原町邸に由来し、茶室も九条家より移されたものと伝えられる。一八九〇年(明治二三)四月二七日に、昭憲皇后の御座所として利用された作法室も残る。同日、皇后は京都織物株式会社(荒神橋東詰)に続いて京都府高等女学校に行啓し、各教室を回って生徒の成績品をみて二〇〇円を下賜した(『明治天皇紀』)。一九三六年(昭和一一)に竣功した本館をはじめ、屋内プール(一九三三年)や体育館(一九三四年)は、モダニズム建築である。その南の京都市歴史資料館をへて、一八七八年(明治一一)完成の新島襄旧邸がある。新島襄旧邸の外観はアメリカのコロニアル・スタイルであるが、内装も含め和洋折衷様式で、日本人大工の手になる。

荒神口は京の七口の一つで、荒神口から山越道を琵琶湖側の志賀里《しがさと》に至る。護浄院《ごじょういん》は天台宗常施無畏寺、通称清荒神《きよし》といい、火伏せの神としての信仰があり、陰陽師が場所を占い決めた光格天皇の胞衣塚《えなづか》もある。比叡山に至る道筋の天台宗の起点であった。荒神橋は、嘉永七年(一八五四)の内裏炎上に際し、孝明天皇の下鴨社、聖護院などへの避難にともない、仮橋から本格的な橋に架け替えられ、慶応三年(一八六七)に西本願寺が五万両をかけて完成させた。一九五三年(昭和二八)一一月には、京都で開かれた全日本学園復興会議の期間中に、学生のデモ隊が立命館大学で催された「わだつみ像」(本郷新作)歓迎集会に向かおうとして、警察官と衝突する荒神橋事件が起きた。

鴨川左岸と文教地区

荒神橋を東に渡った地は、近世には聖護院領であった。幕末には会津下屋敷と調練場から、明治五年には京都府の牧畜場をへて、一八八七年(明治二〇)に動力織機を備えた京都織物株式会社が設立された。京都織物株式会社は、北垣国道京都府知事の斡旋で、東京の渋沢栄一、大倉喜八郎、京都の浜岡光哲、内貴《ないき》甚三郎《じんざぶろう》らによる共同発起で開発されたが、現在その建物は京都大学東南アジア研究所として利用されている。会津下屋敷の北へ四〇〇メートルほど上がると九条家下屋敷があり、京都御所・日拝所《にっぱいじょ》の真東に当たる。孝明天皇をはじめ、三条実美、二条斉敬の帰依を背景に、文久二年(一八六二)に黒住教の教祖宗忠を祀る宗忠神社が神楽岡の吉田家の社地に創建された。この九条家下屋敷周辺に、宗忠神社を移し神宮を勧請しようとする計画があった。

荒神橋東詰から、東北に志賀越道《しがごえみち》が続くが、東一条の北東交差点には、「右　さかもと(坂本)　からさき(唐崎)　白川の道　左　百まんべんの道」との宝永六年(一七〇九)、沢村道範寄進の道標がある。ここから志賀越道は京都大学の構内に呑み込まれ、北東の工学部建築学教室の東側から道は再びあらわれる。これは文久三年の尾張屋敷の造営により、志賀越の旧道を呑み込んだことに起源する。

東一条交差点北東角道標
(宝永6年)

百万遍から聖護院にいたる周辺は、茶畑や麦畑が広がり、戸棚風呂(蒸し風呂)の風習も残す「京の田舎」であった。一八八九年(明治二二)の第三高等中学校設置以降に、学校街としての体裁を次第に整えていった(喜田貞吉「学校街」『京とところどころ』)。一八八九年、大阪から吉田への高等中学校の移転については、京都府の積極的な地域振興策はなく、府の教育を再編するために受け入れられた。一八九四年(明治二七)の高等学校令により第三高等学校となるが、大阪の中学校時代から、一九一〇年(明治四三)まで校長を務めた折田彦市の人格的影響が大きい。折田彦市の銅像(辻晋堂作)が現在の吉田南キャンパスにあり、三高時代の正門と門衛所が残る。

一八九七年(明治三〇)に京都帝国大学は、初代総長木下広次《きのしたひろじ》のもと、まず理工科大学が、東京の帝国大学に次いで開設された。そして理工・法・医・文の四分科大学からなる総合大学へと発展していった。創設時の文部大臣西園寺公望の理念として、「政治の中心を離れた京都の地に自由で清新な学風」を求めた。一九〇七年に狩野亨吉《かのうこうきち》を初代学長とする文科大学(のちの文学部)が、哲学・史学・文学の三学科をもって開設された。文科大学の特色として、東洋学に重点を置くとともに、内田銀蔵の意見により地理学を独立の講座として史学科に置いた。また浜田耕作が、戦前日本で唯一の考古学講座を一九一六年(大正五)に設立した。学際的な特色は、国史・東洋史・西洋史・地理の史学科や考古学といった各研究室と、博物を陳列し収蔵する陳列館の、中庭や回廊の空間構成にあらわれた。

京都大学には、学問の自由と大学の自治を守る伝統が流れていた。一九一三年(大正二)には沢柳政太郎総長が、所属分科大学教授会の承認なく教授七人を罷免したが、そのことに反対した法科の教授は、教授会に人事権などの自治があることを認めさせた。この政治的背景には、大正デモクラシーの昂揚があった。また一九三三年(昭和八)には、自由主義的な滝川幸辰《たきかわゆきとき》法学部教授の『刑法読本』が危険思想であると攻撃され、鳩山一郎文部大臣と小西重直《こにししげなお》京大総長は、滝川を休職処分とした。滝川、佐々木惣一、末川博、恒藤恭《つねとうきょう》ら八教授をはじめ過半数の法学部スタッフが、これに抗議し辞職する滝川事件が起きた。全国に多くの「赤化教授」がいるなかで、文部省は滝川一人を狙った。その理由は、かつて河上肇が言論の健筆を揮《ふる》い、最初に治安維持法の適用された京大学連事件が起きたように、京大が大学自治の本山であったからだろう。

一八九二年(明治二五)から京都市会では、「山水明媚」で「千百余年の旧都」における伝統文化を押し出した実業教育を担う官立学校の誘致の機運が高まり、一八九九年(明治三二)の京都工芸学校の吉田への設置となって実を結んだ。内貴甚三郎京都市長、中沢岩太校長兼京都帝国大学理工科大学教授が中心となって、色染、機織、図案の三科が選定された。校歌に「神楽ケ岡の麓辺に造りたてたる我が校は匠の業の源ぞ」とうたわれた。

一九〇七年(明治四〇)には、吉田に京都市立美術工芸学校(絵画科・工芸図案科・彫刻科)が御所の東南隅より移ってきた。一九一一年には絵画専門学校の学舎も完成し、一九二六年(大正一五)に今熊野に移転するまで、菊池《きくち》芳文《ほうぶん》、竹内栖鳳らが日本画の指導にあたり、西洋画も太田喜二郎が嘱託講師を勤めた。太田は、浜田耕作に洋画を教えるとともに、隣接する京都帝国大学に、多くの教授の肖像画を残している。

京都市立美術工芸学校では、パリ万博に竹内栖鳳を、グラスゴー万博に神坂雪佳を派遣した。彼らはアールヌーボー全盛のヨーロッパの美術工芸に触れるが、浅井忠や神坂雪佳は、ヨーロッパで「世界の光琳」となっていた琳派の図案を逆輸入して日本回帰し、制作と教育活動に専念した。武田五一が設計し一九二五年(大正一四)に竣工した京都大学本部新館(時計台)の正面玄関を、男女の流麗なヌードのレリーフ「空」(斎藤素巌《さいとうそがん》作、一九二四年帝展出品)が飾った。また第三高等学校の南側には一九二九年(昭和四)まで京都府立京都第一中学校があった。二〇世紀前期には、鴨川左岸はまさにカルチエ・ラタン(学生が集まる文教地区)であった。

詩人で駐日大使のポール・クローデルが、大阪商工会議所会頭稲畑勝太郎《いなはたかつたろう》とともに日仏の文化交流拠点として、一九二七年(昭和二)に関西日仏学館を九条山に設立した。稲畑は一八七七年(明治一〇)、一五歳の時に槇村正直京都府知事により京都府派遣留学生としてフランス・リヨンに派遣され、染色技術を学び染織事業で成功をおさめるとともに、リュミエール兄弟が発明した映画を、四条河原の野天で日本初上映した。稲畑は、京都府の開明的な教育や産業振興政策の申し子といえよう。

その関西日仏学館が、東一条を上がった吉田泉殿町に移転してきたのは一九三六年(昭和一一)であった。すでに隣接してゲーテ・インスティトゥートがあった。清朝考証学に裏付けられ、フランスのペリオの発見した敦煌写本も研究した中国学者である京都帝国大学教授狩野直喜は、一九四〇年(昭和一五)のナチスのパリ占領に際し、「フランスは陥落しても、フランス文化は滅ばず」との名言を残した。

喫茶店進々堂

京都大学人文科学研究所分館.
写真提供：池田巧氏

戦前期には学校街であった吉田周辺には、学生相手の間貸しや、食堂、下宿屋、文房具、雑貨店などが繁昌した。東一条附近にはカフェもあり、昭和初期に織田作之助もカフェ・ハイデルベルヒで妻となる宮田一枝と出会った。百万遍の東には、民芸運動をおこなった黒田辰秋《くろだたつあき》作の重厚な机を備え、スパニッシュやアール・デコの造形を取り入れた建築（一九三〇年）である、喫茶店・進々堂《しんしんどう》が現在も営業している。

京都大学構内で切れた志賀越道（今出川通を吉田神社の方へ下がった地点）を、ふたたび北東にたどると、まっすぐに比叡山、唐崎、坂本を指し示す嘉永二年（一八四九）の道標があり、北側の理学部に隣接して後二条天皇陵がある。後二条天皇は鎌倉期の天皇であるが、山田邦和氏によると、この陵は古墳時代後期の古墳であるという。今出川通を越えると、「希代の大像」と『拾遺都名所図会』に記載された鎌倉時代の石仏があらわれる。その北側には、一九三〇年代のモダニズム建築の光華寮があり、一九四五年（昭和二〇）に京都帝国大学が中華民国の留学生のための寮として借り上げたものだが、いまや廃墟となっている。

ほどなく左手にスパニッシュ・ロマネスク様式の、京都大学人文科学研究所附属東アジア人文情報学研究センターの白亜の建物が現れる。一九三〇年（昭和五）に東方文化学院京都研究所として設立され、設計は内部の調度のデザインも含めて京都大学建築学科初代教授武田五一の弟子、東畑謙三《とうはたけんぞう》の手になる。浜田耕作の意を受けて、龍の絡まった中華風の建物は嫌であるとした設計者の気概に、東洋・西洋の両洋をめざした京都の学問をみる。

第Ⅲ部　人が行きかい、物がめぐる

京都の歴史は、人や物が行きかうなかで形成されてきた。ここでは京都を訪れた人々が何を見たか、をも問題にしたい。「朝鮮通信使の道」では、朝鮮半島をはじめ東アジアのなかの政治や学問・文化の交流を通じて形成された京都という視野をもつ。豊臣政権の朝鮮侵略、耳塚を朝鮮通信使に見せる幕府の意図とそれに対する通信使の落涙の念、という人々の心性にも思いやる。ついで「牛馬の道」では、江戸時代の大動脈・東海道を、大津から蹴上までたどる。街道における人々の往来は鉄道開通後の明治期まで続くが、一灯園、放牧場の開設、日岡峠の本格的な開修などに、その後の軌跡を見る。「古典文学と嵐山・嵯峨野の近代」では、二〇世紀に本格化するツーリズムとともに、近代に古典文学の世界が掘り起こされた祇王寺や嵐山の史跡をたどりたい。そして「幽棲と共生の里を歩く」では、京都から若狭への起点となる大原口から、叡山電鉄をのりついで岩倉にいたる。近世には、精神や目を病んだ人々が大雲寺の香水をもとめた。近代の精神病院と保養所(旧茶屋)が共存する精神医療に、豊かな可能性をみたい。最終章「「京都らしさ」と宇治」にでてくる平等院鳳凰堂に、明治中期以降、岡倉天心・関野貞らは、純粋な国風文化を見出した。茶商が集まった宇治橋通、わずかに残る茶畑、鳳凰堂、宇治川畔、宇治上神社と歩きながら、「京都イメージ」の虚実を考えたい。

第一一章　朝鮮通信使の道——大徳寺から耳塚へ

豊臣政権による朝鮮侵略後、日朝間の関係修復を企図し迎えられた朝鮮通信使は、京都にも滞在した。彼らが京都において、何を見、どのように処遇されていたのか、そこにどのような意味があったのか、考えたい。

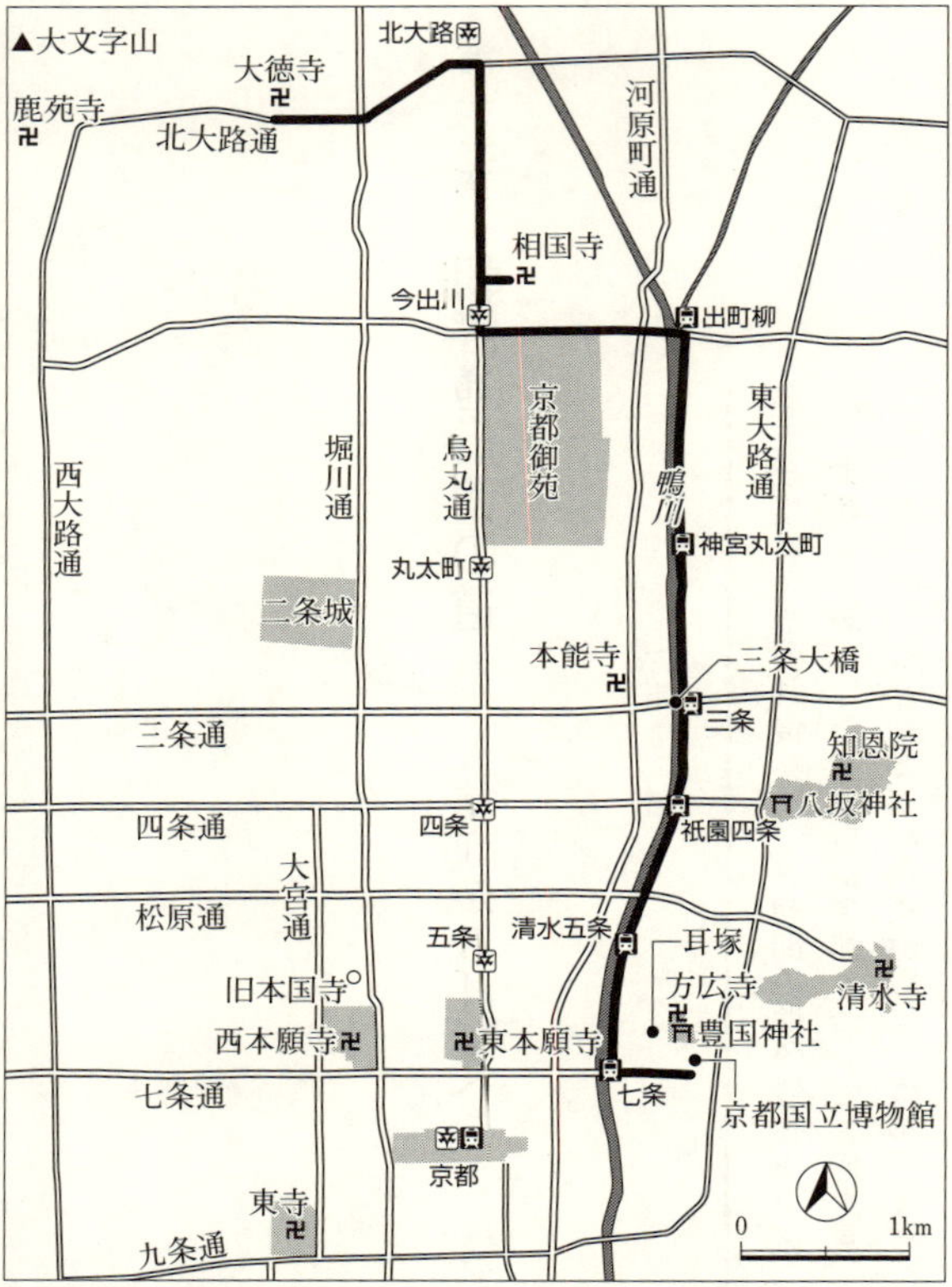

大徳寺へは，地下鉄烏丸線「北大路駅」から，市バス 204，205，206，北 8 に乗車，「大徳寺前」で下車．耳塚・豊国神社へは，京阪本線「七条駅」から徒歩．

国交回復と大徳寺

天正一三年(一五八五)に関白となった豊臣秀吉が、その直後から中国大陸の征服に意欲的であったことはよく知られている。天正一九年(一五九一)、肥前国に名護屋城が築造され始めると、ここを拠点にその翌年には第一次朝鮮出兵がなされた。朝鮮義兵の決起や朝鮮水軍の反撃、さらには明軍の出兵等という事態へと至るなか、いったんは明との講和交渉にのぞむものの破綻し、慶長二年(一五九七)には第二次朝鮮出兵が行われる。しかし秀吉の病死を契機に、日本軍は撤退することとなり、その後政権を握った徳川家康は、朝鮮との講和交渉を推進し、やがて朝鮮通信使を江戸に迎えることになる。

この二度にわたる朝鮮侵略において、朝鮮では多くの非戦闘員である民衆がまきこまれ、「鼻斬り」の対象や略奪・殺害の対象となったほか、被虜人として日本に移送された。京都には、豊臣政権による侵略の痕跡と、その後の徳川政権が行った日朝間の「誠信」外交の痕跡との両方が存在している。それらの痕跡をたどりながら、東アジアのなかの京都の歴史を見つめることにしたい。

まず取り上げるのは、大徳寺である。秀吉死後、天下の覇権を握りつつあった徳川家康は慶長五年(一六〇〇)、使者を朝鮮に派遣するとともに、被虜人二〇〇名を送還し、さらに慶長一〇年には、朝鮮側の使者・松雲大師《ソンウンデサ》惟政《ユジョン》と伏見城で会見し、再侵略の意思がないことを表明した。その結果慶長一二年、朝鮮側から五〇〇名を超える使節団が来日し、国交回復となり、以後、江戸時代を通じ一二回にわたって朝鮮使節が派遣され、日朝間の交流が進められていく。そして一二回のうち、慶長一二年、元和三年(一六一七)、寛永元年(一六二四)の第一〜三回の使節が京都において宿館としたのが、大徳寺であった。大徳寺が宿館となった理由については定かでないが、応仁の乱後、いちはやく復興した寺院であったこと、朝鮮出兵前の天正一八年(一五九〇)に、秀吉が朝鮮使節を京都に迎え入れた際にも宿舎となっていることなどが、仲尾宏氏によって指摘されている。

第一回の使節団の副使・慶暹《キョンソン》による使行録『海槎録』によれば、一行は大坂から淀を経て入京し、大徳寺へと至っている。寺内には、天瑞寺・総見院・甘棠院・大光院・金龍院をはじめとする数十余院の塔頭があったといい、慶暹の宿泊した天瑞寺の庭には蘇鉄の木が植えられていたという。天瑞寺は現存しないが、秀吉が生母の大政所を弔うため創建したものであると伝えられている。また総見院は、天正一〇年(一五八二)に秀吉が織田信長の菩提所として創建した塔頭として有名であり、境内には信長・信忠・信雄らの墓がある。このほか大光院も現存している。使節らは、約一カ月の滞在期間に、東福寺や三十三間堂、清水寺、知恩院など、東山の寺社を見物した。

大徳寺を宿泊先とした第一～三回の使節は、朝鮮側では「回答兼刷還使」とよばれていた。これは使節が日本側の要請に応え派遣される形式をとりつつ、被虜人の送還を重要な目的としていたことを示している。被虜人のなかには、朝鮮侵略時に、諜報活動や労務のため拉致された人々のほか、陶工などの職人や、後にふれる姜沆《カンハン》のような朱子学者もいた。仲尾氏の研究によれば、国交回復の過程で、約七〇〇〇名に及ぶ被虜人が朝鮮に送還されたが、これは数万人に及ぶ被虜人の一部に過ぎなかったという。

大徳寺門前．出典：京都市編『京都名勝誌』

先にも触れた第一回の使節団の副使・慶暹の『海槎録』には、洛中に入り大徳寺へと向かう一行の様子を大勢の人々が見物するなか、涙を流しながら見ている朝鮮の女性がいたことが記されている。また、寛永元年（一六二四）の

第三回の使節団の副使・姜弘重《カンホンジュン》の使行録『東槎録』にも、同じく大徳寺へと向かう使節団を見物する人々の中に全羅道昌平県出身の女性がおり、泣きながら、自分は被虜人である、もし一行の中に昌平県の人があれば、家族の消息を教えてほしいと訴えている様子が綴られている。

一方、第二次朝鮮侵略の折に藤堂高虎軍の被虜人となり、伊予国大洲(現在の愛媛県大洲市)、ついで京都へと連行された朱子学者・姜沆《カンハン》は、家族ともども捕われ、子や親族を喪《うしな》いながら捕虜としての生活を送るという凄惨な体験を詳細に記録している。その記録をまとめた『看羊録』によれば、姜沆は伏見の藤堂高虎の屋敷で軟禁生活を送りつつも、相国寺の僧侶で儒学に関心を寄せていた舜首座《しゅんしゅそ》すなわち藤原惺窩《ふじわらせいか》や、惺窩に師事していた播磨の武将・赤松広通らと交流していたという。惺窩は姜沆に、朝鮮における科挙のきまりや釈奠《せきてん》(孔子とその門人をまつる行事)、経筵《けいえん》(君主の前で経書を講義すること)・朝著《ちょうちゃく》(官人の順位)等について尋ねており、姜沆との交流を通じ朱子学への傾倒を深め、やがて近世儒学の祖とよばれるようになった。また赤松広通は、姜沆の兄弟や他の被虜人に、六経《りくけい》(儒学の根幹となる詩・書・易・春秋・礼・楽の経書)の大文(注釈のある本の本文)を書くよう依頼し、その代価で姜沆らが帰国できるよう便宜をはかってくれたという。

朝鮮通信使の宿館本国寺

三回にわたる「回答兼刷還使」の派遣がなされたのち、第四回の寛永一三年(一六三六)の使節が派遣されるころには、徳川政権は安定期を迎え、幕府の任命する京都五山の碩学が対馬の以酊庵《いていあん》に輪番で外交にあたる通交体制がととのえられた。また朝鮮側も、中国における明から清への交代という国際秩序の変動下にあって、日本との安定的な外交をのぞみ、かつて用いられていた「通信使」号を復活させるかたちで使節を派遣するようになる。あわせて、使節の京都滞在先も、大徳寺から本国寺(本圀寺)に変更された(ただし九回目の享保四年の使節来日時のみ、本能寺が宿館となっている)。宿館変更の背景に、池内敏氏は、大徳寺へ赴く途中に禁裏があることなどから、朝廷と朝鮮使節との接触を断ち、あくまで武家の外交行事であることを明確化させようとした幕府の意図があったと指摘している。

本国寺は、もとは西本願寺の北、現在の下京区柿本町のあたりにあった日蓮宗(法華宗)寺院であるが、一九七一年(昭和四六)に移転し、現在は京都市山科区御陵に位置する。一七世紀後半、徳川光圀の庇護を受けたのを契機に、寺名を「本国寺」から「本圀寺」に改めたという

(以下、本書においては便宜上「本国寺」と表記する)。日蓮が鎌倉に建立した法華堂を前身とする寺院と伝えられ、一四世紀半ばには六条堀川を寺地としており、一六世紀になると洛中における法華宗の一大拠点となった。元亀二年(一五七一)に宣教師ガスパル・ヴィレラが書いた報告によると、当時本国寺には三七〇人もの僧侶がおり、寺地は広大で方形に区切られ、周囲には深く幅広い濠がめぐらされていたという(「九月一八日付耶蘇会士日本通信」『史料 京都の歴史12下京区』)。濠をめぐらす要害としての機能をあわせもつ寺院であったため、将軍足利義昭や羽柴(豊臣)秀吉の陣所となった。

本国寺.『都名所図会』より.
提供:京都市歴史資料館

安永九年(一七八〇)成立の『都名所図会』巻二には、広大な敷地の中に、本堂・祖師堂・立像堂・大黒堂をはじめとする諸堂の立ち並ぶ様子が描かれており、「加藤清政(正)之墓・同一類の墓」が描きこまれている。仲尾氏の研究によれば、加藤清正は法華宗を信仰し、朝鮮出兵の際本国寺に祈願をしていたといい、清正没後にはその追善供養が本国寺で営まれたという。加えて秀吉が本能寺の変の際に陣所としたのが本国寺であった点(『兼見卿記』天正一〇年七月一一日条)、さらには大徳寺もまた、秀吉が信長の葬儀を行った場であり、使節の滞在した総見院を建立したのも秀吉であったことをふまえると、徳川政権が使節の宿館とした寺院は、いずれも豊臣政権ゆかりの地であったといえる。

通信使の通行を見物する人々

ここで本国寺へと至る、朝鮮通信使の行程について、仲尾氏の研究をふまえ説明しておくと、通信使は、朝鮮の釜山から対馬→壱岐→筑前の藍島へと至り、赤間関から瀬戸内海へと進み、大坂から淀川をさかのぼって京都に到来した。京都滞在後は、大津・彦根へと向かい、中山道から東海道をたどり、江戸へと向かう。そして帰路は、この逆のコースをたどった。通信使が大坂から京都に入る際には、淀川を川御座船に乗って上っていき、淀から陸路をとった。具体的には、下鳥羽・上鳥羽を通過して東寺へと至り、東寺から大宮通・七条通へと出て、油小路通を北上して本国寺へと向かった。そして本国寺から江戸へ出発する際には、本国寺から松原通へ出て東へ向かい、室町通・三条通を通って三条大橋を渡り、逢坂の関へと向かったのである。

通信使の通り道には、一行を一目見ようと多くの見物人が集まった。正徳元年(一七一一)の八回目の使節来日時に京都町奉行所から出された町触《まちぶれ》には、使節が往来する際、男女僧尼が混ざりあって見物することのないよう簾や幕・屏風・障子等で隔てるように、との指示がある一方、酒肴や菓子を並べたり酒宴を行ったりするなどの無礼なふるまいを禁止している(『京都町触集成』、以下の触の出典も同じ)。同様の触は、次の享保四年(一七一九)の使節来日時にも出されているが、この時には金銀の屏風で空間を囲み見物することを禁止している。また、使節の通り道となる町については、掃除を念入りにしておくこと、見世店《みせだな》や家の二階で見物する場合には作法をわきまえ、「高声《たかごえ》」「高笑《たかわらい》」「ゆひさし」などせず、「物静《ものしずか》」に見物するよう指示している。こうした触は、以後の使節来日時にもくりかえし通達されており、通信使に威信を示したい幕府の思惑とは別に、異国人の参列という非日常の風景を楽しみ、好奇心を隠さず見物する人々が多くいたことをよく示している。

享保四年以降には、三条大橋・小橋、五条橋、白川橋、堀川橋等の「橋下」や「川中」から見物することを禁じる触も繰り返し出されており、異国からやってきた人々を一目みようとひしめく京の人々の姿を彷彿とさせる。鹿苑寺《ろくおんじ》の住持・鳳林承章は、寛永二〇年(一六四三)の使節来日時、御幸町の道以なる人物のもとで使節を見物しようと、相国寺から御幸町へと出かけている。しかしすでに町々の「針抜《はりぬき》」(「針貫」「釘貫《くぎぬき》」ともいう。防御施設として街路の入口に設けられた門扉)が閉じられ、往来がままならなかったため、三条大橋の下を通ってようやく御幸町通へ出て見物することができたと日記に記している(『隔冥記』六月二〇日条)。

　このように、大勢の人々が通信使を見物している陰で、見物から排除される人々もいた。すなわち延享五年(一七四八)以降、使節が京都に到着する日と京都を出発する日の二日前から、通行路や通行中目にふれる所に、「乞食」「非人」が立ち寄らないよう、非人を管理する悲田院《ひでんいん》に指示する町触が出されている。

朝鮮通信使の行列．出典：京都市歴史資料館編『淀渡辺家所蔵朝鮮通信使関係文書』

　一方、京都に限らず、朝鮮通信使の滞在先には、詩文や絵画を通じた交流を求め多くの日本人が訪れた。享保四年の使節団の製述官・申維翰《シンユハン》が記した『海游録』には、「詩を乞い文を求める者は街に満ち門を塞《ふさ》ぐ」とあり(姜在彦《カンジェオン》氏の訳注による、以下同じ)、実際に夜も眠れず食事も中断せざるを得ないほど文を求められ、応じている様子が記されている。このような状況をふまえてか、一〇回目の使節来日の延享五年(一七四八)と次の来日となる宝暦一四年(一七六四)には、使節一行の宿泊地や移動途中に、日本人が接触を試みたり、対馬守宗氏の家来に断ることなく一行と物のやりとりをしたりすることを禁じる町触が京都に出されている。

方広寺大仏殿と耳塚

朝鮮使節が京都に赴く際、必ずといってよいほど案内された場として、方広寺大仏殿がある。方広寺大仏殿は、もとは豊臣秀吉が天正一六年(一五八八)から文禄四年(一五九五)にかけ建造したものであったが、文禄五年の大地震により大仏が損壊し、さらに秀吉も亡くなって、子の秀頼が復興につとめた。慶長一九年(一六一四)、ようやく開眼供養の日を迎えようというときに、新たに造られた梵鐘の銘文「国家安康君臣豊楽」の文字が発端となって大坂冬の陣に至ったことはよく知られている。現在も方広寺へ赴くとその梵鐘をみることができる。

慶長一二年(一六〇七)の第一回の朝鮮使節来日時には、大仏殿は未だ再建されていなかったが、元和三年(一六一七)の第二回の使節来日時には、再建されていた。このときの使節は、伏見城で徳川秀忠に謁見したが、その帰路に方広寺大仏殿前での宴席に招かれることとなり、以後、使節が江戸からの帰路に京都へ赴いた際には、大仏殿前で宴会を催すことがほぼ通例となっていく。

ここで注意されるのは、大仏殿のすぐ西に、耳塚(鼻塚)が存在したことである。耳塚は、秀吉の第二次朝鮮出兵に際し行われた「鼻斬り」の鼻を埋めてできた塚であり、慶長二年(一五九七)、醍醐寺座主の義演の記した日記には、「傳へ聞くに、高麗より、耳鼻十五桶上ると云々《うんぬん》。則ち大仏近所ニ塚を築きこれを埋める。合戦日本大利ヲ得るト云々」(『義演准后日記』九月一二日条)とみえ、その後五山僧による供養の儀が執り行われている。「鼻斬り」は、切り取った鼻を戦功の証とし、その数に応じて知行を加増させるという政策のもとでなされたが、切り取られた鼻の多くは、非戦闘員の民衆のものであったことが北島万次氏の研究によって明らかにされている。

被虜人となった姜沆の『看羊録』に、「人には両耳があるが、鼻は一つである。朝鮮人の鼻を割《さ》いて、それを首級に代えよ」と秀吉が命じたこと、切られた鼻は塩漬けにされて秀吉のもとに送られ、「小高い一丘陵」すなわち耳塚に埋められたことが記されているように、耳塚(鼻塚)の存在は早くから朝鮮の人々にも知られていた。その一方、日本においては江戸時代初期以降、洛中洛外図屛風や名所案内に方広寺大仏殿とともに描かれており、「名所化」を遂げるようになる。その背景には、秀吉の朝鮮侵略を「偉業」とみなす認識があったといい、朝鮮通信使の来日と京都滞在に際し、徳川政権は、朝鮮使節を耳塚へ案内することにより、報国の者を供養する将軍＝「仁君」のイメージを創造したと、ロナルド・トビ氏は述べている。

耳塚

こうした動きに対し、享保四年（一七一九）に来日した通信使は、秀吉の建造した大仏殿前で宴会を行うことに異を唱えている。このとき通信使に随行していた対馬藩の真文役・雨《あめの》森芳洲《もりほうしゅう》は、通信使に不快な思いをさせないため、新井白石に進言して耳塚を竹垣で囲った。すでに仲尾氏が指摘しているように、雨森芳洲には、豊臣家が「無名の師《いくさ》」（名分のない戦争）を起こし、「両国無数の人民を殺害」したとの歴史認識があり、よって「耳塚」に「日本の武威」を見出し、これを使節に見せるのはかえって「我国の不学無識」を示すとの認識があったのである（『交隣提醒』）。

現在、耳塚の周囲には、石柵がめぐらされているが、これは一九一五年(大正四)、伏見の俠客・勇山こと小畑岩次郎を中心に、歌舞伎役者や義太夫語りなどの献納でめぐらされたことが琴秉洞《クムビョンドン》氏・高木博志氏らによって指摘されている。背景には、朝鮮侵略思想の鼓吹に寄与する『太閤記』ものの上演の活発化という状況があったという。

豊国神社は、秀吉の死去したその翌年の慶長四年(一五九九)、豊臣秀頼によって東山阿弥陀ヶ峰山麓に創建された神社であった。しかし慶長二〇年(一六一五)に豊臣氏が滅亡すると、徳川政権の意向で豊国神社は「豊国大明神」の神号を剝奪され、荒廃してしまう。その後、明治新政府により方広寺大仏殿の跡地に再建されることになったが、その背景には、朝廷への功臣でありなおかつ海外出兵の先達である秀吉を顕彰すると同時に、徳川幕府の権威や東照宮の地位を低下させる意図があったと高木氏は指摘する。一八九七(明治三〇)には、豊国神社・方広寺のすぐ南側に帝国京都博物館が開館するが、その翌年開催された最初の特別展は、豊公三百年祭の年にあたっていたこともあり、「豊臣時代品展」であった。これより少し前の一八九四年(明治二七)には、日清戦争が勃発しており、秀吉の朝鮮出兵と日清戦争のイメージとを重ね合わせた報道がなされていたという。

江戸時代における朝鮮使節の来日は、豊臣秀吉の朝鮮出兵と近代日本の日清戦争および朝鮮植民地化のはざまにあって、徳川政権の平和外交を象徴するものであったといえる。しかし、京都における使節の宿館や訪問先の選び方をみれば、その対外観が真に友好的なものであったとはいいがたく、根底においてその後の植民地化を準備するものであったと考えられるのではなかろうか。

第一二章　牛馬の道——東海道と山科

個性的な灯籠や石碑を見つけるのは、郊外散策の楽しみのひとつだ。旧東海道には、それらに牛車の轍が残る車石が使われていることがある。側壁や庭石も探してみたい。

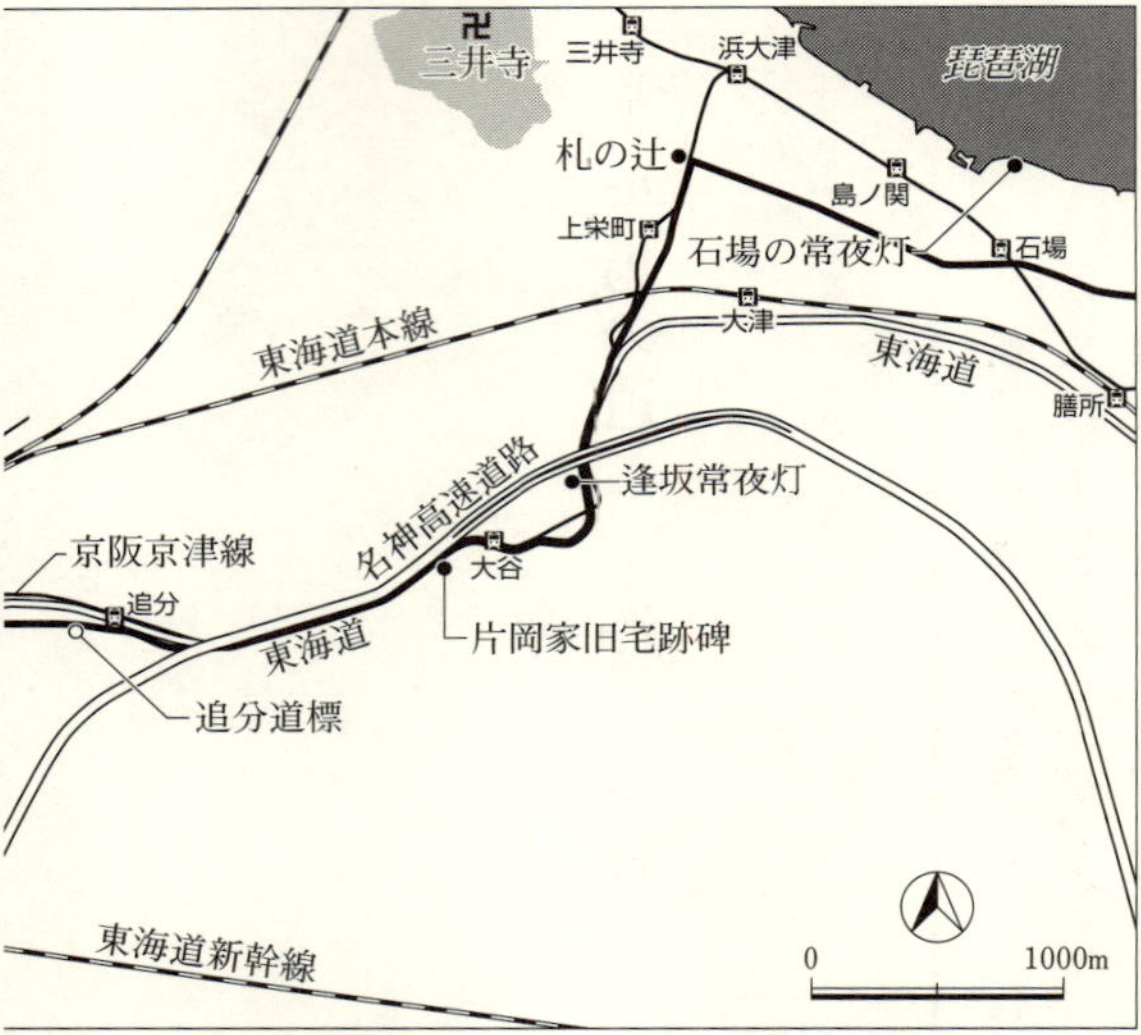

徒歩５分．大津からでは距離が長すぎる場合は，一灯園津線「四宮駅」から徒歩５分．

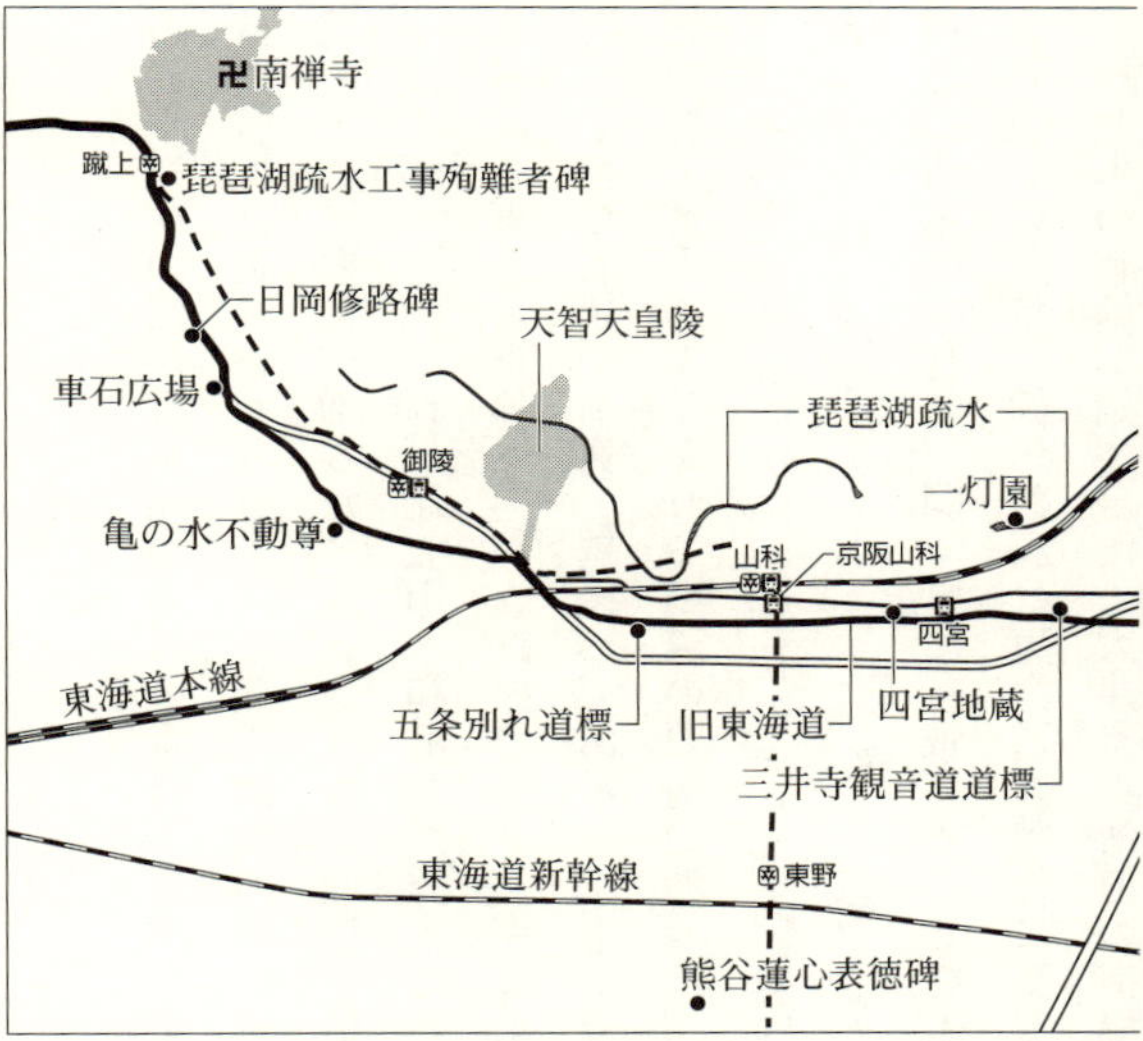

石場の常夜灯には，京阪電鉄石山坂本線「石場駅」からから歩くことをお勧めしたい．一灯園には，京阪電鉄京

東海道の整備

東海道五十三次の江戸日本橋から五三番目、京都三条大橋から最初の宿場大津宿。大津は、戦国乱世の終わりを告げる豊臣秀吉の統一事業の中で、坂本の城を大津に移したことから戦略上の重要性が増した。もともと坂本城は、織田信長が対立する比叡山への押さえのために築城されたといわれ、比叡山と和解した秀吉にとっては、その必要性が薄らいだ。それに対し大津は、東から京都へ向かうだけでなく、京都を避けて伏見から大坂へ抜けたり、西から北国街道を経て若狭や加賀・越後へ、あるいは中山道や東海道を使って美濃・信濃や尾張・駿河などを経て江戸へと分かれる街道の要衝であった。

大津城はその重要性から淀殿の妹初の夫京極高次が城主となった。しかし、慶長五年(一六〇〇)に関ヶ原の戦いが起きると、東西両軍から誘いを受けた高次は、結局東軍について大津城に籠城し、西軍の毛利勢が関ヶ原に参戦することを阻むという重要な役割を演じた。

関ヶ原の戦いの翌年、徳川家康は東海道の整備に乗り出し、宿駅が整えられ、慶長九年には一里塚や松並木の整備が始まった。大津も東海道の宿場のひとつに数えられ、高次が関ヶ原の功により小浜藩主となると、大津城は廃城となり、用材は膳所《ぜぜ》や彦根に移された。こうして、戦国の城下町は泰平の宿場町（商人の町）へと変貌する。北国街道と東海道の分岐点は札の辻と呼ばれ、大津代官が町人に向けて通達などを表示する高札場が設けられた。

大津百町

商人の町となった大津は、元禄一〇年（一六九七）には一〇〇の町に四七〇〇余りの商家が軒を連ね、人口も一万八〇〇〇人近くに達したという。東海道は草津宿から瀬田の唐橋を渡り、琵琶湖を迂回し、石場の渡しから内陸部に入る。石場はかつて湖上交通の要衝として知られたが、今は湖岸を埋め立てられ、渡し舟の目印となった常夜灯が往時を偲ばせる。石場の渡しから大津の町並みを約一五〇〇メートル程歩くと札の辻に着く。このまま直進すれば、北国街道に入り、間もなく右折して北上すると、湖西を坂本方面に向かうことになる。また、右折した交差点の北から西に向かう山道を小関越《おぜきごえ》というが、それについては後述しよう。

大津商人の経済力を示すものに大津祭がある。これは、京都の祇園祭のように町ごとに曳山を出すことで知られ、それぞれ曳山が謡曲や故事にちなんだからくりをのせているところに特徴がある。曳山を出すのは、いずれも東海道から湖岸にかけての町々で、東海道沿いでは、鍛冶屋町が西行桜狸山《さいぎょうざくらたぬきやま》、後在家町と下小唐崎町が郭巨山《かっきょやま》、中京町が源氏山、上京町が月宮殿山《げっきゅうでんざん》を出す。

さて、上京町にある札の辻を左折し、東海道を南下すると、最盛期には逢坂まで宿屋が並んでいたという。しかし、物資の流通についていえば、一七世紀後半に西廻り航路が開発されたことにより、東北・北陸地方の米や産物は山陰地方から下関、瀬戸内海を経て大坂へと運び込まれるようになり、琵琶湖を使った輸送量は減少する。したがって、琵琶湖沿岸の港町も次第に衰えていったのである。琵琶湖経由の輸送が、瀬戸内海経由に取って代わられる理由のひとつは、琵琶湖経由では北陸と京都との間に急峻な峠道がいくつもあり、運賃がかさんでしまうことであった。

大津市歴史博物館編の図録『車石』によれば、札の辻から一キロメートル程も南下すると、間もなく東海道は逢坂峠《おうさかとうげ》へと入る。安永四年(一七七五)の記録では、京都に運ばれる米九三万俵のうち一三万俵が人間によって運ばれていたのに対し、四六万俵が牛や馬の背に乗せ、二二万俵が牛車によって運ばれているという。牛や馬は大津の運送業者である馬借、牛車は京都や伏見の車屋によるものと考えられるが、いずれにしても大津から京都への峠道の輸送は牛や馬に依存していたのである。

逢坂関と蟬丸

逢坂峠に関所が設けられたのは、七世紀と伝えられるが、八世紀末にいったん廃止され、九世紀に再興された(『日本紀略』)。「これやこの行くも帰るもわかれては知るも知らぬも逢坂の関」という和歌は、この頃蟬丸《せみまる》が詠んだと伝えられる。逢坂には現在京阪京津線の大谷駅があるが、その付近に蟬丸の故事にちなんだ常夜灯や蟬丸神社などがある。

室町時代には逢坂関は三井寺《みいでら》(園城寺《おんじょうじ》)の支配となり、同山が関銭を徴収した。関銭は、三井寺にとって大きな収入源となり、室町幕府などとその経済的な利益をめぐって争うことになる。

大谷駅からさらに東海道を南西に向かうと陸橋を越えて、国道の南側の歩道を歩くことになる。陸橋を越えて間もなく、大津《おおつ》算盤《そろばん》の始祖片岡家旧宅跡を示す記念碑が建つ。一七世紀の長崎で明の人から算盤を学んだ片岡が、算盤製造と普及の拠点にしたのがこの街道筋であった。旅人で賑わうこの辺りでは、ほかにも走井餅《はしりいもち》、大津絵、大津針などが名物となっていた。片岡家旧宅跡の西隣には月心寺がある。同寺は街道筋にあった走井の跡といわれ、江戸時代には茶屋があったものと思われるが、その後橋本関雪が整備して寺院とした。

大谷から追分までは歩いても七〇〇メートル程であるが、国道沿いで交通量も多く、危険なので、大谷駅で京阪京津線に乗って追分駅まで行くのも一案であろう。

追分と車石

『蜻蛉日記』には、安和二年(九六九)に藤原兼家の妻(道綱の母として知られる)が石山詣に向かうとき、逢坂峠で休憩をしたことが記される。逢坂峠を越える旅人の休憩場所としてもっともよく知られていたのが追分である。

東海道を歩いて追分に入ると、入り口には長松清風が幕末の京都で開いた本門仏立宗の寺院、仏立寺がある。京津追分駅からは、少し大津寄りに戻って、陸橋で国道を越える必要がある。

仏立寺から二〇〇メートル程東に歩くと、追分、すなわち奈良街道(伏見街道)との分岐点がある。追分には道標があり、右は京道、左は伏見道と書かれていたのだが、今は原物は滋賀県立安土城考古博物館に保存されている。近年、代わりに置いてあったレプリカが破損してしまったので、往時を偲ぶことができなくなってしまった。一八世紀に発刊された『都名所図会』

には、この道標が紹介されており、『伊勢参宮名所図会』には高札場が描かれているなど、近世に描かれたいくつかの地誌や名所記で追分の賑わいをうかがうことができる。走井餅や縫い針もこの地で売られていたのであろう。

追分から東海道は緩やかな下り坂となるが、米を積み込んだ牛車や荷車は、地道では車輪が沈むために走りにくい。東海道では、坂があまりにも急峻だと、牛車が乗り切ることができないので、街道の側道に車道を別に設けて、坂を切り下げることもあった。さらに、雨上がりのぬかるみに車輪がとられないように、石を敷き詰めたところもあった。

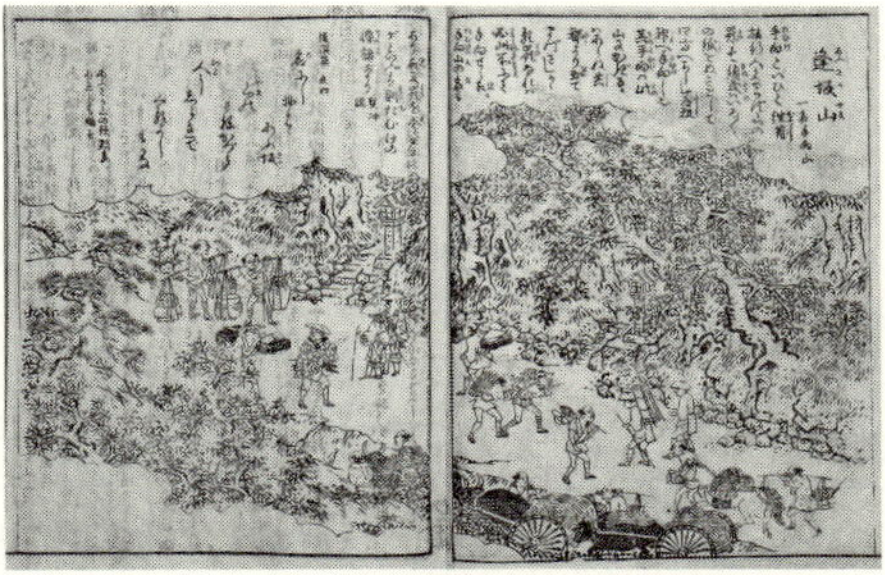
逢坂山と車道.『伊勢参宮名所図会』より.
提供：大津市歴史博物館

このような車道は、逢坂峠ではすでに元禄年間には見られ、日岡《ひのおか》峠でも宝永三年(一七〇六)の改修では設けられていた(享和二年(一八〇二)「三条海道筋山科郷麁絵図」に図示)。また、文化初年に実施された東海道の大津・京都間の本格的な改修工事では、街道上にできた凸凹に土を補ったり、目立つ穴や轍の跡などに石を詰めて平坦にしたが、それ以外に、坂や橋の脇などに設けられた車道に車石を敷設することも大きな目的だった(「大津京都間道造絵図」)。この工事には、京都の心学者脇坂義堂や近江国日野の商人中井源左衛門も関わっていた。車石は、このように江戸時代に整備された車道の名残であり、追分からすぐ西にある閑栖寺《かんせいじ》の境内には、往時を偲ぶように車道が復元されている。

ところで、街道筋に建ち並ぶ商家はいくつかの町に分かれ、東海道よりも南側は京都市域に含まれ、今でも髭茶屋《ひげちゃや》桃灯町、髭茶屋屋敷町、八軒屋敷町などと呼ばれる。また、東海道を含め、それよりも北側は横木や追分町などと呼ばれ、大津市に含まれる。車石が保存されている閑栖寺も大津市内であった。

小関越と一灯園

追分から右手(北側)の京道(旧東海道)をさらに西に進むと、いくつかの道標や車石などを見つけることができる。旧藤尾小学校跡地碑から五〇メートル程歩くと、「牛尾山(観音道)」の道標がある。ここから南に抜ける小道は音羽の集落の北をかすめて牛尾観音(法厳寺)の参道へと通じる。さらに一〇〇メートル余り歩き、国道に架かる陸橋を渡ると、「三井寺観音道」などと書かれた大きな道標がある。ここから北東への山道が小関越であり、古くはこちらに逢坂関があったとの説もある（増田潔『京の古道を歩く』）。また、映画「羅生門」の原作とされる芥川龍之介『藪の中』の舞台はこの辺りの山道だったのかもしれない。

東海道をさらに西に一〇〇メートル程歩くとようやく京都市域に入る。さらに二〇〇メートル程のところにある四宮の交差点を右折すると、京阪京津線の四宮駅がある。駅の東にある踏切を渡り、さらにＪＲ東海道線のガード下をくぐり、コンクリートで整地された細い坂道をあがると、琵琶湖疏水がある。疏水は琵琶湖から小関越の地中を通ってきたが、藤尾の北から四宮までは地表を流れる。疏水沿いの遊歩道は、春には桜の名所となる。

疏水の北側一帯に広がるのが、一灯園《いっとうえん》である。滋賀県長浜の商家に生まれ、一九〇四年（明治三七）にトルストイや禅の影響により路頭托鉢の行を始めた西田天香が、支援者の援助によって鹿ヶ谷に拠点を築いたのが一九一三年（大正二）であった。一灯園の名はこの頃から知られるようになり、一九一

琵琶湖疏水と一灯園

七年、倉田百三が一灯園での体験をもとに『出家とその弟子』を出版、一九二一年には天香の著書『懺悔の生活』がベストセラーとなるなど、この宗教的な共同体は次第に著名となった。こうして多くの支援者を得るようになった天香は、一九二八年(昭和三)、この地に一灯園を移して「無一物無所有」を理想とした実践を続け、今日までの共同体の基礎を築いた。天香は一九六八年(昭和四三)に死去したが、その日記は『天華香洞録』として翻刻され、共同体の歩みは園内に設けられた香倉院の展示でたどることができる。

夏の四宮

京都をはじめ、大阪や滋賀、奈良などの一部では、今でも八月後半の土日に町内の地蔵を囲んで子どもたちがゲームや福引きなどを楽しむお祭りが行われる。京都で生まれ育った子どもは、大人になって他の地域に行ったとき、はじめて地蔵盆が全国の年中行事ではなかったことに気付くという。「地蔵盆」と通称されるこのお祭りは、本来、毎月二四日に地蔵菩薩の縁日があることから始まったのであろうが、時期的に近い盆行事、さらに夏休み最後の週末とが重なり合って盛んになってきたものと思われる。この時期の京都では、ほかにも壬生寺などで行われる六斎念仏、市内六カ所の地蔵を巡る六地蔵巡りなどがある。

六地蔵はいずれも諸方から京都への入り口、すなわち街道筋に置かれた。現在は、奈良街道の大善寺(桃山)、西国街道の浄禅寺(上鳥羽)、山陰街道の地蔵寺(桂)、周山街道の源光寺(常盤)、鞍馬口の上善寺(寺町)と並んで、東海道に面した徳林庵(四宮)にある。

四宮には仁明天皇の子、人康親王が山荘を営んでいたといわれ、徳林庵の北にある十禅寺には人康親王像が、その周辺には墓や山荘跡、供養塔などがある。人康親王は盲目であったとの伝承があり、琵琶法師の信仰を集めたという。六地蔵巡りの時期には、前述の四宮の交差点から山科駅前の交差点までの間が車両通行止めとなり、夜店で賑わう。八月一六日に行われる大文字五山の送り火は、全国から一目見ようとする観光客が押し寄せるのに対し、六斎念仏や六地蔵巡りは夏休みの最後を楽しみたい子どもたちや近隣住民によって賑わうのである。

東野の放牧場と熊谷蓮心表徳碑

徳林庵からさらに西に向かって東海道を歩くと、間もなく諸羽神社の鳥居がある。さらにいくつかの道標を見ながら二〇〇メートル程で山科駅前の交差点に出る。ここにはかつて奴茶屋《やっこぢゃや》という茶店があったが、山科駅前再開発ビルの中に移転した後、店を閉じた。この辺りは、交差点のすぐ北に京阪山科駅前のロータリー、さらにその北にJR東海道線の山科駅があり、交差点の南には地下鉄山科駅に通じる地下道があるなど、さまざまな交通機関が集まる、交通の要衝である。

ところで、山科駅前の交差点より南に約一キロメートルのところにある西雲寺に、熊谷蓮心表徳碑がある。熊谷蓮心《くまがいれんしん》(直恭《なおゆき》)とは、寺町姉小路で筆墨商を商っていた鳩居堂の当主香具屋久右衛門のことで、表徳碑は、文政八年(一八二五)に蓮心がこの地に老牛馬の放牧場を設けたことを顕彰したものである。老牛馬とは、農耕や運送業などで使役されていた牛馬が老いて作業に耐えられなくなったもののことであろう。これも、牛馬が行き交う東海道ゆかりの碑ということができる。蓮心は、老牛馬が処分されるのを惜しみ、老後を安らかに過ごす場所を提供したのである。放牧場は蓮心死後も維持され、一八八八年(明治二一)に廃止されるにあたり表徳碑が建てられることになったという。

これまで見てきたように、三条通(東海道)は、大津や京都の人ばかりではなく、街道筋で茶店や土産物を商う人々に賑わいをもたらしてきた。また、松並木の落ち葉や牛馬の糞は山科の農民たちに、日常生活を支える燃料や肥料として活用されていた。街道筋の整備や補修は、街道筋の商家や農家の負担となっていたが、恩恵も大きかったのである。

新旧山科駅と東山トンネル

ところで、現在は交通の要衝となっている山科駅であるが、この地に東海道線の山科駅ができたのは一九二一年(大正一〇)のことで、それ以前は勧修寺の近くにあったという。これは、京都駅から東山を直線で越えることができず、伏見方面に大きく迂回したために起こったことで、旧東海道線の名残が現在もJR奈良線稲荷駅にランプ小屋として残る。したがって、徳冨蘆花が『不如帰《ほととぎす》』で描いた武男と浪子のすれ違いは、旧山科駅での出来事ということになる。

さて、京都―大津間の東海道線付替工事は、一九一四年(大正三)の新逢坂トンネル着工にはじまり、一九一七年(大正六)には東山トンネルを起工、一九二一年から営業を開始した。これにより、一八キロメートル余りだった京都―大津間が、約一〇キロメートルに短縮された。また、このトンネル工事には、多くの朝鮮人労働者が従事した。京都周辺の土木工事でも、朝鮮半島に対する植民地支配が本格化した一九一〇年代から、朝鮮人労働者の姿が目立つようになったのである(『京都滋賀鉄道の歴史』)。

新しい山科駅が開業すると、周囲に点在した藪地が切り開かれた。駅の南に位置する竹鼻の歴史をまとめた佐貫伍一郎氏は、安朱南屋敷で長楽園と名付けられた借家群が「都市勤労者・月給取りを対象にした、山科初の集団借家」であったと記す。この前後から、山科に工場や社宅などが急増していったのである。

木食正禅と梅香庵・量救水

山科駅前の交差点から西に約三〇〇メートル程歩くと、五条の別れの道標がある。宝永四年(一七〇七)に建立されたとあり、三条通(東海道)から五条通・渋谷《しぶたに》街道への抜け道である。五条の別れから、さらに西に歩くと間もなく新しく敷設された東海道、すなわち国道一号線に合流する。国道一号線をそのまま北西に進むと、徐々に上り坂となる。日岡峠であるが、この道が開削されたのは幕末の慶応年間のことで、それまでは東海道線のガード下をくぐってから一〇〇メートル程北上したところを左折する細い道が旧東海道(旧日岡峠)であった。今では車が一台やっと通れる程度の一方通行となっており、往時を想像することはできないが、この道も江戸時代には何度も改修を繰り返し、牛馬通行の便が図られた。なかでも著名なのは、享保一九年(一七三四)に木食正禅《もくじきしょうぜん》(養阿)が発願したという改修工事であった(「東海道日岡峠における木食正禅の道路改修事業」)。

肉食どころか穀物をも絶つ木食行を修めた僧侶のことを木食上人と呼ぶが、豊臣秀吉と関係が深かった木食応其《おうご》や全国を行脚して野性味あふれる木造の仏像を残した円空などはその代表格であろう。なかでも、一八世紀に活躍した木食養阿は正禅とも呼ばれ、狸谷《たぬきだに》不動院や五条坂の安祥院を整備したことで知られる。正禅は、托鉢で勧財を募りながら、寺院の整備や街道の土木工事などを行う、江戸時代の京都を代表する勧進聖《かんじんひじり》であった。

山科を通る三条通(東海道)の整備は、宝永三年(一七〇六)にも行われたが、正禅は享保一九年から元文元年(一七三六)にかけて、三条通の難所となっていた旧日岡峠の改修工事を行った。改修は、急勾配になっている峠道の高いところを切り下げ、低いところに盛り土することで、傾斜を緩やかにし、米などを積んだ牛車が通りやすくしようとした。

正禅が改修したという峠道を進むと、峠の手前に亀の水不動尊という小さな祠がある。ここにはかつて梅香庵という庵があり、正禅が生活の場としていたという。正禅は、梅香庵に旅人のための井戸を設け、休憩所にしたというが、今はその面影はない。また、量救水と呼ばれていた井戸に据えられていたと伝えられる大水鉢は現在、椿山荘(東京都文京区)にある(『車石』)。

慶応年間の新日岡峠開削

さて、東海道線のガード下から旧日岡峠に右折せずに国道沿いを北西に歩くと、慶応年間に開削された新日岡峠となる。

幕末に新しい日岡峠が開削された理由は明白である。江戸幕府の動揺により、政治的な目的を持つ様々な集団が京都に集まってくると、食糧をはじめとする生活必需品が不足するようになる。開港以来、生糸などの輸出品の価格が高騰していたことも、京都の諸物価の高騰に拍車をかけていた。一方、

亀の水不動尊(梅香庵跡)

安政の五カ国条約で予定されていた兵庫(現在の神戸)の開港がなかなか実行されないのに対し、尊王攘夷を掲げる長州藩と欧米列強が下関で戦争をしたり、列強の艦船が兵庫まで来て圧力をかけたりするようになると、東北・北陸からの物資が大坂(ひいては京都)に安定的に輸送されなくなるおそれがあった。こうした政情が、京都の物価高騰に拍車をかけたのである。

そこで注目されたのが瀬戸内海以外からの物流であり、かつて盛んだった琵琶湖経由での物

資の調達である。しかし、その際に問題になったのが逢坂越や日岡峠などの難所である。そこで、慶応年間に実施されたのが逢坂峠の切り下げと日岡峠の新道開削だった。逢坂峠では、この改修により、峠の最高点が六メートル低くなったといわれる(『車石』)。また、切り下げが困難な日岡峠は新しい道を開削することで、牛馬の負担を軽減しようとしたのである。さらに、日岡峠から京都寄りにあったもうひとつの峠、粟田口《あわたぐち》峠の切り下げも計画された(「日岡峠新道付替図面」)。新道開削を発案し、その資金の調達に力を尽くしたのは、天保の飢饉以来、京都の物流に問題を感じていた町奉行所与力平塚飄斎だった(「城州日岡峠新道図記」、樋爪修「幕末期京津間の物資流通」)。

名号石・題目石

明治維新以後、山科を通過したフランス出身の御雇い外国人ジョルジュ・ブスケは、旅人が通る地道ときれいに舗装された車道が並行して走る東海道を感心しながら眺めたという。しかし、この数年後には西洋式の道路舗装法が導入され、車石の撤去が始まる。各所に残る車石は、撤去されて不要になった敷石を記念として活用したものである。一八七六年(明治九)に計画さ

名号石

れ、翌年三月に竣工した日岡峠改修工事は、新しい日岡峠を拡幅し、切り下げた上で、道路の両側に側溝を設け、割石をローラーで整地するなど西洋式の舗装を施したものだった。

　さて、国道沿いに峠をあがっていくと、三条通北側に地下鉄御陵駅《みささぎえき》の出入り口があり、このあたりに琵琶湖疏水建設のために設けられた煉瓦工場があったことを示す石碑がある。一灯園前で見たように、琵琶湖疏水には多量の煉瓦が用いられたが、その労働力として京都監獄の囚徒が用いられたことはあまり知られていない。纐纈末雄氏によれば、疏水工事に際して囚徒の中からも犠牲者が出たが、粟田口にある殉難者碑にその名は刻まれていないという。

　御陵駅から国道沿いにさらに坂道をあがると、大きな石碑が立っているのが目を引く。「南無阿弥陀仏」と刻んだ名号石と「南無妙法蓮華経」と刻んだ題目石である。これらは、木食正禅が近くにある粟田口刑場や無縁墓などの死者を供養するために建てたと伝えられる。したがって、本来は別の場所に建てられていたものと思われるが、名号石の中程に割られた跡があることからうかがえるように、廃仏毀釈などで破壊されて廃棄されていたものを、一九三三年(昭和八)の国道一号線の整備をきっかけに、この地に復元したという。

名号石・題目石からさらに西北に歩くと間もなく、一九三三年の京津国道《けいしんこくどう》改良工事の記念碑がある。同碑の基壇には車石が列状に工夫して用いられており、碑の背面にも牛車の車輪の跡と思われる溝が斜めに走っている。

蹴上から粟田口へ

国道(新日岡峠)に旧三条通(旧日岡峠)が合流するあたりには車石広場があり、米俵を積んだ荷車がデザイン化されて復元されている。さらにその北には、粟田口刑場跡を示す慰霊碑や一八七七年(明治一〇)に竣工した改修工事の修路碑などがある。このあたりは両側に山が迫り、東から京都市街に入る人々の最後の難所となっていた。粟田口刑場と呼ばれる処刑場もこのあたりにあり、改修工事に伴い数多くの人骨が掘り出されたと伝えられる。慰霊碑はそれを祀ったものである。

粟田口刑場跡からさらに西北に向かうと、蹴上浄水場があり、そのあたりから京都市街が広がる。幕末から明治期にかけては、多くの木賃宿が建ち並び、旅人が荷を下ろすことができたのである。また、前述の琵琶湖疏水がこのあたりから再び地上に顔を出し、かつて船の移動を手助けしたインクラインが保存されている。インクラインの手前には、前述の殉難者碑が建ち、インクラインの下をくぐると南禅寺境内となり、疏水をさらに北上させる水路閣がある。疏水が水路閣の上を流れていることを考えると、見上げるような水路閣でさえ、琵琶湖の湖面より低いことがわかる。さらに、疏水は松ヶ崎まで北に流れる。京都では、水は南に流れるものだが、人工の構築物のなせる技である。

第一三章　古典文学と嵐山・嵯峨野の近代

貴族の別業のあった嵐山や嵯峨野には、祇王寺・滝口寺などが近代に復興され、古典文学の悲恋の物語イメージが付与された。京都の女性性を体現する景観を散策してみよう。

嵐山・嵯峨野の散策は，JR 山陰本線「嵯峨嵐山駅」より出発．渡月橋へは「阪急嵐山駅」から徒歩 7 分，京福電鉄嵐山線「嵐山駅」から徒歩 5 分．

嵐山の景観

秋里籬島『都名所図会』(安永九年)の嵐山・法輪寺《ほうりんじ》・渡月橋《とげつきょう》の挿図は、大堰川《おおいがわ》の北東を定点として、渡月橋、西岸の嵐山から法輪寺、山裾《やますそ》の西行桜にかけてを鳥瞰《ちょうかん》する。近世に、嵐山といえばまず思いうかべる風景である。近世の京都の町の風景は、西山上空から東山を鳥瞰することが多い。近江では瀬田川周辺より北西の三井寺、比良山系を、近江八景を包含しつつ描くのがならいであった。歌舞伎の型のように、名所の風景の定型となる。

挿図には藤原俊成《ふじわらのしゅんぜい》の「またたぐひあらしの山のふもと寺杉の庵に有明の月」(『玉葉集』)との歌が詠みこまれ、類なき景観の嵐山の山腹には山桜が満開に描かれる。現代では枯れた岩肌を見せるだけとなった歌枕の戸無瀬《となせ》の滝が大堰川の右岸にあり、左岸には三軒茶屋の川辺に人々が床几《しょうぎ》を出して花見を楽しむ。嵐山は明治四年(一八七一)の上知令までは、天龍寺の寺領であり、天龍寺が京都所司代の管轄のもとに嵐山の桜を植樹し管理してきた。同様に、渡月橋の補修・架け替えや花見の季節に川原に賑わう日切茶店《ひぎりちゃみせ》も天龍寺の管理下にあった。

大堰川左岸からは、近年、京都市の調査で、平安時代や鎌倉時代の亀山殿の庭園遺構や建物

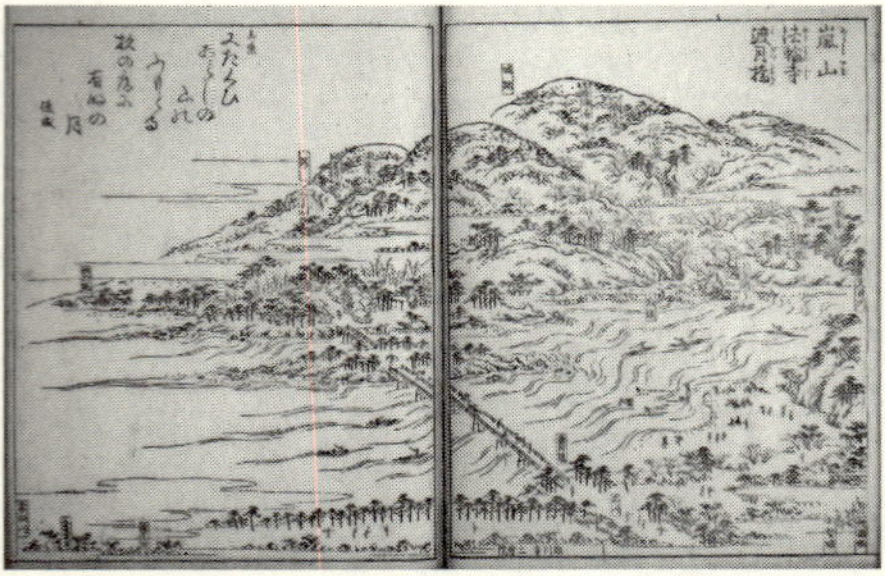

嵐山・法輪寺・渡月橋.『都名所図会』より. 提供：京都市歴史資料館

基壇が発掘されている。左岸から大堰川越しに嵐山の桜や楓を愛でる風景を有する嵐山一帯は、平安時代からの貴族の別業の地であり、京都を代表する名所であり続けた。前近代の京都の名所の多くは、古代天皇の国見のように、朝廷の歌や能楽、芸能などの文化とともにある「名所《などころ》」として記憶され、庶民の行楽地として栄えた。

一八九〇年(明治二三)四月に明治天皇は琵琶湖疏水開通式に臨席するが、侍従西四辻公業《にしよつつじきんなり》、侍従廣幡忠朝《ひろはたただとも》を遠乗《とおのり》として嵐山に遣わした。北垣国道《きたがきくにみち》が二人の名代《みょうだい》を小倉山山頂に先導し、一行は亀山院の植樹した嵐山の桜を眺望し、侍従たちは帰京後にその趣を明治天皇に奏上した。天皇は花の名所や史蹟にたびたび遠乗と称して遣《つか》いをやり、その報告を聞くのを楽しみにした。名代が名所に赴くことは、天子自らが名所に臨んだのと同じこととなった。王朝の名所に懐旧の念をもちつづけた明治天皇らしい逸話である。泉涌寺には、孝明天皇遺品の「大堰川遊覧、子《ね》の日《ひ》桜狩図屏風」(浮田一蕙《いっけい》筆)が下賜され残されている。禁裏御所から外出できなかった近世の天皇は、身近な調度を、京都の名所や風物で飾った。

嵐山の桜

近世初期の京都案内である『京童《きょうわらんべ》』(明暦四年)には、「この山はよし野のさくらをうつしうゑられし所なり。さればこもりかつての御神すいじやく(垂迹)ならせたまへる所なり」とつたえる。吉野の桜は、江戸時代から認識されたように、日本の桜の中心であり蔵《ざ》王権現《おうごんげん》の神木であった。桜の神がこの世にあらわれた、その桜を亀山院が嵐山に移植したという由緒をもった。天海が徳川家康に進言し、嵐山の山桜を江戸の新しい名所となる飛鳥山や上野に植樹させたように、嵐山の桜は都の文化そのものであり、江戸や地方城下町に由緒ある桜として移植され広がってゆく。津軽家の弘前城にも京都の嵐山由来の桜があった。平安神宮の糸桜《いとざくら》は、伊達家が津軽藩主にもらった京都の近衛の糸桜を、一八九五年(明治二八)に遠藤庸治《えんどうようじ》仙台市長が寄進したという物語をもつ。吉野から移植されたとの由緒を持つ嵐山の山桜は、前近代の京都を代表し日本の桜を象徴するものであった。

室町時代の謡曲の「西行桜」では、西山に隠棲する西行が、都の人々の「貴賤群集《きせんくんじゅ》」を厭《いと》わしく思っていると、桜の花の精があらわれて、「見渡せば、柳桜をこき交《ま》ぜて、都は春の錦、燦爛《さんらん》たり」と踊り、都を見渡して桜の名所をさししめす。御所の八重桜、近衛殿の糸桜、千本の桜、毘沙門堂、東山の黒谷、下河原、華頂山、清水の地主桜《じしゅざくら》。そして眼下嵐山、戸無瀬の滝と、室町期の桜の名所が一眸《いちぼう》のもとにある。現在、嵐山右岸の法輪寺から愛宕道を一キロメートルほど南下したところに何代目かのソメイヨシノの西行桜がある。『拾遺都名所図会』が示す、法輪寺の南にあるとは、西行桜の一つの説にすぎない。西行由来の庵や桜は京都にいくつも存在する。

大堰川両岸に、並木として植えられたソメイヨシノは、新しい近代の桜である。ソメイヨシノは、幕末に江戸近郊の染井村で、オオシマザクラ(山桜)とエドヒガンザクラ(里桜)を交配して生み出されたもので、京都では新開地である岡崎の動物園に一九〇四年(明治三七)にはじめて植えられた。花だけが咲くソメイヨシノはクローンであり接ぎ木で増える。どのソメイヨシノも同じ遺伝子組成の個体であり、ピンクの桜並木を形成する。それに対して嵐山の山桜は、薄桃色の花と新緑が柔らかい山肌を形成し、王朝文化に起源する京都の庶民の景観として親しまれた。

先述したように近世の嵐山は、天龍寺領であり、上知令ののちに京都府の所管となるが、維新期の混乱で荒廃した。一八八一年(明治一四)には岩倉具視を中心に、京都府知事北垣国道、内務省社寺局長桜井能監《さくらいよしかた》、久邇宮朝彦親王《くにのみやあさひこしんのう》などが、嵐山のみならず京都や近畿地方の名勝・古跡を保存する保勝会を作った。嵐山は、一八八九年(明治二二)には農林省の所管となり、一九二七年(昭和二)の史蹟名勝地指定をへて、一九三〇年(昭和五)には風致区域になった。

昭和初期には大阪営林局によりアカマツやヤマザクラを植えて、一幅の絵画のような景観をめざす嵐山風致林施業がなされた。歌枕として定式化された嵐山という名所の由緒と風景は、近代に脱神話化してゆくが、同時に近代の「政治」のなかで新たな女性性と古典文学の物語が附与されてきた。

伝説と嵐山

花の嵐山・嵯峨野の散策は、渡月橋からはじめることにしたい。

渡月橋北詰を上流に少しのぼると、車折神社《くるまざきじんじゃ》頓宮前に明治前期に創られた石橋の琴聞橋《ことききばし》がかかっている。高倉天皇が寵愛した小督《こごう》は平清盛に疎《うと》まれて嵯峨野に隠棲し、天皇の命を受けた源《みなもとの》仲国《なかくに》が小督を馬で迎えに訪ねたとき、東屋《あずまや》から小督の琴の調べが聞こえてきた。『平家物

明治期の渡月橋北詰．提供：長崎大学附属図書館

語』の挿話である。しかし明治前期の長崎大学附属図書館所蔵の渡月橋北詰の茶店の古写真には、同じ琴聞橋が渡月橋のすぐ下流側に架かっていた。また、現在の琴聞橋からさらに上流にのぼると、『平家物語』を視覚化するものとして近世から存在する小督塚がある。同じく小督の墓とされるものが、東山の清閑寺境内、高倉天皇陵の近くにもある。

渡月橋から東に下ると、現在の嵐山保養所「花の家」が元角倉屋敷の場所である。渡月橋の東の京都嵯峨芸術大学の辺りは、丹波から流されてきた木材のたまり場があり、西高瀬川によって太秦《うずまさ》から東へと三条通にそって千本通の京都市中へと運ばれた。

角倉屋敷の北側には、一九四四年の最後まで決まらなかった天皇陵、南朝の長慶天皇陵がある。京都の天皇陵は平安時代から江戸時代までは、火葬や薄葬による仏式の墓制であったため、実ははっきりしないものが古墳時代よりも多いが、その最たるものが長慶天皇陵である。宮内省の臨時陵墓調査委員会において、黒板勝美や西田直二郎ら委員は、全国五七ヵ所の長慶天皇陵伝説地から嵯峨の天龍寺塔頭慶寿院をその場所に推定し、円丘を造営した。たとえば洛西小塩山《おしおやま》から散骨した淳和《じゅんな》天皇陵は、山頂に立派な円丘の陵が築かれるが、同様に治定の怪しさがある。

鉄道の敷設

嵯峨野・嵐山は、鉄道敷設により、近世の洛外の名所から京阪神の日帰り行楽地となった。もっともはやく、二条―嵯峨間に京都鉄道が開業するのは、一八九七年(明治三〇)二月であった。創業時から京都鉄道は花の季節は満員の観光客であふれ、嵯峨停車場から渡月橋にかけてのお土産屋では、桜の木細工、嵯峨焼、天龍寺納豆、小督の名の白粉、団子に、大堰川の奇石、夏には蛍に河鹿《かじか》まで売られた。

天龍寺の門前に嵐山駅が、一九一〇年(明治四三)三月に四条大宮から嵐山電車軌道の終点として開業した。嵐山電車軌道は、創業時四条堀川西を起点とする五分ごとの発車で、約二〇分で終点の嵐山に到着した。嵐山電車軌道株式会社創業時の「沿線名所案内」パンフレットをみると、春の桜、秋の紅葉に加え、会社は和洋の花園を整備し少年音楽隊を組織するとともに、嵐峡館や瓢亭の支店など旅館・料亭を宣伝し、夏には有志で床几、船遊び、花火の納涼も企画された。

嵐電嵐山駅の向かいには、戦前以来の飲食業組合の木造建物が残り、かつては芸妓が料理屋に派遣された。法輪寺門前の鳥すき焼きで有名な鳥市には、昭和初年のたたずまいが残り、二階には芸妓が使った太鼓が飾られる。

大堰川右岸の阪急嵐山線は、新京阪鉄道が昭和大礼にあわせて敷設したものである。一九二八年(昭和三)一一月一日に大阪の天神橋から西院まで開業すると同時に、同月九日には桂から嵐山へと支線が延びた。また清涼寺の東側には清滝に向かって広い緩やかなカーブを描く観光道路がのびるが、ここは嵐山から清滝トンネルをへて清滝にいたる愛宕山鉄道(一九二九年から一九四四年まで)の線路跡である。清滝川からは愛宕まで二キロメートルあまりのケーブル(鋼索鉄道)が敷設され、ホテルや遊園地もあって京都近郊の昭和戦前期の大衆文化として栄えた。

天龍寺から清涼寺に

渡月橋から清凉寺門前に向かう愛宕道が、古代以来の嵯峨の中心であった。山田邦和氏は大堰川から清凉寺にかけての嵯峨を、後嵯峨・亀山院にはじまる中世京都の衛星都市と位置づけ、自立的な都市の営みをみる。

臨済宗天龍寺派大本山天龍寺の場所は、大堰川左岸の景勝地で、天龍寺大方丈前の池泉廻遊式庭園は、亀山や嵐山を借景とする。この地の起源は、檀林皇后(嵯峨天皇皇后・橘嘉智子《たちばなのかちこ》)の九世紀の檀林寺にはじまった。檀林皇后は美人として名高く、腐食する肉体のはかなさが「九相図《くそうず》」にも描かれた。鎌倉時代には後嵯峨天皇が亀山殿を築き、亀山・後宇多院もこの地の別業に遊んだ。そして足利尊氏が夢窓疎石のすすめで、後醍醐天皇の菩提を弔って天龍寺を築いた。元治元年(一八六四)の禁門の変では、天龍寺が御所に攻めいる長州藩の本陣となったため、薩摩藩によって焼き払われた。天龍寺の北側には、後嵯峨・亀山両天皇陵(宮内庁管轄)の仏式の方形堂がある。また参道脇には戦没者の招魂社や日露戦争の忠魂碑、一九三九年(昭和一四)後醍醐天皇六百年祭の南朝顕彰記念碑が集まった場がある。

清凉寺への途次に、嵯峨小学校がある。それに隣接する右京区役所嵯峨出張所は、一八八三年(明治一六)から一九三一年(昭和六)まで、嵯峨村(町)役場であった。嵯峨小学校校門前には、ソメイヨシノの古木がある。

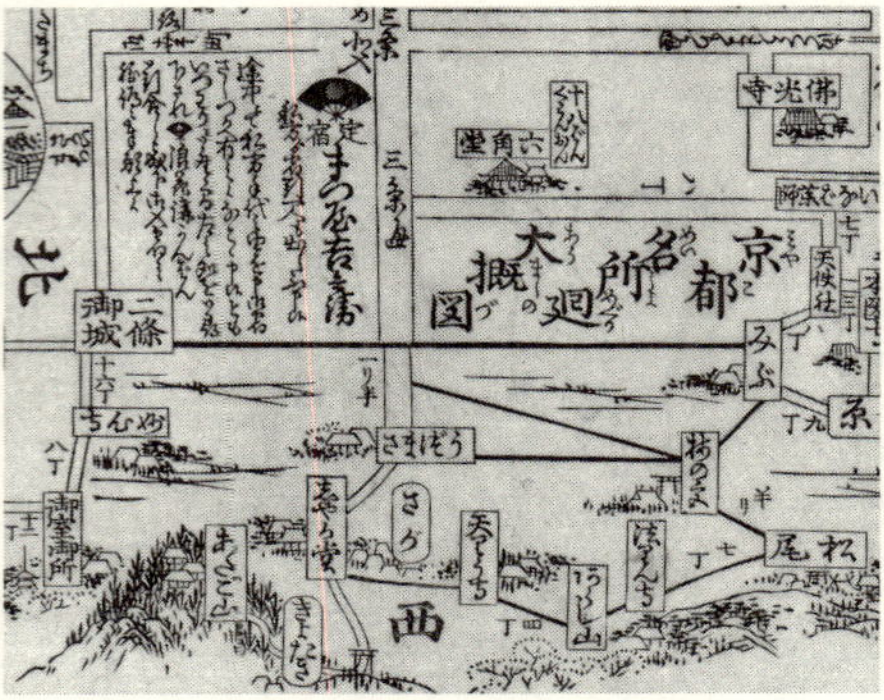

松屋吉兵衛の京都案内図(江戸期)

江戸時代の嵯峨野観光は、十三参りの法輪寺、天龍寺をへて、釈迦を写した「生身の尊像」を擁する清涼寺の釈迦堂へと向かう愛宕道が中心であった(『都名所図会』)。京都御幸町《ごこうまち》三条上る「浪花講御定宿、松屋吉兵衛」が、旅行者に配布した一枚ものの京都案内図では、釈迦堂門前の三叉路が嵯峨の中心にあり、三条通を東へ京都の市中に向かう道と、松尾・法輪寺・嵐山・天龍寺・釈迦堂をへて清滝・愛宕山へと向かう愛宕道がぶつかる。門前にはかつて栄えた旅館の跡があり、愛宕灯籠や近世から昭和期までの三宅安兵衛碑をはじめとする道標が残され、森嘉の豆腐屋もある。

清涼寺は光源氏のモデルになったとされる源融《みなもとのとおる》の別荘・棲霞観跡に、永延《えいえん》元年(九八七)に宋から帰朝した奝然《ちょうねん》が建立を企てた。本堂には隠元筆の「栴檀瑞像《せんだんずいぞう》」の額がかかり、中国で模刻されたインド由来、三国伝来の釈迦如来像が本尊である。この釈迦像は信仰をあつめ、清涼寺式として全国に多くの模像が作られた。宝物館には、平安期の木造阿弥陀《あみだ》如来及両脇侍《わきじ》坐像などの優品を所蔵する。境内には嵯峨天皇・檀林皇后・源融を供養する宝篋印塔《ほうきょういんとう》などがあるが、源融の供養塔には明治期に京都在住の山階宮晃親王《やましなのみやあきら》が賛をよせる。また狂言堂では、毎年四月に、子供と別れた母親のもの狂いが描かれる、謡曲「百万《ひゃくまん》」などの大念仏狂言が演じられる。

清凉寺の西隣には宝筐院《ほうきょういん》がある。幕末に廃寺になっていたのが、一八九一年(明治二四)に京都府知事北垣国道が、楠木正行《くすのきまさつら》を顕彰する欽忠碑(撰文・谷鉄臣)を建て、高木龍淵天龍寺管長や実業家川崎芳太郎、画家の富岡鉄斎などによって一九一六年(大正五)に再興された寺院である。一九四〇年五月五日の小楠公祭では、嵯峨尋常高等小学校の児童が武者行列で歩いた。

祇王寺、滝口寺

江戸時代にすでに、『平家物語』『源氏物語』を追体験する嵯峨野の名所の位置づけがあった。たとえば『京童』には、「往生院《おうじょういん》(祇王寺)」の記述として、「清盛にあいせられし、はらからの白びやうし、ぎわう(祇王)・ぎによ(祇女)といふもの、ほとけ(仏)の白びやうしにおもひかへられ、もとどり(髻)を切りて入りし所なり」のほか、滝口入道と横笛の悲恋も同時に語られた。

祇王寺の草庵．写真撮影提供：小川康貴氏

一八世紀には往生院・三宝院(滝口寺)は存在したが、その後、廃絶した。その祇王寺・滝口寺が近代に復興する。京都府知事北垣国道は、嵐山や嵯峨野の景観整備に力を尽くした。たとえば平安遷都千百年紀念祭の一八九五年(明治二八)には、嵯峨村村長の野路井《のじい》孝治《たかはる》や井上与一郎・小林吉明らや大覚寺門跡楠玉諦らが、明治維新後廃絶した祇王寺の再興の企てに対し、「北垣男爵は祇王が水利を興せし事実は感ずるに余ありとて、深く其事を称賛し、自己の別荘中の一棟を畳建具と共に寄附」したという(『嵯峨誌』)。琵琶湖疏水を開発する北垣が、平清盛に請うて野洲郡祇王村で水利を引いた祇王の物語に共感した。『平家物語』の清盛と祇王・祇女・仏御前《ほとけごぜん》の世界が一九〇二年(明治三五)の祇王寺という、いわばパビリオン再興のかたちで実現した(『洛西景勝記』)。滋賀県野洲市の妓王寺《ぎおうじ》にも、北垣国道や京都日出新聞記者・金子《かねこ》静枝《しずえ》、富岡鉄斎などが名を連ねる祇王寺再興の勧財書が残されている。

この一八九五年において、平安遷都紀念祭協賛会会員に頒布された『京都名所手引草』(村上勘兵衛)では、「嵯峨野」について、「小倉山亀山近傍の称にして古来の名所なり」として、「前中書王の菟裘《ときゅう》(兼明《かねあきら》親王の隠棲地)。融《とおる》公の別業。定家の厭離庵《えんりあん》。祇王祇女(祇王寺)。横笛。勾当内侍《こうとうのないし》(滝口寺)。小督局など枚挙に遑《いとま》あらず」と記述した。『平家物語』『太平記』などの古典文学の名所としての嵯峨野が前面に出ていた。

一旦、祇王寺が再興されると、もはや古典文学の世界は視覚化され一人歩きする。一九一九年(大正八)一〇月の奈良女子高等師範学校修学旅行(「京都滋賀地方修学旅行記録」文科三年)に女学生は記録した。「往生院、祇王寺と云ふ小さな札が掲げてあつて中にはかなめ垣が赤い若葉を燃してゐた。萩の庭を踏んで椽側《えんがわ》から案内を乞ふと小さな老尼が出て来て障子をすつかり開放して「何卒《どうぞ》御入り」と云ふ。仏御前もかうして訪れたのではなからうかと、平家の昔を思つて上に上る」。

その後、祇王寺は、祇園の舞妓から新橋の芸妓をへて、一九三四年(昭和九)に祇王寺に入る美しい庵主智照尼《ちしょうに》(高岡辰子)によって、嵯峨野の隠棲という女性性イメージに影響を与えた。智照尼をモデルとして瀬戸内寂聴は『女徳《じょとく》』を著し、寂聴自らも一九七三年(昭和四八)に天台宗で得度し、一九七四年(昭和四九)から嵯峨野で寂庵をいとなむ。境内には『太平記』にちなみ、新田義貞公首塚碑が一八九四年(明治二七)に富岡鉄斎によりたてられ、義貞に寵愛を受けた勾当内侍の供養塔が一九三二年(昭和七)に建立された。さらに清盛や祇王のものと伝えられる供養塔のほか、智照尼の墓や、明治期の古典文学にちなむ史蹟や美術史にかかわった金子静枝の墓もある。

また滝口寺に関わって、一八九四年(明治二七)には高山樗牛《たかやまちょぎゅう》が『平家物語』に材をとった小説『滝口入道』がベストセラーとなった。建礼門院の雑仕女《ぞうしめ》・横笛と武士・滝口時頼《たきぐちときより》が身分違いの恋をして、父親の反対により滝口が往生院に出家する物語である。廃寺となっていた往生院の地を、一八九五年の第四回博覧会開催にともなう観光ブームに際し、本を片手に嵯峨野を訪れた青年も多かったであろう。その後、滝口寺は、昭和初期に長唄の杵屋《きねや》佐吉により再興された。また祇王寺の東にある檀林寺は、平安時代とは離れた場所に昭和三〇年代に復興されたものである。厭離庵は、藤原定家の小倉山山荘跡とされるが、一九一〇年(明治四三)に建立され山岡鉄舟の娘・素心尼が住職となった。

嵐山・嵯峨野と創られた女性性

祇王寺から南へ下がると、天台宗の二尊院がある。本尊の発遣《はっけん》の釈迦如来像と来迎《らいごう》の阿弥陀如来像の二尊に寺号は由来する。嵯峨野は京都市中からすると六道《ろくどう》の辻の西、往生の地である。二条家を例にとると享保期の二条綱平《にじょうつなひら》の宝篋印塔から幕末の関白の二条斉敬《にじょうなりゆき》の仏式墓をへて近代の二条家の神式で合葬される円墳まで、墓制の変容が追える。二尊院には、二条・鷹司の摂家のほか、三条・四条・三条西などの公家の墓所がある。伊藤仁斎・東涯や角倉了以・素庵、医者の香川家や福井家などの墓もある。

一七世紀の『京童』の「野の宮」では、百人一首に興じる女御の挿図とともに、六条御息所《ろくじょうみやすどころ》が娘の斎宮とともに出立するとき、光源氏との別れを惜しむ『源氏物語』の逸話が語られた。しかし嵐山電車軌道の『沿道名所案内』(一九一〇年)には祇王寺、滝口寺とともに野宮《ののみや》神社の記載がみえない。明治期の野宮神社は、嵯峨釈迦堂などの名所に比べて一般的ではなかったし、いまだ『源氏物語』「賢木《さかき》」の斎宮への出立シーンは現れない。近代においては、『源氏物語』は「不敬」の書として、道徳的に遠ざけられた側面も影響するのではないか。

それが戦後の朝日新聞社『アサヒ写真ブック　嵯峨野』(一九五九年)を例とすると、野宮では「六条御息所が斎宮となつた姫君とここにこもつているとき、光源氏が通つてきたが、つれなく別れたさびしさに、亡霊とな」ったとの『源氏物語』の記述が現れる。今日では、縁結びの御利益の神社として若者で賑わう。戦後に強調される『源氏物語』の斎宮と野宮神社とを結びつける志向は、野宮神社の斎宮行列にもあらわれた。観光振興目的に創出された「斎宮夢行列」は、二〇〇五年(平成一七)一〇月の七回目を機として、「斎宮行列」と改名され実体化してゆく。

さらに嵯峨野を象徴し、王朝の「斎宮行列」の背景となる竹林は、食用の孟宗竹(竹の子)が普及する二〇世紀の景観である。五月の第三日曜日に大堰川で平安時代の船遊びを再現する三船祭《みふねまつり》も昭和大礼の一九二八年(昭和三)にはじめられたものである。

『嵯峨野』毎日新聞京都支局編，淡交社刊

このように祇王・祇女・仏御前・横笛・小督・勾当内侍といった『平家物語』『太平記』などの古典文学の女性性が、近現代において強調されるようになったのはなぜだろうか。それは近現代を通じて、平安時代の貴族文化が、日本固有のプラスの文化として語られるようになったからであろう。

一九六四年(昭和三九)に発行された毎日新聞京都支局編『嵯峨野』の表紙を飾る「直指庵《じきしあん》」へ

の道」の写真をみてほしい。竹林のなかの土の道しか写っていない。全国どこの竹林であるといってもわからない、アノニマス(無名)な風景である。しかしそれが古典文学に彩られた嵯峨野である。

第一四章　幽棲と共生の里を歩く——洛北岩倉

日本には病や痛み、疲れなどを癒やすと言い伝えられた温泉や滝などが数多くある。大雲寺の閼伽井を起源とする岩倉の地域医療は、現代社会の中で見直されつつある。

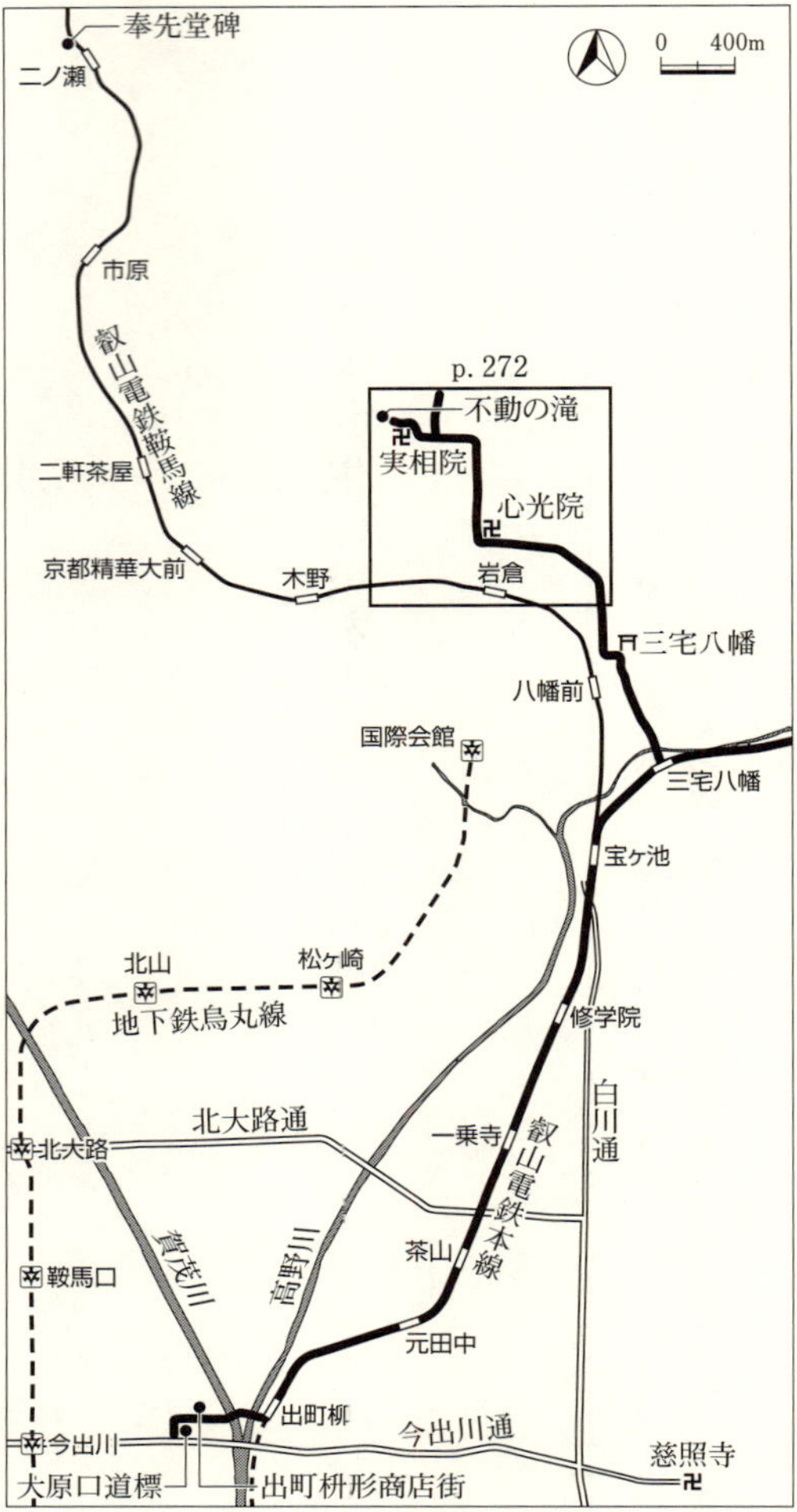

寺町今出川(大原口道標)には、京阪電鉄鴨東線「出町柳駅」・叡山電鉄本線「出町柳駅」下車、徒歩8分。または、地下鉄烏丸線「今出川駅」から徒歩10分。

大原口から洛北へ

現在の寺町今出川の交差点のあたりは、かつての平安京の北東角から三〇〇メートル程北に位置すると考えられている。この地には、豊臣秀吉の時代には土居(「御土居」)が通り、洛中から洛外に抜ける出口が設けられた。それが、「京の七口」のひとつ大原口である。

大原口は、鎌倉時代以降、朝廷が内裏や寺社の修繕のために通行料(関銭)を徴収するために設けられた率分関《りつぶんせき・そつぶんせき》のひとつと伝えられるが、その場所は必ずしも定かではない。率分関は秀吉の時代にはなくなったが、同じ頃に御土居が築かれたため、御土居の出入り口の通称となったのであろう。

寺町今出川の交差点の東北角には大原口の道標が立つ。道標は慶応四年(明治元年)四月に須磨屋伊兵衛ら町人によって建てられたもので、東に行けば下鴨まで五丁、比叡山まで三里、南には祇園まで二二丁、清水まで二九丁、西には金閣寺まで三〇丁、御室(仁和寺)まで一里一〇丁、北に向かえば今宮まで二六丁、鞍馬まで二里半など数多くの名所とそこまでの距離が記されている。その内容から見て、洛中から北に向かう人ばかりではなく、洛外から入洛してきた人々の道しるべとしての役割があったことがうかがえる。本章では、この道標を起点として、叡電沿線、とりわけ洛北岩倉の里を歩くことにしたい。

出町枡形商店街から出町柳へ

大原口道標から寺町通を一〇〇メートルほど北上すると、出町枡形商店街の西側の入り口がある。全長一六〇メートル余り、道幅五メートルほどのアーケード街は、現在は近隣の買い物客によって賑わっているが、もとは砂糖問屋などの問屋街だったという。京都には、新京極や錦市場など観光客にもよく知られたアーケードの商店街があるが、伏見大手筋や東山三条の古川町などのように地域に根付いたアーケード街も数多い。しかし、この商店街にも一九八〇年代にはスーパーマーケット出店問題があり、それに対抗して商店街を守ろうとする動きの中から出町ふれあい祭りなどの取り組みが生まれた。市内各地に残る商店街は、こうした人々のつながりの中で、守られてきたのであろう。

人混みを縫って出町枡形商店街の東側入り口に抜けると、河原町通に面して豆餅の老舗出町ふたばがある。東側入り口から河原町通をはさんで東側は青龍町と呼ばれ、賀茂川までの間が空地となって開けており、現在は地下に駐車場も設けられている。青龍町からは、遠くに比叡山をはじめとする東山の山並み、眼前に下鴨神社（賀茂御祖神社）境内にある糺ノ森を望むことができる。賀茂川には出町橋がかかり、その西詰には鯖街道口の道標が立つ。鯖街道とは、若狭国小浜から京都に達する若狭街道の別称で、日本海から塩でしめた鯖を運ぶ最短の道として知られた。大原口は日本海に向かう鯖街道の起点でもあった。先ほどのふたばから河原町通を北上し、葵橋を渡ると鯖寿司を商う花折の店先に「これより若狭へ十八里」の看板がある。

賀茂川と高野川の合流点

　前述の出町橋から賀茂川を渡ると糺ノ森の南辺、賀茂川と高野川の合流点に中州があり、すぐ南に架かる賀茂大橋の向こうに鴨川の眺めを楽しむことができる。中州は、「パッチギ！」や「鴨川ホルモー」など数々の映画の舞台となっていることでも知られる。そこから今度は高野川に架かる河合橋を渡ると、出町柳駅である。

　出町柳駅は、大阪の淀屋橋に至る京阪電鉄と、洛北北山に延びる叡山電鉄（叡電）の起点である。叡電は、比叡山や岩倉、貴船、鞍馬などに至る小規模な私鉄であるが、秋には北山の紅葉の中を縫って走ることから観光客にも親しまれている。

また、寺町今出川から出町柳に出るためには、もうひとつ、寺町通を北上せず、今出川通を東に向かい、賀茂大橋を渡るルートがある。賀茂大橋からは、北東に比叡山、真東には如意ヶ嶽に大文字の火床がくっきりと見える。さらに、橋上から北を望むと手前に、前述の賀茂川と高野川が合流する中州が、遠くには北山の山並みが見える。橋上から南を望むと京都市街地を流れ下る鴨川と両岸の桜並木を眺めることができる。

叡電を乗り継いで

ある人は、今出川通から気候が変わるという。雪の日などは、その積もり方が違うなどといわれるが、確かに今出川通より北には、屋根に雪を載せて走る車が多いような気がする。

叡電は、桜や紅葉の時期、とりわけ一〇月二二日の鞍馬の火祭の夜にはたいへんな混雑となるが、普段は通勤・通学の時間帯以外は乗客も少ない、のどかな郊外電車である。洛西の嵯峨・太秦方面を走る嵐電と並び、京都を代表する郊外電車である。以前はともに京福電鉄の経営であったが、その後別会社となり、叡電は現在京阪電鉄の子会社となっている。

さて、叡電は出町柳から北上すると宝ヶ池で二つのルートに分かれる。ひとつは叡電本線で、宝ヶ池から八瀬《やせ》比叡山口まで行くと、同駅でケーブルカーに乗り換え、さらにロープウェイを使って比叡山の山頂に至るルートである。本線というだけあって、まずは比叡山を目指すこちらの路線が一九二五年(大正一四)に八瀬まで開通し、さらに一九二八年(昭和三)には山頂まで開通した。現在も、ケーブルカーとロープウェイの経営は京福電鉄が行っている。

一方、宝ヶ池から貴船や鞍馬までの路線は一九二九年(昭和四)に全線開通した。当時は鞍馬電鉄という独立した私鉄であったが、一九四二年(昭和一七)に京福電鉄に含まれ、現在は叡電鞍馬線と呼ばれる。鞍馬線沿線には、住宅や学校、工場なども増えている。

三宅八幡と八瀬の里

出町柳駅から一乗寺駅、修学院駅のあたりまでは住宅地が続く。学生アパートが多い一乗寺には、一九八〇年代まで京一会館という名画座があり、現在はラーメン街道などと呼ばれる通りがある。修学院駅の標高は、木造建築としては日本一の高さを誇る東寺の五重塔の屋根の高さと同じだという。平らに見える京都盆地が、北に向かって高くなっていることの証左である。

出町柳駅から三宅八幡駅までは叡電で約一〇分、八瀬比叡山口駅までは約一五分である。京都から比叡山への乗り換え口となる八瀬比叡山口駅には、かつて八瀬遊園という遊園地があり、その頃は八瀬遊園駅と呼ばれていた。八瀬の集落はこの駅より北西に続いているが、かつて村人は八瀬童子《やせどうじ》とも呼ばれ、釜風呂を営むことでも知られていた。

八瀬の村人は、古代より比叡山延暦寺僧侶の登山往来に貢献することによって雑役を免除されてきた。同村では諸役免除をめぐって、建武の新政が挫折した建武三年(一三三六)頃、湊川の戦いで新田義貞・楠木正成連合軍が足利尊氏らに敗れるなど危機に瀕した後醍醐天皇が、京都から比叡山に逃れる際、天皇の輿を担いで守ったことがきっかけであったと伝えるが、特権自体はそれ以前にさかのぼるものであった。

また、八瀬の村人は、江戸時代になっても延暦寺の山内に入会権を持ち、薪炭などを販売する特権を認められていたが、宝永五年(一七〇八)に延暦寺が「山門結界絵図」を作成し、山内には女性や牛馬だけでなく、「八瀬村之者」の出入りも禁止した。そこで、八瀬の村人は幕府に対し特権の復活を求め、老中秋元喬知《あきもとたかとも》をはじめ様々な有力者に働きかけを続けた結果、宝永七年(一七一〇)には幕府から形を変えた特権を認められることになった。その際の幕府裁許状によれば、八瀬村に関わる諸領主の領地のうち禁裏領以外はすべて幕府領に付け替え、幕府領の年貢諸役はすべて免除するという破格なものであった。新井白石は、この時の経緯を『折たく柴の記』に記すが、それによれば、将軍の徳川家宣が自ら裁許状を読み下しに書き改めたという。

村人たちは、この決定を機に村内の天満宮内に秋元喬知を祀る秋元神社を設置し、赦免地踊りを奉納することになった。これらの由緒を記し、村人が守り伝えてきた文書類は、現在は国の重要文化財に指定されている(『増補八瀬童子会文書』)。

さて、三宅八幡駅に戻ると、駅から高野川を渡り、さらに北に七〇〇メートル程歩くと三宅八幡宮がある。三宅八幡は、虫八幡とも呼ばれ、子供の疳《かん》の虫封じで知られていた。同社には、江戸時代から大正時代にかけて町や村、同業仲間ぐるみで絵馬を奉納する習慣があり、絵馬堂に残っていた数多くの絵馬が一括して国の重要有形民俗文化財に指定された。これら山間の村々を歩くと、近年の歴史研究の進展が、八瀬村の古文書や三宅八幡の絵馬など、庶民が守り伝えてきた信仰や伝承に光を当てようとしていることがうかがえる。

忠在地の三叉路を左折する

三宅八幡宮から一〇〇メートル程西に、バスが通る道路がある。このあたりから旧岩倉村の村域となる。バス通りを道なりに北西へ歩くこと一キロメートル程で岩倉中通と交差する。右折して、中通を北上すれば長谷の集落に、左折して南下すれば叡電岩倉駅に出るが、さらに直進して一〇〇メートル西の心光院の角を右折して北上することにしよう。

心光院から北上すると、図書館、診療所、JA（農協）などがあり、旧岩倉村の中心部であったことがうかがえる。細い道であるが、バスも入ってくる。およそ七〇〇メートル程北上すると、京都バスの忠在地バス停がある。この三叉路には、「享保十二」年の年号と、「右くらまミち」、「左くわんおん道」などの文字が刻まれている道標がある。右とは、そのまま直進することを意味する。確かにこの交差点の数キロメートル北には鞍馬寺があるが、途中に箕ノ裏ケ岳や竜王岳が立ちはだかる。箕ノ裏ケ岳に向かう山道の中腹には、修験の古刹住心院がある。

左の「くわんおん」とは岩倉観音、すなわち大雲寺《だいうんじ》のことを意味する。享保期には大雲寺が、鞍馬と並ぶ名所として、多くの参詣者を集めていたのであろう。

岩倉具視幽棲旧宅

忠在地の三叉路を左折すると、間もなく、岩倉川に架かる目無橋を渡る。鮮やかな朱塗りの欄干が印象深い。道路の突き当たりには、バスの終点を示すバス溜まり(駐車場)と公園、実相院《じっそういん》の山門があるが、そちらに向かう前に、一筋手前の小道を南下する。岩倉具視幽棲旧宅である。ここには岩倉具視に関わる数多くの文書・記録類を保管するために、一九二八年(昭和三)に対岳文庫《たいがくぶんこ》が建てられ、一九三二年(昭和七)には国史跡に指定された。

文久二年(一八六二)二月、孝明天皇の妹和宮は将軍徳川家茂と結婚する(「和宮降嫁」)。和宮は、すでに有栖川宮熾仁親王という婚約者がいたが、公武合体を具体化するために天皇自らがこの縁組みを推進したと伝えられる。しかし、朝廷内部には、尊王攘夷派をはじめこの動きを面白く思わない公家が多く、「降嫁」を推進した公家や女官は指弾や脅迫を受けるようになった。とくに、久我《こが》建通《たけみち》、千種有文、富小路敬直《とみのこうじひろなお》、今城《いまき》重子、岩倉具視、岩倉の妹堀河紀子《もとこ》は「四奸《しかん》二嬪《にひん》」と呼ばれて非難の的となり、謹慎などの処分を受けるに至る。岩倉邸には千種の家臣賀川肇の左手が投げ込まれるなど、身の危険を感じた具視は、公職を離れてからは西賀茂霊源寺や洛西西芳寺へ、さらに洛北岩倉へと身を隠す。その時に身を寄せたのがこの屋敷だった。

岩倉に限らず、洛北の村々には、京都市中の公家や素封家などの子供を預かる風習があった。この風習は、公家が子弟を環境が良い農村部で丈夫に育てるための知恵だったのではないかなどといわれるが、岩倉具視も里子に預けられていた経験があったという。

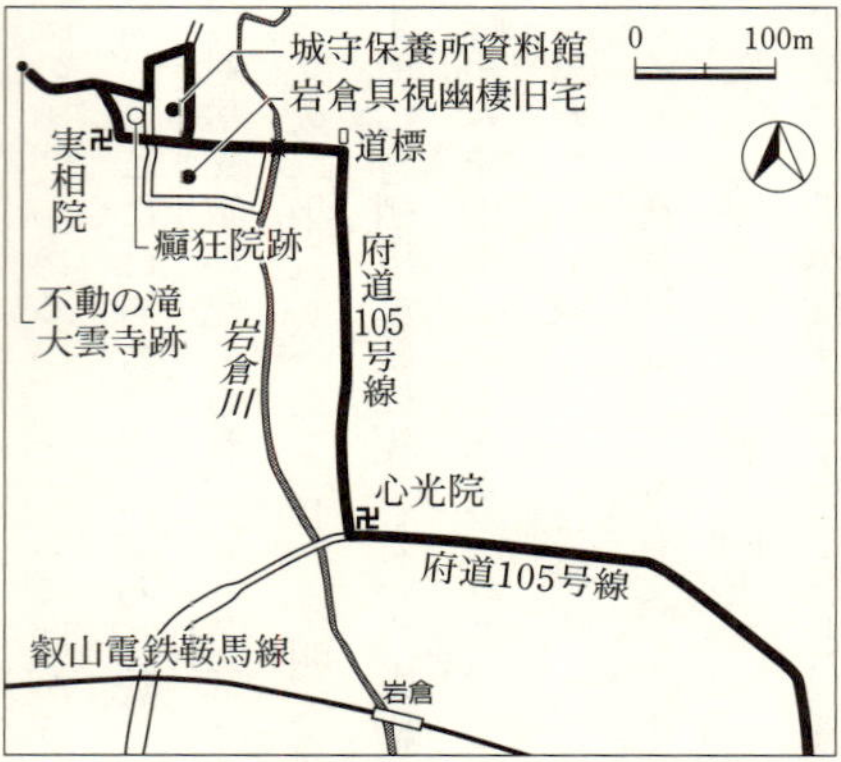

岩倉幽居周辺図

その後、政情の変化により、薩摩藩や朝廷内外の有志が岩倉幽居を訪ね、種々の政略を画策するようになる。しかし、こうした画策が孝明天皇に疎んじられたためか、謹慎が解けることはなかった。慶応二年（一八六六）一二月に孝明天皇が死去したことをめぐり、具視による暗殺説が取り沙汰されるようになるのは、こうした事情もあったのであろう。結局、具視の処分が解けたのは、大政奉還後のことであった。

ところで、岩倉幽居には監視のための番兵が置かれることがあった。その時、具視の元を訪ねようとする藤井九成や宇田栗園は隣家の藤屋岡山家から出入りしようとしたが、それを見とがめられた藤井は「癲狂人《てんきょうにん》」(精神病者)を装い、宇田は医師を装って、具視と会ったという(『岩倉村と岩倉公』)。

再び、忠在地バス停前の公園に戻ると、突き当たりに実相院の山門がある。

一三世紀に紫野に開創されたといわれる実相院が岩倉の地に来たのは、応仁の乱後の洛中の混乱を避けるためであった。現在の本堂は、江戸時代前期に東山天皇の中宮の女院御所だったものを移築したと伝えられる。近年は、床一面に紅葉が映える「床もみじ」で多くの行楽客を集めている。

大雲寺跡と籠屋

安永九年(一七八〇)に刊行された『都名所図会』には、北岩倉大雲寺の広い境内が描かれている。大雲寺は、一〇世紀頃に創建され、天台宗の有力寺院であった。その由緒を物語る梵鐘は、比叡山西塔由来のものであり、国宝に指定されたが、一時行方不明となり、現在は民間の博物館に所蔵されている。また、本尊が行基作と伝えられる十一面観音で、冷泉天皇の中宮昌

大雲寺の籠屋.『都名所図会』より.
提供：京都市歴史資料館

子内親王が山内に観音院を建立したことなどから、「岩倉の観音」と呼ばれるようになる。

ところが、天台宗内部で山門派(延暦寺)と寺門派(園城寺)の対立が深まると、園城寺長吏をつとめた高僧智弁(余慶)が僧侶を率いて身を寄せるなど寺門派の拠点となり、何度も兵火に見舞われた。一二世紀にも、延暦寺僧侶の攻撃で伽藍を全焼したという。

大雲寺は、戦国時代から織田信長の時代にかけても何度も被災し、往時の面影はなくなっていたが、江戸時代になると、応仁の乱後この地に移ってきた実相院が同寺の再興を助け、以後実相院の支配下に入った。

一七世紀後期には、井原西鶴が「此世ながらの極楽浄土と云はれる大雲寺」で五百羅漢を眺めながら数々の男たちを思い出す好色一代女を描いており、この頃には一応の復興が成り、洛中にも知られた存在になっていることをうかがわせる。『都名所図会』には、紫雲山を背景に大雲寺の壮麗な姿が描かれているので、そのどこかに五百羅漢が安置されていたのであろうか。

境内には、観音堂や智弁水（閼伽井《あかい》・香水）、不動の滝など大雲寺に参詣する人々が目指すスポットが点在する。また、本堂前の石段下には「こもりや（籠屋）」があり、逗留する参詣者も多かったことをうかがわせる。

香水をめぐる伝承

大雲寺が作製したと思われる「御香水之由来」は、かつて後三条天皇の皇女（佳子内親王のこと）が「心地つねならぬ様子だったのが、この香水（智弁水）を使い、観音に祈ったところ快癒したことから、遠方からも「狂気の者、眼病の族」が参拝に訪れるようになったと記す。佳子内親王は、一時賀茂斎院をつとめ、病気のために退任したことが『栄花物語』に記されているが、実際に大雲寺に参拝したかどうかは定かでない。

こうして見ると、大雲寺には、各地から精神や目を病んだ人々が逗留していたのであろう。籠屋は観音堂の傍に建ち、逗留者は香水を飲んだり、不動の滝に打たれたりしながら、病を癒やしていたのである。確かに、岩倉は洛中から歩いて往復できる距離にありながら、夏は涼しく、野山や田畑に囲まれた静かな土地柄であった。また、村人には公家の子弟を預かる里子の風習があり、病者が逗留することに対しても一定の理解があったものと思われる。

病者看護と病者専門の茶屋の成立

病者が参籠するための施設は、たとえば同じ北山の岩屋山志明院にもあったといわれる。寺社の中には、様々な利益《りやく》を求めて参詣する者に宿を提供するところも多かった。

岩倉に生まれてこの地の研究を続ける中村治氏によれば、大雲寺への参詣者が増えたきっかけのひとつは、元禄三年(一六九〇)の本尊開帳であった。大雲寺の本尊は、戦国時代末期の荒廃期に密封されていたので、この開帳は注目を集め、一〇〇軒以上の茶屋ができたという。同寺の「日記」に、眼病治療のための参籠者の記事が見えるのは、それより間もなくのことであった。この頃には、観音の画像を描いた引き札も作製され、滝垢離場もできるなど、大雲寺(あるいはその経営に深く関与していた実相院)も参籠者の受け入れに積極的であったことがうかがえる。

当初は、大雲寺自身が本堂参籠所を設け、公人法師がその運営を行っていた。公人法師とは、岩倉の本百姓仲間、すなわち農民の中でも古くからの由緒を持つ家々で構成されており、大雲寺の経営に参画できる人々だったのであろう。しかし、一八世紀の後半になると、境内に常設の施設を設け、直接参籠者を受け入れる茶屋が成立する。松屋(上田家)、万足屋、若狭屋(城守家)、車屋(今井家)がそれで、これらの茶屋は一八世紀末から一九世紀にかけて、相次いで増築、新築を行っている。文政年間には、参籠所そのものも茶屋が管理することになったという。

参籠者の増加は、茶屋の経営拡大だけではなく、強力《ごうりき》と呼ばれる介抱人(看護人)の増加ももたらした。介抱人は、多くは近隣の村人であったと考えられるが、時には虐待などの疑いを持たれることもあり、しばしば取り締まりもなされた。明治維新後の文明開化の時期には、こうした実態が問題視され、茶屋による病者の受け入れは禁止されたのである。しかし、それに代わるものとして、京都府が東山の南禅寺に設けた京都癲狂院《てんきょういん》の試みが挫折すると、病者は再び岩倉に戻り始めた。

岩倉癲狂院の設立と家族的看護の推進

京都癲狂院が挫折したのに対し、岩倉村でも癲狂院設立の動きが起きた。おそらく、従来の茶屋という形よりも、病院という近代的な装いを取る方が望ましいと考えたのであろう。中村治氏は、岩倉癲狂院が開設されたのは、実相院前の公園の辺りと推定する。岩倉癲狂院には保養室が設けられたが、保養室はこれまで茶屋を営んできた今井家、城守家、岡山家などが受け持つことになった。いわば、保養室は、病院という外見のもとで実態上は茶屋による受け入れを復活させようという苦肉の策でもあった。結局、茶屋経営者は間もなく岩倉癲狂院を離脱して独立して保養所を設けるようになるが、その後も病院化による精神医療を根付かせようとする動きも続いた。癲狂院は一八九二年(明治二五)に岩倉精神病院と改称し、一八九九年(明治三二)には約五〇メートル東側に新築移転、一九〇五年(明治三八)には岩倉病院と改称した。さらに、一九〇七年(明治四〇)に火災で焼失してしまうが、一九〇九年(明治四二)には実相院南側の丘陵地に新築移転した。

こうして岩倉には、病院と保養所(旧茶屋)とが共存したため、精神医療で知られるようになり、西日本を中心に各地から病者が集まってきた。また、一九二〇年代になり、病院化による精神医療の限界に対する反省から、家族的看護(家庭看護)や開放治療が評価されるようになると、岩倉は古くからそれを試みてきた地域として注目されるようになる。精神医療の権威呉秀三や岩倉病院長土屋栄吉らは、病院と保養所(旧茶屋)との共存を世界の先進事例ととらえて積極的に推進したのである。しかし、一九四五年(昭和二〇)にアジア太平洋戦争の戦局が深まると、陸軍が岩倉病院を接収、癲狂院以来の歴史に幕を下ろした。

大雲寺の衰退と保養所の病院化

かつて癲狂院があったと伝えられる公園から、もう一度岩倉具視幽棲旧宅に向かう路地を眺めると、旧宅の北側に岩倉病院の新しい病院棟が建っていることがわかるであろう。この病院は、一九四五年まであった岩倉病院ではなく、旧茶屋だった岡山家が戦後になって発展させたものである。同病院は、現在も開放治療で知られている。藤井九成が番兵の目をかいくぐって岩倉具視と会ったのもこの岡山家である。

また、公園の北側には、かつて保養所として使用されていたといわれる某家の建物が残る。その脇を北西に向かう細い坂道をのぼると北山病院がある。これは、旧茶屋だった城守《きもり》家が戦後、病院へと発展させたものである。坂をのぼりきったところには、不動の滝と香水(智弁水)の井戸がある。大雲寺を偲ぶことができる数少ない遺構である。

かつての大雲寺の跡には老人介護施設が建つ。病院と老人介護施設の間を通り抜けて東へと戻ると、大雲寺の鎮守社だった石座《いわくら》神社がある。衰退した大雲寺は、石座神社の東にひっそりと残る。

城守保養所資料館の開設

大雲寺から先ほどの公園に戻らず、さらに一筋東側の道を南下すると、住宅地の中に城守保養所資料館がある。城守家の私邸であるが、かつて一階を保養所新館として用いていたことから、現在は予約制で内部を公開している。岩倉における茶屋や保養所の歴史を見学できる貴重な資料館である。これまでは、秘史のようにしてあまり語られることがなかった岩倉の精神医療の歴史に、このような形で真正面からの取り組みが始められたことは、英断といえるのではないだろうか。

城守保養所資料館

この周辺にはかつて保養所だった家がいくつかある。ただ、それについてはここに詳しく記すよりも、この資料館でご紹介いただくのがいいだろう。

叡電岩倉駅から貴船・鞍馬へ

実相院から叡電鞍馬線岩倉駅まで約一キロメートル。岩倉駅から終点の鞍馬駅に向かって四駅目の市原には、川島織物セルコンの織物文化館がある。市原ではかつて、盆行事として「い」の字の送り火が行われていた。現在は、大文字五山の送り火とまとめて称されるが、本来は村ごとに催される民俗行事であり、五山以外にも「い」の字をはじめ多くの送り火がなされていたのである。

叡電鞍馬線市原駅から北は、山間を走るので紅葉の名所として知られる。紅葉のトンネルを抜け、二ノ瀬駅を過ぎると間もなく、左手の山際に石碑が見える。ここにはかつて林羅山などを輩出した林家の家廟があった。家廟は奉先堂と呼ばれていたが、今はその跡に「奉先堂碑」の石碑が建ち、同家領ゆかりの今江家が管理している。次の貴船口駅は貴船神社、終点の鞍馬駅は鞍馬寺へと向かうハイキングの起点となっている。

第一五章　「京都らしさ」と宇治——世界遺産と文化的景観

宇治は洛外であるが、国風文化の平等院鳳凰堂や、茶畑の景観を有し、京都で唯一、文化的景観と世界遺産との、二重指定を受けている地である。宇治の「京都らしさ」の成り立ちを確認しよう。

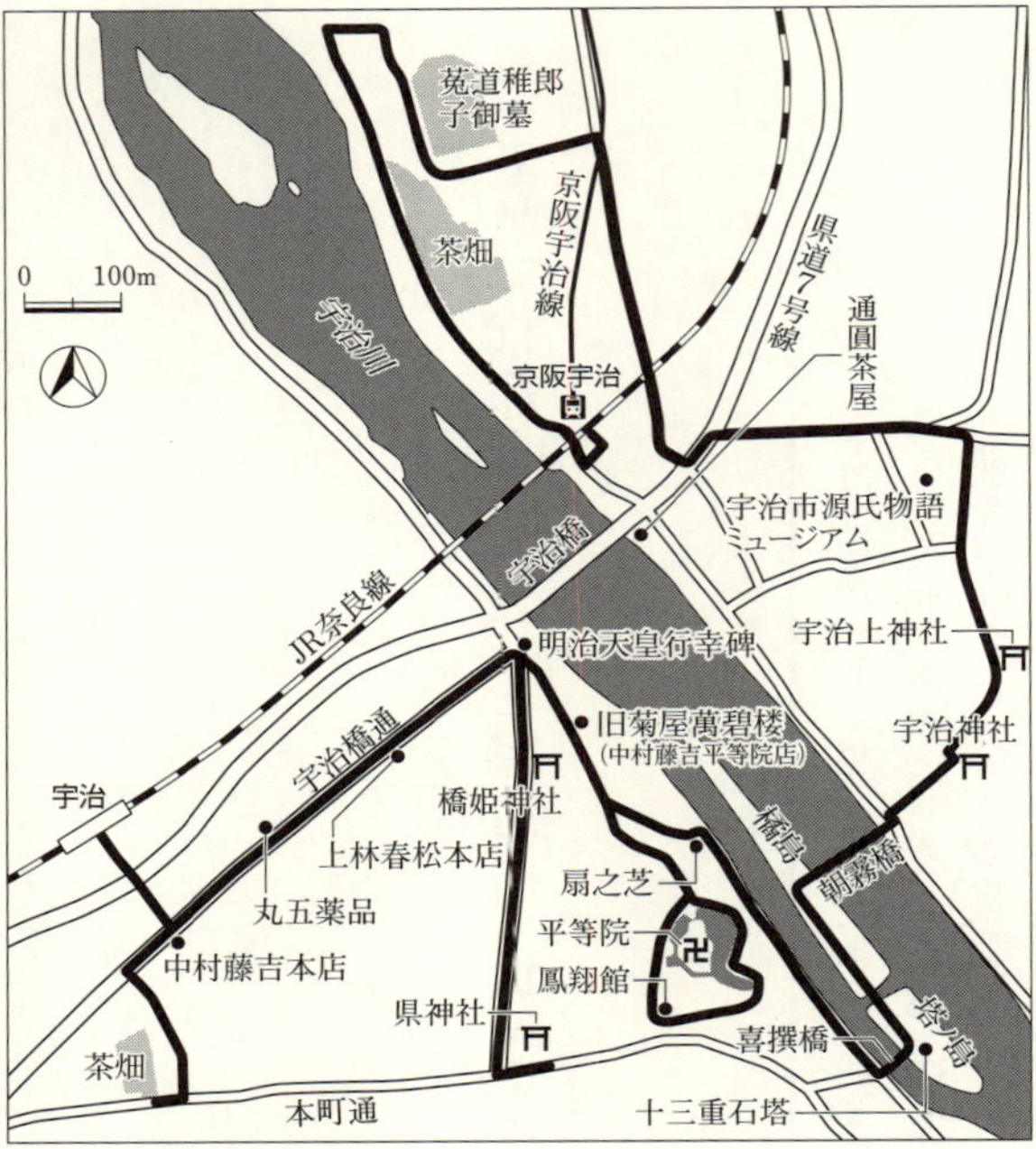

宇治の町の散策は，JR 奈良線「宇治駅」より出発.

宇治の文化的景観

一九九四年(平成六)一二月、「古都京都の文化財」が、「千年以上にわたり日本の首都として栄えた日本文化の中心地」との意義づけにより世界遺産に登録された。王朝文化の特色はきらびやか、繊細、自然との融合にあり、日本文化のひとつのモデルとして、後の権力者があこがれ続けてきたとされる。そして一一世紀に貴族の別業から寺院となり、浄土思想を文化的に完成した宇治の平等院と、その鎮守社である宇治上《うじがみ》神社が世界遺産となった。

また二〇〇九年(平成二一)二月には「宇治の文化的景観」が、文化財保護法の重要文化的景観に指定された。重要文化的景観は二〇一五年(平成二七)一月現在で四七件の登録があるが、農山漁村にかかわるものがほとんどで、都市を対象としたものは、近世城郭をランドマークとして地方都市を代表する「金沢の文化的景観——城下町の伝統と文化」、それに「長良川中流域における岐阜の文化的景観」と宇治の三件のみである。文化的景観には、見えない意味や物語を読み込んでゆく特色がある。宇治の文化的景観は、「宇治川の流れを骨格として、その両岸に古来より人々が住み、心の救を求めて平安貴族が社寺を造営し、特色ある宇治茶に関する生業と文化を育ててきた」ことが、その保護する理由として語られる(『宇治の文化的景観 保存計画書』)。すなわち平等院鳳凰堂に象徴される平安貴族の国風文化と、宇治茶の生業と文化が、宇治の文化的景観の二大要素となっている。

洛外、みやこの南東で「憂《う》し」ところであった宇治が、平安後期のピュアな「国風文化」を象徴して、王朝文化の華やかさへと、その景観の意味を変えてゆくのが近代である。象徴的には、江戸時代には『平家物語』の梶原景季《かじわらかげすえ》と佐々木高綱《ささきたかつな》の宇治川の先陣争いや、以仁王《もちひとおう》とともに蜂起した源三位《げんざんみ》頼政《よりまさ》の扇之芝《おうぎのしば》での自刃といった雄々しき軍記物の場であった宇治は、『源氏物語』と貴族の別業、国風文化の華やかさに包摂され、そのイメージを転換させてゆく。二〇世紀には、隠棲し零落した姫たちの、『源氏物語』宇治十帖の物語本来の暗さは忘れられてゆく。世界遺産と文化的景観という二つの指定に象徴されるように、地理的に京都市中ではない洛外の宇治こそがもっとも京都らしい、日本文化を代表する「意味の景観」となってゆく。

イメージの転換を示すのが、一九一一年(明治四四)一〇月九日から三泊四日で京都から比叡山を越え坂本から石山をへて、最終日一二日に宇治に降り立った、奈良女子高等師範学校地歴科二年生の修学旅行の記述である。女学生は鳳凰堂について、「実に藤原氏時代の建築物の代表ともなる優秀なるものにして陸中の中尊寺《ちゅうそんじ》と共に名声嘖々《さくさく》たるものなり(中略)頼政公の遺物を見る、公の六十四歳の画像を始とし宇治川合戦遺物薙刀《なぎなた》鎧《よろい》鞍《くら》弓など一《ひとつ》として昔を忍ばれざるものなし（中略）公亦流矢《こうまたながれや》にあたりて遂に自殺したり、扇が芝とて今尚残れるはこの跡なりと伝ふ」（『明治四十四年、京都近江旅行録　第二期地理歴史部第二学年』）と述べた。

明治期の平等院鳳凰堂．提供：長崎大学附属図書館

ここには平等院に展覧される橋合戦の遺物や治承《じしょう》四年（一一八〇）に蜂起した源頼政の画像などの怪しい由緒物や扇之芝での末路の物語を通して、近世以来の庶民にとっての宇治表象であった軍記物の世界が読み取れる。『平家物語』は琵琶法師によって語り伝えられ、歌舞伎や浄瑠璃の演目へと広がり、文字の読めない庶民にも受容された。そうした近世の社会的な常識の上に、わずか二〇年前に生まれたばかりの、岡倉天心「日本美術史」（一八九〇年東京美術学校の講義）という最先端の近代学知が重層してゆく。「藤原氏時代（国風文化）」を代表する鳳凰堂の建築物に「優秀」な美術的価値を見いだし、東北地方の中尊寺の金色堂とともに国風文化の美術的価値で一つにくくることとなった。

宇治のなりたち

宇治は京都市の東南部に位置し、もととなる宇治郷は近世には宇治代官の支配地で、大部分は幕府領であった。一八七四年(明治七)の宇治郷は戸数六五〇、人口約三〇〇〇で、一八八九年(明治二二)には宇治町が成立した。一九一三年(大正二)に宇治上神社の裏に宇治川電気株式会社の宇治発電所が建設され、宇治に初めて電灯がともり、大阪に送電した。一九二六年(大正一五)、JR宇治駅の北側に日本レイヨン宇治工場(現ユニチカ)ができることにより、人口は一挙に倍増し、工場労働者も含む近代都市となった。料理旅館・花屋敷の家に生まれた労農党の山本宣治が、右翼のテロに斃れるのは昭和大礼翌年の一九二九年(昭和四)であった。戦後の一九五一年(昭和二六)には周辺諸村を合併し宇治市となり、現在、人口約一九万人(二〇一五年)で京都市域の一二分の一ほどの広さである。

ここでは宇治川左岸のJR宇治駅をへて平等院、県神社《あがたじんじゃ》から橘島を渡って右岸の宇治神社、宇治上神社を経由し京阪宇治駅までの、宇治の中心部、中宇治《なかうじ》といわれる地域をめぐることにしたい。

かつて宇治市の西部には、一九三三年から一九四一年にかけての干拓事業で姿を消した周囲一六キロメートルの巨椋池《おぐらいけ》があった。明治末年に明治天皇は、南に巨椋池を望む、東山山系からつづく桃山丘陵の南端、桃林におおわれた風光明媚な伏見山に伏見桃山陵を築くように遺言した(『明治天皇紀』)。谷崎潤一郎の『蘆刈《あしかり》』(一九三二年)には、巨椋池畔の御殿風の別荘で、伏見の造り酒屋に再縁した昔の妻が、十五夜に琴を弾くのを、零落した男が垣間見るシーンが出てくる。古代以来、桂川、宇治川、木津川が集まる遊水地である巨椋池は、京都南部の名勝であり、宇治は人や物資の結節点でもあった。一九二八年(昭和三)に桃山―西大寺間を開通する奈良電気鉄道は、向島から小倉まで巨椋池の東端の小倉堤(太閤堤の一部)に沿って敷かれた。

宇治橋断碑(放生院)には高僧道登《どうとう》が大化二年(六四六)に宇治川の疾《はや》い流れに苦しむ人々を見て架けたと記される。壬申の乱(六七二年)に際しては、菟道《うじ》の橋守に大友皇子の近江朝廷は、大海人皇子側への糧食運搬を拒むように命じた(『日本書紀』)。とりわけ太閤堤が築かれる前の宇治の立地は、西方の巨大な巨椋池に流れ込む、急峻な宇治川河口のくびれにあった。宇治橋は奈良から京や近江・東国に抜けるのに通らざるをえない大和街道の要衝であった。そして一九〇四年(明治三七)の瀬田川洗堰《あらいぜき》や戦後の天ケ瀬ダムなどができるまでは、古代から一九世紀まで、宇治川の流れは激しかった。

淀川は琵琶湖から大阪湾の河口まで総延長が約七五キロメートルで、琵琶湖から宇治橋までが約二五キロメートル、琵琶湖が標高約八四メートルで、宇治西部の旧巨椋池の標高が約一〇メートルである。したがって琵琶湖から淀川河口までの三分の一の距離で、一気に七〇メートル以上を川は駆け下るのである。寿永《じゅえい》三年(一一八四)一月、木曾義仲を討つべく源義経配下の佐々木高綱、梶原景季が宇治川で先陣争いを繰り広げる『平家物語』の有名な挿話も、今日とは比較にならない奔流が舞台であった。

宇治への玄関となるJR宇治駅は、一八九五年(明治二八)の岡崎で開催された第四回内国勧業博覧会に間に合わせるべく、京都—奈良を結ぶ奈良鉄道の完成を急いだが間に合わず、翌一八九六年(明治二九)一月二五日になって京都から玉水までが開通した。また一九一〇年(明治四三)に京都五条—大阪天満橋間の京阪電気鉄道が開通し、宇治線が一九一三年(大正二)六月一日につながると中書島から宇治までを二〇分で結んだ。

こうした交通の発達とともに、観光が盛んになった。一九〇二年(明治三五)には、久世郡長や岩井勘造宇治町長などを発起人として宇治保勝会が組織された。『京都日出新聞』は、「鳳凰堂の古建築及装飾の大に美術工芸上に模範たるあり、且つ平等院に於ける源三位、宇治川に於ける(佐々木)高綱の芳躅《ほうたく》の永く史上の偉観たる者、実に我宇治の勝概たり」(同年一〇月八日付)

と、保勝会が守るべき宇治を伝えた。そこには『源氏物語』宇治十帖、『平家物語』源頼政の最期、宇治川先陣争いなど古典文学の世界、橋姫《はしひめ》の伝説に加えて、近代学知としての「美術工芸上の模範」である平等院鳳凰堂などのイメージが重層する。

一九二六年(大正一五)には宇治保勝会が保勝事業とともに、「遊覧的施設」である料理旅館や飲食店土産物屋の整備をめざして活動をはじめた。宇治町も主体的に観光振興に努め、景観整備に桜をはじめ花樹を植樹した。大衆社会を迎え、大正末年には、ドイツのライン川にみたてて「宇治川ライン」とネーミングされた。一九二七年(昭和二)には本多静六が「宇治公園計画」を策定し、一九二八年(昭和三)四月一日には宇治川の川辺に桜と楓六〇〇〇本を宇治保勝会が植えた。かくして一九三四年(昭和九)四月二九日付『京都日出新聞』には、「宇治町を中心に本格的な遊覧都市」になったと報じられた。

宇治のまちを歩く

JR宇治駅から平等院までの中宇治の町の構造を考えると、宇治川左岸の街路は、宇治橋を北の頂点として、宇治橋通(新町通)が左辺、県《あがた》通を右辺、本町通を底辺とする三角形が基本で

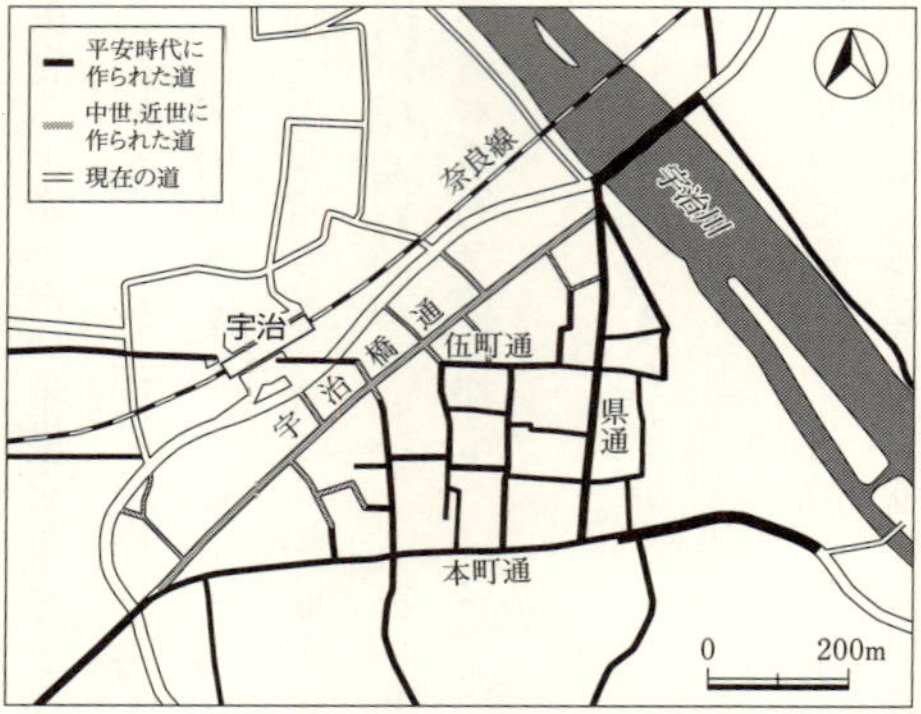

前近代の宇治の街路地図.『宇治市歴史的風致維持向上計画』をもとに作図

ある。その東に平等院がある。上林春松《かんばやししゅんしょう》家などの近世以来の茶商が残る宇治橋通が室町時代以降にできたものである。それに対して中宇治東側には、永承七年（一〇五二）の平等院創建後に、伍町通を北辺、県《あがた》通（大和大路）を東辺、本町通を南辺とする碁盤目状の街区をもつ貴族の別業都市が展開した。近年の発掘で平安後期の邸宅跡や庭園跡、道路遺構が発見されている（『宇治市歴史的風致維持向上計画』）。古代から近代までの都市街路の重層性が確認できる。

ＪＲ宇治駅からまっすぐ宇治橋通に向かうと、中《なか》村藤吉《むらとうきち》本店の三〇メートルをこえる正面（ファサード）をもつ伝統建築が見えてくる。安政元年（一八五四）創業で、焙炉《ほいろ》場・茶工場・茶蔵など茶摘みから茶の貯蔵、荒茶《あらちゃ》から抹茶《まっちゃ》・煎茶《せんちゃ》の製造、選別、袋および箱詰め、製品保管に至る施設が、明治中期から大正期に建てられた状態そのままに残されている（『宇治市文化財総合把握調査報告書』I）。現在は羊羹・チョコレートや和菓子などスイーツの販売や喫茶店として、伝統建築の新たな活用がなされる。

　宇治茶は鎌倉前期に明恵上人《みょうえ》が五ケ庄《ごかのしょう》に伝えたとの伝承に始まり、室町時代以降は宇治は名産地としての地位を確立した。宇治茶師は、中世以来大名や公家や社寺と茶の文化を通じて密接な関係にあり、江戸時代初期には町人身分の御物茶師《おものちゃし》に名字帯刀が許され、宇治の代官を兼ねた。幕府へとお茶を献上する御茶壺道中が、大名行列同様の格式をもって慶応三年(一八六七)まで執り行われた。江戸時代には番茶と煎茶が喫茶の主流となる。

覆下の茶畑．大正時代．提供：宇治市歴史資料館

　中村藤吉本店の南二〇〇メートルほどの本町通に面して、中宇治では貴重な文化的景観を担保する茶園が残されている(宇治市都市計画・生産緑地地区)。宇治茶は、新芽が育つ四月から五月初めに、茶園を葭簀《よしず》に藁を敷く「本簀《ほんず》」で覆うことで霜や直射日光から守り、抹茶や玉露といった高級茶のうま味を引き出す。この「覆下《おいした》」とよばれる初夏の景観が、宇治の風物とされた。昭和三〇年代以降の宅地化の

中で茶園は減少し、二〇〇七年現在では市内全体でも約八〇ヘクタールの茶園の面積で、約六〇トンほどの荒茶(精選加工される前の茶)の生産量にすぎない。またほとんどの覆下が現在では黒い化学繊維製の寒冷紗《かんれいしゃ》に取って代わられた。

現在の宇治茶とは、宇治において生産されたお茶ではなく、京都・奈良・滋賀・三重の四府県産茶で、京都府内産を最優先しつつ、府内で加工したものという(『京都新聞』二〇〇四年三月二六日)。実際、二〇一四年(平成二六)の荒茶の生産は、全国で八万三五〇〇トンのうち、第一位の静岡県は三万三一〇〇トンで、京都府はわずか二九二〇トンにすぎず主産地ではない。まさにブレンドの技術こそ宇治茶の特質である。抹茶・玉露・煎茶といった品種それぞれの多様な商品の品質を、毎年同じ味に保つブレンドの妙である。たとえば上林茶舗で玉露といえば、最高級「京誉《きょうほまれ》」から手軽な「神心《かみごころ》」まで九等級の商品がある細やかさである。

また明治期の茶商家宅をよく伝える中村藤吉本店の隣には、一九三五年(昭和一〇)に建築され唐破風《からはふ》が残る二階建ての有馬湯がある。さらにもう少し宇治橋に近づいた、六つのアーチ窓にエンタシスの柱型を配したモダンな旧百貨店の丸五薬品(一九三二年竣工)も同様に、ユニチカ開業後の労働者であふれ、大衆文化を謳歌した近代宇治の痕跡である。丸五薬品の向かいの大きなマンションが、中世の碁盤状街路の伍町通と近世の宇治橋通との交わりにあたり、マンション横には古代以来の街路を示す発掘成果の説明板がある。

宇治橋に向かって宇治橋通の右手に、戦国期の天正年間から宇治郷支配にかかわった上林久重の第三子を初代とする上林春松《かんばやししゅんしょう》家があらわれる。上林春松家は、阿波蜂須賀家のお抱え茶師で、尾張徳川家の庇護も受けた御物茶師八家のひとつであった。江戸中期の長屋門を残し、茶室松好庵には寛政一一年(一七九九)の墨書が残る。昭和三〇年代まで、ここで茶の製造、袋詰め、出荷をおこなっていたが、工場は宇治蔭山に移り、現在は小売りの店舗とともに宇治・上林記念館を併設している。宇治橋西詰周辺には御物茶師筆頭の上林家一党が集中し、一七世紀には長屋門のある宇治茶師は一六軒にのぼった。上林春松家のななめ向かいの現京都銀行宇治支店が、宇治代官所(旧上林峯順家)から近代の宇治町役場・市役所がおかれていた場所である。代官所時代の長屋門は宇治橋通から南に入った清水家に移築されている。

宇治橋は大化二年(六四六)の初架橋から、度重なる流出と、弘安《こうあん》九年(一二八六)の叡尊《えいそん》や戦国期の織田信長などによる架橋といった変遷を重ね、一九九六年(平成八)に現在の橋が架けられた。近世以降の宇治橋は宇治橋通に向かって架かっていたのが、この一九九六年をもって、JR宇治駅に向かう都市計画道路へと架け替えられた。

平安期の貴族により宇治川周辺の紅葉や網代《あじろ》が歌にうたわれるが、安土桃山時代にあらわれ

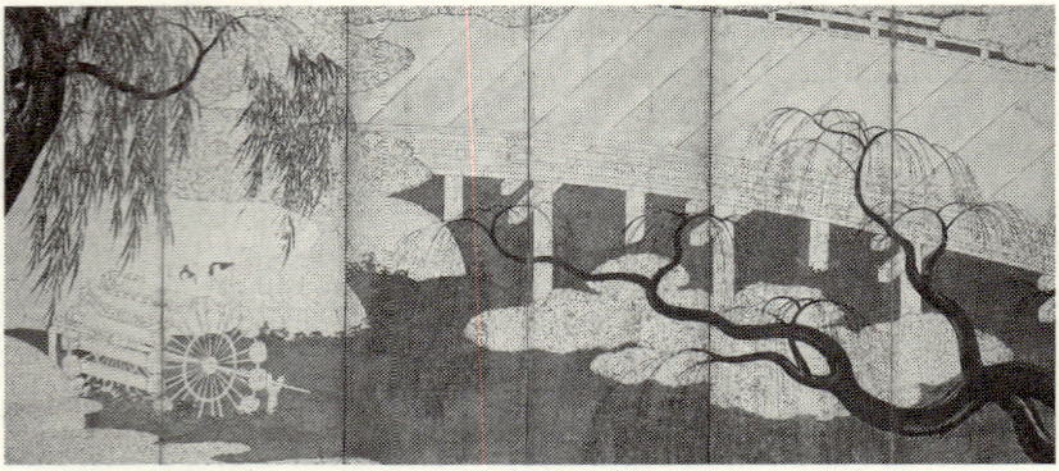

柳橋水車図．桃山時代．提供：京都国立博物館

る「柳橋水車図《りゅうきょうすいしゃず》」の黄金の宇治橋は、統一権力と結びつく宇治橋再興や宇治茶の興隆を象徴する意匠であろう。宇治橋三の間の張り出しから千利休や豊臣秀吉が茶の湯の水をくみ上げたとする伝承に基づき、一九三二年（昭和七）一〇月に始まった茶祭における三の間の汲み上げ式が今日まで定着している。また宇治橋西詰の正面に宇治町道路元標が置かれ宇治の起点となった。宇治橋西詰東側は「夢浮橋ひろば」と名付けられ、二〇〇三年（平成一五）に宇治ライオンズクラブが建てた紫式部像、一八七七年（明治一〇）行幸を記念する「明治天皇御駐輿《ごちゅうよ》之碑」や昭和の初めに宇治町によって建てられた宇治十帖の「夢浮橋之古蹟」碑が集まる。宇治十帖の場所は、江戸時代には場所が一定しなかったが、昭和のはじめの源氏物語ブームとともに宇治町により決められた。

宇治橋西詰より南に、鳥居をくぐって県神社参道を南行すると左手に橋姫神社がある。宇治橋守護神である橋姫は、一七世紀に宇治茶師上林味卜《かんばやしみぼく》邸の脇（宇治橋西詰）に移されたが、明治初期に洪水を経て現在地に再建された。県《あがた》通には現在もお茶屋が点在する。突き当りにある県《あがた》神社の祭神は木花開耶姫命《このはなのさくやびめのみこと》で、平等院から一〇〇メートルほどの距離になり、平等院創建時から神仏分離までは平等院の鎮守社であった。六月五日の県神社の祭礼は、茶摘みに集まった季節労働者の仕事が終わる解放感と重なった。県祭は深夜に神の依代《よりしろ》である梵天《ぼんてん》を振り回す奇祭で、現代の観光ではなじみが薄い。しかし近世から昭和戦前期を通じて、茶業の盛行とともにあって宇治を代表する祭礼であった。

新聞報道を見てゆくと、戦前期には宇治の貴族文化よりもむしろ県祭が喧伝された。交通機関の整備とともに京阪神の観光客が押し寄せてきて、とりわけ大正・昭和戦前期にはエロ・グロ祭りとのイメージが定着し、「初夏の夜の官能をかり立てるというので、古来名高い「県祭」に集る男女で大賑いを呈する」とされた(『千年の宇治』)。

平等院から宇治川右岸へ

ふたたび宇治橋西詰にもどって今度は茶問屋・小売店や茶菓子を売る店が立ち並ぶ平等院通を歩く。平等院通はかつて桜の馬場と呼ばれる桜並木であった。宇治川絶景を望んでスイーツを楽しめる中村藤吉平等院店は、元禄期創業で明治天皇や皇后らの行幸啓の行在所となった料理旅館「菊家萬碧楼《きくやまんぺきろう》」の跡である。平等院正門脇の久邇宮朝彦《くにのみやあさひこ》親王の揮毫になる第一回製茶共進会(一八七九年)を記念する「宇治製茶記念碑」は、かつて鳳凰堂の正面に設置されたものである。正門からすぐの観音堂わきには、治承四年に以仁王と挙兵し、園城寺から南都に落ちる途次に平家に敗れ、源三位頼政が自刃した扇之芝がある。頼政の子孫の太田氏が天保年間にたてた「埋木《うもれぎ》の花さく事もなかりしに、身のなるはてぞかなしかりける」との歌碑がある。

平等院は永承七年(一〇五二)に関白藤原頼通《ふじわらのよりみち》によって父道長の別荘が寺院に改修されたもので、翌年には鳳凰堂が建立された。鳳凰堂には、定朝《じょうちょう》の手になる阿弥陀如来(国宝)が安置される。屋根には一対の鳳凰が取り付けられ、中堂の左右に翼廊を配し、周りを阿字池《あじいけ》がめぐる。中堂に入ると極楽浄土の世界で、阿弥陀如来を供養する五二軀《く》の雲中供養菩薩《うんちゅうくようぼさつ》像が楽器を奏で舞いつつ飛翔する。天井からは螺鈿に飾られた豪奢な天蓋がおおい、四周の扉や壁には最古の大和絵である九品来迎図《くぼんらいごうず》が描かれる。

雲中供養菩薩像や国宝の梵鐘などの主な美術品は隣接する鳳翔館《ほうしょうかん》で間近に鑑賞できる。一九九〇年(平成二)からの庭園遺構の発掘調査を通じて、鳳凰堂を取り巻いて、こぶし大の礫《れき》が敷き詰められた洲浜《すはま》や、北翼廊から小島を介した二橋があったことがわかった。復原された平安期の姿は、阿字池に鳳凰堂が浮かぶかのようである。

東に向かって浄土の世界を体現する平等院鳳凰堂が、現行の一〇円玉の意匠となり、近代京都の文化を体現するようになってゆく。先述したように、江戸期には頼政の最期の軍記物や謡曲の世界が庶民の平等院のイメージであった。江戸期や明治・大正期においても、頼政由来とされた武具・宝物類が旅行者に有料で展覧されていた。兜や刀や画像などは、頼政とは無縁な室町や江戸期以降の古物・骨董が大部分であった。

それが近代に入っては、一八九三年(明治二六)のシカゴ博覧会では、岡倉天心の原案により宇治平等院鳳凰堂を模倣した「鳳凰殿《ほうおうでん》」が日本パビリオンとして建築された。東京美術学校に勤めた小杉榲邨《こすぎすぎむら》は、平等院を平安朝の固有な美術として位置づけ、一八九五年(明治二八)の平安神宮創建時に、鳳凰堂を「参攷《さんこう》」にしたとする(「宇治の鳳凰堂」『好古雑纂』)。かくして一八九五年に平安神宮は国風文化イメージとともに創建され、国民国家形成期のナショナル・アイデンティティとして、平等院鳳凰堂が中国にはない日本固有な文化として選び取られ、京都イメージにも重ねられたのである。

二〇世紀に「朝鮮美術史」の枠組みを構築する関野貞の出発点も、彼の工科大学造家学科の卒論、「鳳凰殿建築説」(『建築雑誌』一〇二、一八九五年)にあり、若き関野も日本固有の文化を考えることから出発した。奈良の飛鳥・白鳳・天平文化から、平安前期の密教美術、後期の国風文化、そして鎌倉・室町へと展開する時代区分は、一八九〇年(明治二三)の岡倉天心「日本美術史」で成立する。選び取られた「国風文化」に、京都イメージや日本文化が重ねられたのであった。

平等院を南門から出て、宇治川左岸から喜撰橋を渡ると塔ノ島である。ここで宗教法人・福《ふく》田海《でんかい》が、鎌倉後期に叡尊が建立した浮島十三重石塔を、一九〇八年(明治四一)に発掘し再興した。隣の橘島は、一九三二年(昭和七)にそれまでの「下の島」の名称を変えて、『平家物語』宇治川の先陣争いにちなみ、「橘島」と命名したものであった。そして在郷軍人会宇治支部が、そこに「宇治川先陣之碑」を建立した(『大阪朝日新聞』一九三二年四月二七日)。まさに名所に、見えない古典文学の世界の意味を読み込んでゆく営為である。朝霧橋を渡った橋詰にも、一九九五年(平成七)に造られた、宇治十帖の浮舟の彫像がある。浮舟は匂宮にまどい薫大将に目を合わせられない。

宇治川右岸には宇治郷一帯の産土神《うぶすながみ》で応神天皇・仁徳天皇とともに菟道稚郎子《うじのわきいらつこ》を祀る離宮社(近代には宇治神社・宇治上神社)があり、東方・現世の離宮社から西方・極楽浄土をあらわす鳳凰堂へと、宇治川両岸が合わさって貴族の世界観をあらわした。春秋彼岸には東方の朝日山山頂から、朝日が対岸の鳳凰堂の阿弥陀如来の白毫を輝かせる。宇治上神社は平等院の鳳凰堂完成後に創建され、日本最古の神社建築である本殿(国宝・平安後期)や拝殿(国宝・鎌倉期)を残す。宇治神社から少しのぼると、宇治十帖・早蕨《さわらび》の古蹟がある。宇治上神社をへて「さわらびの道」を北上すると総角《あげまき》の古蹟や与謝野晶子の歌碑があり、源氏物語ミュージアムにいたる。宇治の源氏物語を主題にした展示や、劇映画「橋姫」、人形劇「浮舟」などを放映するミュージアムは、一九九八年(平成一〇)に開館した。源氏物語を通じた地域おこしとして、一九九一年(平成三)から女流作家に与えられる紫式部文学賞が宇治市によって制定され、二〇〇八年(平成二〇)には京都府が「源氏物語千年紀」を祝った。

源氏物語ミュージアムから、府道・京阪宇治線に出て、宇治橋東詰の宇治十帖椎本《しいがもと》の古蹟と東屋《あずまや》の古蹟および鎌倉時代の東屋観音にいたる。ふたつの古蹟はともに、一九九六年(平成八)の宇治橋の架け替えと道路拡張によって現在地にそれぞれ移転したものである。宇治橋東詰の通圓《つうえん》茶屋は、近世の地誌類にも現在につながる景観として登場するが、狂言「通圓」には初代通圓が頼政の家臣であったとの縁起譚が語られる。

通圓の前には、「宇治川ライン」(一九二九年)の道標があり、宇治川汽船が昭和初期に人造湖の外畑—堰堤間にモーターボートを就航させた。

東屋の古蹟の傍らには、大阪皇陵巡拝会(一九一七年結成)が建てた「菟道稚郎子《うじのわきいらつこ》皇子御墓、北三町」の石碑があり、それに導かれて、墓に着く。伝説上の菟道稚郎子御墓の場所は一八八九年の最後まで決め手に欠き、宮内省の諸陵助・足立正声《あだちまさな》が「今少し山寄《よ》りなれば」と逡巡しつつも、宇治川や浮舟の古蹟にも近いことを理由に治定したものであった(「顕宗天皇《けんぞうてんのう》外十二方御陵御治定の際、足立諸陵助より其意見を陳せられたる書類」宮内公文書館)。もっともその浮舟の古蹟は菟道稚郎子御墓陪冢脇にあったが、現在は三室戸寺に移された。

菟道稚郎子御墓から宇治川右岸にでると、一六世紀末葉の伏見城と同時に築かれた太閤堤跡(二〇〇七年の発見)が整備されている。その傍らには文化的景観を担保する覆下の茶園がある。堤沿いに京阪宇治駅へと帰路につくこととする。

おわりに寄せて

はじまりの「京都学」

三枝暁子

私が歴史研究の対象を、「京都」という枠組において捉えるようになった契機は、今から一〇年ほど前、勤務する立命館大学で、「京都学」なるものの構築が始まったことによっている。それまで、「日本」の「中世都市」の研究をしているとの自覚はあっても、「京都」研究を行っているという認識は、自分自身のなかにほとんどなかった。学術研究・大学教育としての「京都学」はいかにあるべきか、職場で議論が繰り返されるなか、文学・地理学・歴史学の三分野の協同と地域連携を重要な柱として専攻が立ち上がり、自身も協同と連携とにとりくみながら、京都の歴史と向き合うようになったのである。

「京都学」の授業として担当したものの一つに、京都の歴史を概説する講義があった。しかし、平安京成立以前から現代に至るまでの京都の歴史を教えるというのは、私にはあまりに荷が重く、様々な方々の研究成果に学びながら、あくまで自身の関心にそった話題について、時代ごとの特徴を説明するに手いっぱいであった。それでも、渡来人をはじめとする大陸の人々と京都との深いつながりや、豊臣秀吉の京都改造の影響力の大きさ、禁教・弾圧下においてもなおキリスト教を信仰し続ける人々の姿、日清戦争下の平安神宮の建設と時代祭の創祀、東京で生まれた桜であるソメイヨシノに彩られる京都の花見等々、知っているようで知らないことを、全国各地から集まってきた学生たちとともに、学び考える機会を得たことは貴重な経験であった。本書の企画にお誘いいただくこととなった高木博志氏・小林丈広氏との出会いもまた、「京都学」の授業準備のため、両氏の御著書を手に取ったところから始まっている。

京都の歴史を、通時代的にみることとの重要性は、同じころ、学生とともに地域社会に入り、「ずいきみこし」の調査を始めるようになってから、いっそう強く感じるようになった。地域文化・伝統文化の継承・存続にいそしむ人々の営為の意味を捉えようとするときに、限られた時代の歴史情報のみでそれを捉えることはできない。時代の変転のなか、人々が何を大事にしてどのようにつながり続けてきたのか、それを現在から未来へとどのように継承しようとしているのか。理解し見通そうと思えば、おのずと扱う時代の範囲も広くなっていく。

その一方、日本史研究が、史資料を重要な根拠とし、その収集と読解をもとに地道に論を構築していく学問であることをふまえるならば、京都の通時代的研究を行うことが容易なものではないこともまた明らかである。したがって、深く広く研究したいと思いながらも、私の京都研究は未だおぼつかず、本書に収めた原稿の多くも、通時代性に乏しくまた掘り下げが足りていない。ただ、本書を執筆していく過程で、近代史を専門とされている先生方と様々な場を共に歩き、その場に層を成し痕跡をとどめている歴史に思いをめぐらす経験ができたことは、今後の研究の糧となる、得難い経験となっている。

ところで、学際研究を企図した「京都学」の展開のなかで出会い、今も時折手に取る本に、川端康成『古都』がある。この作品について、例えば新潮文庫版(一九六四年)の山本健吉氏による解説には、京都の「年中行事絵巻」「名所案内記」といった評価がなされている。しかし私自身は、キリシタン灯籠など、見落とされがちな京都の遺物がごく自然に描写されている点や、室町・北山・西陣という場の描かれ方のなかに、身分・生業・居住空間の連関した京都の姿が垣間見えることに、強く興味をひかれた。一九六〇~六一年(昭和三五~三六)に描かれたこの小説のなかの京都に、豊臣政権期以降に形成された京都の社会構造の名残を感じたのである。

一方、『古都』が世に出たころの日本そして京都は、すでに高度経済成長期を迎えていた。『古都』においても、祇園祭の山鉾巡行のルートが、観光政策のもとで変更される描写がみえている。高度経済成長によって、多くの人々が物質的豊かさを享受し、新たな生活や文化を生み出すことができた反面、歴史遺物の破壊もまた進んでいった。そして室町・西陣の呉服産業も北山林業も、『古都』の主人公千重子の居住した「町家」も、現在に至るまで変化の波にさらされ、「伝統」と

「革新」の間を行き来しながら模索を続けているかのようにみえる。明治維新をくぐり抜け、数百年、あるいはそれ以上にわたり培われてきたはずの産業や文化が、わずか数十年で失われつつある現代にあって、京都の歴史をどのように伝え、共有し、継承していくのか。私自身の模索も続いている。

二〇一五年の京都から

小林丈広

週末、全国各地の野山や寺社には、登山やハイキングを楽しむ人々があふれている。退職後の健康を気遣いながら、余暇を過ごす高齢者が多いが、家族連れや若い女性グループ、近年では外国人観光客も増えている。桜や紅葉の頃の京都は、そうした行楽客の関心も高く、細い街路が多い寺社門前では身動きできない程の交通渋滞を引き起こしていることもある。

京都の細く入り組んだ街路は、自動車との相性が悪く、車を利用した入洛者が増えると市民生活に支障を来す。そのため京都市は、一九七三年にマイカー観光拒否宣言を出したり、一九八〇年代に観光客が投げ捨てる空き缶の処理費用を事業者に求める条例(空き缶条例)を作成するなど、問題提起を続けた。その根底には、観光から利益を受けるのは一部の業者や寺社であり、多くの市民は迷惑しているという問題意識があった。一九八〇年代中頃に大論争となった古都税問題は、その最たるものであった。

最近はそうした問題意識は薄れたのだろうか。高層建築物の高さ制限をはじめとして、看板のデザインを抑える景観条例の施行や四条通を一車線にして歩道を広げる試みなどは、なお京都市が挑戦を続けている証ではないだろうか。パーク・アンド・ライドも試みられているが、どこまで定着するだろうか。こうして見ると、かつては開発や経済成長の対極として消極的にイメージされていた京都が、環境や共生の町として積極的に生まれ変わろうとしているようにも思える。町づくりに正解があるかどうかはわからないが、京都が車で走る町ではなく歩く町に、あるいは杖や車椅子でもゆっくりと散策できる町になることを期待したい。

本書の企画段階では、林屋辰三郎『京都』(岩波新書)が話題になった。私が高校生だった頃には修学旅行の参考文献だった同書は、一九六二年、高度経済成長の影響が及び始めた頃の京都の記録として貴重なものだ。随所で何気なく記される京都への思いは今でも色あせない。林屋はその末尾で「京都市が国際文化観光都市の美名のもと、強力におしすすめてきた観光至上主義は、もはやつよく反省をせまられている」と記している。五〇年前には京都市内への観光客はまだ二〇〇〇万人に満たなかったが、すでに「観光至上主義」が問題となっていたことに気付かされる。それに対して現在は、一九九四年に「古都京都の文化財」が世界文化遺産に選定されたのを契機として、観光振興が本格化し、市内への観光客は五〇〇〇万人を超えるようになった。

かつて京都といえば市電(路面電車)であったが、乗用車の増加に追われて一九七八年に全廃された。それでも、嵯峨・嵐山方面の嵐電、東山北部から北山をつなぐ叡電などは郷愁を誘うのか、春秋の行楽シーズンには人気を集めている。市電に代わって整備された地下鉄は、工費がかさんだこともあって烏丸・東西の二路線にとどまるが、醍醐から太秦天神川までを三〇分でつなぐようになり、各駅周辺では再開発が進んでいる。

太秦では牛祭が行われなくなって久しい。祭りをやりたくても牛がいない。牛は関西の農村や街道筋では身近な存在であったが、京都周辺では見ることができなくなった。以前、京都の環境や暮らしに関する映像を作成するために田圃に肥まきをする映像を撮影しようとしたところ、肝心の肥たんご(肥桶)が手に入らなかったという話を聞いたことがある。結局、映画小道具の高津商会のお世話になったという。肥まきも映画の中でしか見られなくなったのであろうか。少なくとも、京都周辺では肥まきの風景は過去のものになった。しかし、牛祭だけでなく、近年話題の和食や京野菜からもうかがうことができるように、京都文化は農村によって支えられていた。

私は五つの道を担当させていただいた。京都イメージを代表する祇園祭の際に山鉾が建ち並ぶ室町通、幕末の動乱期には天誅・暗殺の舞台となった高瀬川、美術館など文化施設が集中する岡崎は、今でも多くの人々が訪ねるところであるが、この機会に、その場所の意味をあらためて問い直すことにした。

また、岩倉と山科は読者の方々には耳なじみでないかもしれない。ただ、休日にハイキングを楽しむには格好の道である。高瀬川や岡崎もそうであるが、京都の道は肥たんごの通り道でもあった。近郊農村で栽培される蔬菜類は市街地住民の屎尿によって育まれ、収穫された作物は京都の食文化を支える。山科や乙訓、岩倉、大原などに向かって肥たんごを積んだ荷車や船が行き交い、町々や市場に向かって野菜や花を背負った人々が歩を進める。京都が農村の生活と一体のものであったことを実感できる道として取り上げてみた。

執筆した三人と編集を担当していただいた方々との共同作業は、学ぶことも多く、楽しい時間だった。根底にはお互いの歴史認識に対する共感があるが、しいていえば三者三様の個性が際立った仕上がりになっているのではないだろうか。なかには、テーマ性を重視してさまざまな解釈を提示しようとした道、史料にこだわり歴史の深層に迫ろうとした道などもあるが、私の場合には、実際に歩いてみて再発見できること、そこで出会える人との関わりを重視しているところが特徴であろうか。まずは道そのものを楽しみながら歩き、ふと立ち止まり、時には沿道の人や民家、関係施設で話を聞きながら考えてみるというスタイルを取った。これまでの古文書調査などの経験から、歴史が息づき、そこを歩くことで何かを学び、感じることができる地域をいくつか選んで紹介させていただいた。ただ、「白河夜船」にならないよう、かつて訪ねた地域をあらためて歩き、お世話になった方々にもお会いして、風景や家並みを再確認した。そこには、近年の激しい変化の跡が刻印され、歴史はさらに厚みを増しているようであった。五〇年後には本書も、前述の『京都』と同じように、五〇年前の京都を記録したものとして評価に耐えうるだろうか。

京都の歴史性

高木博志

一九六〇年代、物心がついた頃、父親に連れられて、京都国立博物館の常設展や特別展によく足を運んだ。国鉄京都駅からは、崇仁地区の平屋の貧しい家屋の間を縫って鴨川を渡った。博物館北側の暗い食堂でうどんを食べた。岡崎公園の美術館へは市電に乗った。一九四五年三月以降の大空襲、敗戦を契機として、肉親や自宅をはじめ大阪の景観も失った父にとって、京都や奈良という古都には、戦後、特別の思い入れがあったと思う。京都には父がでた大学があり、蜷川虎三《にながわとらぞう》の民主府政が続く特別な町であった。一方、大阪駅には空気の濁った地下道に傷痍軍人がいて、駅前の旭屋周辺は闇市の雰囲気を残し、桜宮の川沿いに砲兵工廠の残骸がそびえていた。大阪人の私にとって、そんな戦争の爪痕を残す大阪と、京都は違った。しかしその頃の京都は、どこか今の牧歌的な「京都らしさ」とは違う。戦争体験が身近にあった高度経済成長のとば口の、もう少し重い雰囲気で町家の瓦が広がる古い文化的な町であった。

さて本書で私は歩く道よりも、むしろ京都論を考える上で、象徴的な場をとりあげることを通じて、その特質に迫ろうとした。そして、もう一〇年以上にわたって、毎年初夏と晩秋に、京大・同志社・立命館の学生たちと、周縁の東山(宮川町、松原通、河井寛次郎記念館、豊国社、七条新地、東九条)や、本書で分担した京都御苑、宇治、嵯峨野、花街、京大周辺と、歴史を歩いている。

天皇がいなくなった近代京都は、かつての「みやこ」、古都である。明治二年(一八六九)の東京遷都によって、天皇と公家・宮たちがいなくなり、一八八〇年代に国際社会を意識し「伝統」として創りだされた京都御所・御苑こそが、古都の歴史性を担保する場となった。そこには平安朝の貴族性が、春秋の御所一般公開や葵祭の路頭の儀にあらわれる。しかし清少納言や紫式部が活躍した平安朝の大内裏の場所は、もっと西の千本丸太町であった。応仁の乱、元治のどんどん焼けで、御土居の中、焼き尽くされた上京・下京の町に、幻想の平安朝の文化をみせるべく、京都御所・御苑が近現代に整備された。一九一五年、一九二八年の大礼時には、東京より天皇が行幸し、御所の伝統空間で即位式・大嘗祭をあげた。

また京都らしい場として取りあげたのが宇治である。洛外の宇治は、現在も京都市ではなく宇治市である。宇治川を挟んだ宇治上神社と平等院鳳凰堂、ここに貴族性や女性性、国風文化の京都らしさをみて、宇治は、京都府で唯一、文化的景観と世界文化遺産との二重指定をうけた。そして、近世から近代への移行の中で、武者たちの雄々しい男性性から源氏物語の女性性へと、大きくはジェンダーを転換しつつも、両者のイメージは重層した。宇治の執筆では、宇治市歴史資料館の小嶋正亮氏の教示がありがたかった。

同様に嵯峨野においても、明治から昭和を通じて、悲恋を映す、祇王寺・滝口寺などの寺院や史蹟の復興が、古典の世界を視覚化した。日清・日露戦争をへて、京都の貴族性、女性性という観光言説が、「日本文化」として生まれて、高度経済成長期に、京都イメージとして社会に定着してきた。工藤泰子氏によると、一九七〇年代のアンノン族の時代に、京都への観光客数は、女性が男性を上回ってゆく(「京都観光と女性」)。

明治以降、舞妓・芸妓の花街が京都イメージとなり、二一世紀の「もてなしの文化」につながってきた。これは東山の円山や祇園という場に由来する。祇園社、長楽寺、安養寺などの社寺が集中した場が、上知令をへて円山公園となった。明治五年の京都博覧会を契機に、也阿弥・中村楼などが、外国人観光客向けのホテルや洋食屋となり、しだいに知恩院門前に骨董街が成立した。新京極とともに開化の場であった円山に隣接した祇園甲部は、建仁寺から上知された土地を安定的に経営してきた。四条通南側の祇園甲部が、京都における舞妓・芸妓のイメージを、その景観や井上流の京舞に重ねて、二〇世紀に創りだしてきた側面が強い。絵画や文学にも描かれた舞妓像は、性を隠蔽した京都の花街イメージとなって、一九五六年の売春防止法以降に増幅されてゆくのだろう。

明治維新後、京都御苑周辺の公家社会に由来する土地に、同志社大学や京都府立医科大学、立命館大学などが創設された。一八九〇年代以降、京都帝国大学や京都市立美術工芸学校が鴨川の東側の新開地に設置され、学都イメージが生まれてきた。そして岡崎公園では、昭和の大礼記念に京都市美術館が、戦後に京都国立近代美術館が設立された。二〇世紀に東山七条の京都帝室博物館では、平安京以来の絵画・工芸・彫刻などの美術を、東京や奈良とは差異化して、常時展覧してきた。近現代京都の学術、文化は、政治に左右されがちな東京とは違う、国際性、自立性、在来社会との関わりなどの、個性をもって展開してきたといえよう。

一九四五年の敗戦直前に、アメリカは、京都を原爆投下の有力候補地としていた。ハーバード大学フォッグ美術館のラングドン・ウォーナーが、文化財を空襲から守ったという神話は崩れてきている(吉田守男『日本の古都はなぜ空襲を免れたか』朝日文庫)。古都への人々の憧憬や思い込みにもかかわらず、平安京以来の京都の歴史や文化は、常に意識的に守られてきたわけでなく、応仁の乱、元治の内乱や天災で失われてきたし、原爆による壊滅の危機さえあった。戦後の高度経済成長をへてはじめて、平安京以来の貴族文化や、豪奢な桃山文化が、変わらぬ京都のイメージとして定着してきたのだろう。変化し続けてきた京都の歴史性を、生活者の立場から考えてゆきたい。

岩波新書/最新刊から

1999 豆腐の文化史 原田信男 著
昔から広く日本で愛されてきた不思議な白い食べ物の魅力を歴史的・文化的に描く。食文化史研究の第一人者による渾身の書下ろし。

2000 耳は悩んでいる 小島博己 編
加齢による聞こえ方の変化、幅広い世代に増えている難聴。耳の構造、病気、予防を解説し、認知症との関連など最新の知見も紹介。

2001 ケアの倫理 ―フェミニズムの政治思想― 岡野八代 著
ひとはケアなしでは生きていけない。それではケアをするのは誰か? ケアされる/する人間の真実の姿から正義や政治を問い直す。

2002 「むなしさ」の味わい方 きたやまおさむ 著
自分の人生に意味はあるのか、自分に存在価値はあるのか。誰にも生じる「心の空洞」の正体を探り、ともに生きるヒントを考える。

2003 ヨーロッパ史 拡大と統合の力学 大月康弘 著
ヨーロッパの源流は古代末期にさかのぼる。「世界」を駆動し、近代をも産み落とした〈力〉の真相を探る、汎ヨーロッパ史の試み。

2004 感染症の歴史学 飯島渉 著
パンデミックは世界を変えたのか――天然痘、ペスト、マラリアの歴史からポスト・コロナ社会をさぐる。未来のための疫病史入門。

2005 暴力とポピュリズムのアメリカ史 ―ミリシアがもたらす分断― 中野博文 著
二〇二一年連邦議会襲撃事件が示す人民武装の理念を糸口に、現代アメリカの暴力文化とポピュリズムの起源をたどる異色の通史。

2006 百人一首 ―編纂がひらく小宇宙― 田渕句美子 著
成立の背景を解きほぐし、中世から現代までの受容のあり方を考えることで、和歌のすべてを網羅するかのような求心力の謎に迫る。

(2024.2)

岩波新書より

日本史

読み書きの日本史	八鍬友広
日本中世の民衆世界	三枝暁子
森と木と建築の日本史	海野聡
幕末社会	須田努
江戸の学びと思想家たち	辻本雅史
上杉鷹山 「富国安民」の政治	小関悠一郎
藤原定家『明月記』の世界	村井康彦
性からよむ江戸時代	沢山美果子
景観からよむ日本の歴史	金田章裕
律令国家と隋唐文明	大津透
伊勢神宮と斎宮	西宮秀紀
百姓一揆	若尾政希
給食の歴史	藤原辰史
大化改新を考える	吉村武彦
江戸東京の明治維新	横山百合子
戦国大名と分国法	清水克行
東大寺のなりたち	森本公誠
武士の日本史	髙橋昌明
五日市憲法	新井勝紘
後醍醐天皇	兵藤裕己
茶と琉球人	武井弘一
近代日本一五〇年	山本義隆
語る歴史、聞く歴史	大門正克
義経伝説と為朝伝説 日本史の北と南	原田信男
出羽三山 山岳信仰の歴史を歩く	岩鼻通明
日本の歴史を旅する	五味文彦
一茶の相続争い	高橋敏
鏡が語る古代史	岡村秀典
日本の近代とは何であったか	三谷太一郎
戦国と宗教	神田千里
古代出雲を歩く	平野芳英
自由民権運動 〈デモクラシー〉の夢と挫折	松沢裕作
風土記の世界	三浦佑之
京都の歴史を歩く	小林丈広 高木博志 三枝暁子
蘇我氏の古代	吉村武彦
昭和史のかたち◆	保阪正康
「昭和天皇実録」を読む	原武史
生きて帰ってきた男	小熊英二
遺骨 戦没者三一〇万人の戦後史	栗原俊雄
在日朝鮮人 歴史と現在	水野直樹 文京洙
京都〈千年の都〉の歴史	髙橋昌明
唐物の文化史◆	河添房江
小林一茶 時代を詠んだ俳諧師	青木美智男
信長の城	千田嘉博
出雲と大和	村井康彦
女帝の古代日本◆	吉村武彦
コロニアリズムと文化財	荒井信一
特高警察	荻野富士夫
古代国家はいつ成立したか	都出比呂志
渋沢栄一 社会企業家の先駆者	島田昌和

(2023.7)　◆は品切，電子書籍版あり．(N1)

岩波新書新赤版一〇〇〇点に際して

 ひとつの時代が終わったと言われて久しい。だが、その先にいかなる時代を展望するのか、私たちはその輪郭すら描きえていない。二〇世紀から持ち越した課題の多くは、未だ解決の緒を見つけることのできないままであり、二一世紀が新たに招きよせた問題も少なくない。グローバル資本主義の浸透、憎悪の連鎖、暴力の応酬——世界は混沌と深い不安の只中にある。

 現代社会においては変化が常態となり、速さと新しさに絶対的な価値が与えられた。消費社会の深化と情報技術の革命は、種々の境界を無くし、人々の生活やコミュニケーションの様式を根底から変容させてきた。ライフスタイルは多様化し、一面では個人の生き方をそれぞれが選びとる時代が始まっている。同時に、新たな格差が生まれ、様々な次元での亀裂や分断が深まっている。社会や歴史に対する意識が揺らぎ、普遍的な理念に対する根本的な懐疑や、現実を変えることへの無力感がひそかに根を張りつつある。そして生きることに誰もが困難を覚える時代が到来している。

 しかし、日常生活のそれぞれの場で、自由と民主主義を獲得し実践することを通じて、私たち自身がそうした閉塞を乗り超え、希望の時代の幕開けを告げてゆくことは不可能ではあるまい。そのために、いま求められていること——それは、個と個の間で開かれた対話を積み重ねながら、人間らしく生きることの条件について一人ひとりが粘り強く思考することではないか。その営みの糧となるものが、教養に外ならないと私たちは考える。歴史とは何か、よく生きるとはいかなることか、世界そして人間はどこへ向かうべきなのか——こうした根源的な問いとの格闘が、文化と知の厚みを作り出し、個人と社会を支える基盤としての教養となった。まさにそのような教養への道案内こそ、岩波新書が創刊以来、追求してきたことである。

 岩波新書は、日本社会と幾多の読者の間で断ち続けられた質の高い文化的対話を、これからも育んでゆく決意である。


 岩波新書は、日本戦争下の一九三八年一一月に赤版として創刊された。創刊の辞は、道義の精神に則らない日本の行動を憂慮し、批判的精神と良心的行動の欠如を戒めつつ、現代人の現代的教養を刊行の目的とする、と謳っている。以後、青版、黄版、新赤版と装いを改めながら、合計二五〇〇点余りを世に問うてきた。そして、いままた新赤版が一〇〇〇点を迎えたのを機に、人間の理性と良心への信頼を再確認し、それに裏打ちされた文化を培っていく決意を込めて、新しい装丁のもとに再出発したいと思う。一冊一冊から吹き出す新風が一人でも多くの読者の許に届くこと、そして希望ある時代への想像力を豊かにかき立てることを切に願う。

（二〇〇六年四月）

小林丈広

1961年生まれ．同志社大学文学部教授
専攻―日本近代史・地域史
著書―『明治維新と京都』臨川書店，『近代日本と公衆衛生』雄山閣出版ほか

高木博志

1959年生まれ．京都大学人文科学研究所教授
専攻―日本近代史
著書―『近代天皇制の文化史的研究』校倉書房，『近代天皇制と古都』岩波書店ほか

三枝暁子

1973年生まれ．東京大学大学院人文社会系研究科准教授
専攻―日本中世史
著書―『日本中世の民衆世界』岩波新書，『京都　天神をまつる人びと』(写真／西村豊)岩波書店

京都の歴史を歩く　　岩波新書(新赤版)1584

2016年1月20日　第1刷発行
2024年2月15日　第8刷発行

著　者　小林丈広《こばやしたけひろ》　高木博志《たかぎひろし》　三枝暁子《みえだあきこ》

発行者　坂本政謙

発行所　株式会社 岩波書店
〒101-8002 東京都千代田区一ツ橋2-5-5
案内 03-5210-4000　営業部 03-5210-4111
https://www.iwanami.co.jp/

新書編集部 03-5210-4054
https://www.iwanami.co.jp/sin/

印刷・精興社　カバー・半七印刷　製本・中永製本

ISBN 978-4-00-431584-1　　Printed in Japan

参考文献

第1章

京都市歴史資料館編『禁裏御倉職立入家文書』京都市歴史資料館，2013年

京都冷泉町文書研究会編『京都冷泉町文書』別巻，思文閣出版，2000年

京都市明倫尋常小学校編『明倫誌』京都市明倫尋常小学校，1939年

同志社大学人文科学研究所編『手洗水町文書目録』同志社大学人文科学研究所，2010年

秋山国三編『公同沿革史』上巻，元京都市公同組合連合会，1944年

高橋康夫『京都中世都市史研究』思文閣出版，1983年

百足屋町史編纂委員会編『百足屋町史』巻一・巻二，南観音山の百足屋町史刊行会，2005年

第2章

小林丈広『明治維新と京都——公家社会の解体』臨川書店，1998年

山本真紗子『唐物屋から美術商へ——京都における美術市場を中心に』晃洋書房，2010年

岡田万里子「京舞井上流と近代日本舞踊の夜明け——第一回都をどりの舞台とその作用」(『楽劇学』19号，2013年)

山近博義「近世後期の京都における寺社境内の興行地化」(『人文地理』第43巻第5号，1991年)

森栗茂一『河原町の歴史と都市民俗学』明石書店，2003年

『新京極』新京極連合会，1972年

松竹株式会社編『松竹七十年史』松竹，1974年

加藤秀俊「京都で学んだ柳田国男」(『柳田国男研究論集』第4号，2005年)

小林丈広「「迷子しるべ石」をめぐって」(吉越昭久・片平博文『京都の歴史災害』思文閣出版，2012 年)
中川理「橋梁デザインに見る風致に対する二つの認識 ── 京都・鴨川に架け替えられた四つの橋をめぐって」(高木博志編『近代日本の歴史都市 ── 古都と城下町』思文閣出版，2013 年)
守屋毅『京の芸能 ── 王朝から維新まで』中公新書，1979 年
鍛治宏介「とめちゃんはなぜ祇園にきたのか？ ── 古文書から読み解く歴史」(『人文学のすすめ』京都学園大学，2014 年)
日向進他「近世京都における新地開発の展開に関する研究 ── 18 世紀建仁寺境内を事例として」(『住総研　研究年報』28，2001 年)
加藤政洋『京の花街ものがたり』角川選書，2009 年
松田有紀子「「花街らしさ」の基盤としての土地所有 ── 下京区第十五区婦女職工引立会社の成立から」(『コア・エシックス』6，2010 年)
岡田万里子『京舞井上流の誕生』思文閣出版，2013 年
横田冬彦「娼妓と遊客」(『京都の女性史』思文閣出版，2002 年)
西尾久美子『京都花街の経営学』東洋経済新報社，2007 年
相原恭子『京都　舞妓と芸妓の奥座敷』文春新書，2001 年
丸山宏「円山公園の近代」(京都大学造園学研究室編『造園の歴史と文化』養賢堂，1987 年)
京都市編『京都の歴史』第 6 巻伝統の定着，学芸書林，1973 年
太田智己「近代京都における美術工芸品の「来京外国人向け」輸出」(『美術史』168，2009 年)

第 3 章

瀬田勝哉「失われた五条橋中島」(『増補　洛中洛外の群像 ── 失われた中世京都へ』平凡社，2009 年)
下坂守『描かれた日本の中世 ── 絵図分析論』法蔵館，2003 年
大山喬平『日本中世農村史の研究』岩波書店，1978 年
黒田日出男「中世民衆の皮膚感覚と恐怖」(『境界の中世　象徴の中世』東京大学出版会，1986 年)
細川武稔『京都の寺社と室町幕府』吉川弘文館，2010 年

横田則子「「物吉」考――近世京都の癩者について」(『日本史研究』352号，1991年)
小出祐子「近世京都における新地開発について――一八世紀建仁寺門前地区を事例として」(『日本建築学会計画系論文集』532号，2000年)
「清水寺史料紹介(43)　子安観音縁起絵画伝」(『清水』131号，1998年)

第4章

五野井隆史『日本キリスト教史』吉川弘文館，1990年
五野井隆史『日本キリシタン史の研究』吉川弘文館，2002年
奴田原智明・カトリック中央協議会出版部編「キリシタン史跡をめぐる――関西編」(カトリック中央協議会出版部編『カトリック教会情報ハンドブック2010』2009年)
杉野榮『京のキリシタン史跡を巡る――風は都から』三学出版，2007年
三俣俊二「ミヤコの日本二十六聖人」(日本二六聖人殉教四〇〇年祭in京都記念誌編集委員会『道が京都から』カトリック京都司教区，1996年)
勝俣鎮夫「ミヽヲキリ，ハナヲソグ」(網野善彦・石井進・笠松宏至・勝俣鎮夫編『中世の罪と罰』東京大学出版会，1983年)
清水克行「『耳鼻削ぎ』の中世」(『室町社会の騒擾と秩序』吉川弘文館，2004年)
寒川旭『秀吉を襲った大地震――地震考古学で戦国史を読む』平凡社新書，2010年
京都市編『京都の歴史』第4巻桃山の開花，学芸書林，1969年
丸川義広「御土居跡の発掘調査とその成果」(『日本史研究』420号，1997年)
松田重雄「切支丹燈籠と織部燈籠」(『切支丹燈籠の信仰』恒文社，1988年)
高木博志「一九二〇年，茨木キリシタン遺物の発見」(松沢裕作編『近代日本のヒストリオグラフィー』山川出版社，2015年)
松田毅一・川崎桃太訳フロイス『日本史』3・五畿内編Ⅰ，4・五畿

内編Ⅱ，中央公論社，1978年
松田毅一監訳『十六・七世紀イエズス会日本報告集』第Ⅰ期第3巻，同朋舎出版，1988年
『川端康成全集　第18巻』「古都」(新潮社，1980年)

第5章

京都市編『史料京都の歴史』第8巻左京区，平凡社，1985年
小林丈広「平安遷都千百年紀念祭と平安神宮の創建」(『日本史研究』538号，2007年)
辻ミチ子『京の和菓子』中公新書，2005年
奈良文化財研究所文化遺産部景観研究室編『京都岡崎の文化的景観調査報告書』京都市文化市民局文化芸術都市推進室文化財保護課，2013年

第6章

タカシ・フジタニ『天皇のページェント――近代日本の歴史民族誌から』日本放送出版協会，1994年
高木博志『近代天皇制の文化史的研究――天皇就任儀式・年中行事・文化財』校倉書房，1997年
松山巖ほか『東京駅探検』新潮社，1987年
『日本国有鉄道百年史』第6巻，日本国有鉄道，1972年
田中真人・西藤二郎・宇田正『京都滋賀 鉄道の歴史』京都新聞社，1998年
鈴木栄樹「京都市の都市改造と道路拡築事業」(伊藤之雄編『近代京都の改造――都市経営の起源1850～1918年』ミネルヴァ書房，2006年)
琴秉洞『増補改訂 耳塚――秀吉の鼻斬り・耳斬りをめぐって』総和社，1994年
森忠文「明治期およびそれ以降における京都御苑の改良について」(『造園雑誌』46巻5号，1983年)
伊藤之雄『京都の近代と天皇』千種書房，2010年
高木博志『近代天皇制と古都』岩波書店，2006年

第7章

今谷明『室町の王権』中公新書，1990 年
村井章介『日本の中世 10　分裂する王権と社会』中央公論新社，2003 年
細川武稔「足利義満の北山新都心構想」(中世都市研究会編『中世都市研究 15　都市を区切る』山川出版社，2010 年)
細川武稔「『北山新都心』に関するノート」(『東京大学日本史学研究室紀要別冊　中世政治社会論叢』2013 年)
細川武稔「地図で見る足利義満の北山新都心構想」(『週刊朝日百科新発見！　日本の歴史』23・室町時代 2，2013 年)
竹内秀雄『天満宮』吉川弘文館，1968 年
西村豊・写真／三枝暁子・文『京都　天神をまつる人びと ── ずいきみこしと西之京』岩波書店，2014 年
河音能平『天神信仰の成立 ── 日本における古代から中世への移行』塙書房，2003 年
西山克「夢見られた空間 ── テクスト 5　北野参詣曼荼羅」(『聖地の想像力 ── 参詣曼荼羅を読む』法藏館，1998 年)
桜井英治『破産者たちの中世』山川出版社，2005 年
瀬田勝哉「北野に通う松の下道 ── 一条通と北野・内野の風景」(瀬田勝哉編『変貌する北野天満宮 ── 中世後期の神仏の世界』平凡社，2015 年)
野地秀俊「北野の馬場と経堂」(瀬田編，前掲書)
菅野扶美「空間から見る北野天神信仰の特徴」(瀬田編，前掲書)
梅澤亜希子「室町時代の北野万部経会」(『日本女子大学大学院文学研究科』第 8 号，2001 年)
大塚紀弘「中世の寺社と輪蔵 ── 中国文化としての受容と拡大」(『東京大学日本史学研究室紀要別冊　中世政治社会論叢』2013 年)
東洋一「西園寺四十五尺曝布瀧と北山七重大塔(上)─金閣寺境内における所在について」(『京都市埋蔵文化財研究所研究紀要』第 7 号，2001 年)
大田壮一郎「足利義満の宗教空間 ── 北山第祈禱の再検討」(『室町幕府の政治と宗教』塙書房，2014 年)

西山美香「足利義満の〈宝蔵〉としての宝幢寺鹿王院」(松岡心平・小川剛生編『ZEAMI── 中世の芸術と文化 04　足利義満の時代』森話社，2007 年)
湯谷祐三「金閣寺は，金閣寺として建てられた──「日本国王源道義」こと足利義満と五台山の仏教説話」(『名古屋外国語大学外国語学部紀要』第 42 号，2012 年)
冨島義幸「相国寺七重塔── 安置仏と供養会の空間からみた建立の意義」(『日本宗教文化史研究』第 5 巻 1 号，2001 年)
足利健亮編『京都歴史アトラス』(中央公論社，1994 年)
立命館大学編『洛西探訪── 京都文化の再発見』(淡交社，1990 年)
佐藤進一『南北朝の動乱』(日本の歴史 9，中央公論社，1965 年)
小川剛生『足利義満』中公新書，2012 年
橋本雄『中華幻想 ── 唐物と外交の室町時代史』勉誠出版，2014 年

第 8 章

増淵徹「鴨川と平安京」(門脇禎二・朝尾直弘編『京の鴨川と橋──その歴史と生活』思文閣出版，2001 年)
朝尾直弘「公儀橋から町衆の橋まで」(門脇・朝尾編，前掲書)
瀬田勝哉「失われた五条橋中島」(瀬田氏前掲書)
大村拓生「六条八幡宮領からみた室町期京都」(『中世京都首都論』吉川弘文館，2006 年)
北村優季「平安初期の都市政策」(『平安京 ── その歴史と構造』吉川弘文館，1995 年)
北村優季『平安京の災害史 ── 都市の危機と再生』吉川弘文館，2011 年
清水克行『大飢饉，室町社会を襲う！』吉川弘文館，2008 年
西尾和美「室町期京都の飢饉と民衆」(『日本史研究』275 号，1985 年)
桜井英治『日本の歴史 12　室町人の精神』講談社，2001 年
横田冬彦「昭和一〇年鴨川大洪水と「千年の治水」」(門脇・朝尾編，前掲書)

第 9 章
石田孝喜『京都高瀬川』思文閣出版，2005 年
今村家文書研究会編『今村家文書史料集』上・下巻，思文閣出版，2015 年
京都市市政史編さん委員会編『京都市政史』第 1 巻，京都市，2009 年
小林昌代『京都の学校社会史』私家版，2014 年
土本俊和『中近世都市形態史論』中央公論美術出版，2003 年
牧英正「京都高瀬川と角倉氏」(一～三)(『法学雑誌』第 22 巻 1～3 号，1975～1976 年)

第 10 章
同志社大学同志社社史資料センター『同志社の文化財建築物』同志社，2010 年
同志社社史史料編集所編『同志社百年史』通史編 1，同志社，1979 年
冷泉為任監修『冷泉家の歴史』朝日新聞社，1981 年
『京都府立医科大学八十年史』京都府立医科大学創立八十周年記念事業委員会，1955 年
湯川秀樹『旅人 ── ある物理学者の回想』朝日新聞社，1958 年
立命館百年史編纂委員会編『立命館百年史』通史編一，立命館大学，1999 年
石田孝喜『幕末京都史跡大事典』新人物往来社，2009 年
京都大学百年史編集委員会編『京都大学百年史』総説編，京都大学後援会，1998 年
『京都帝国大学文学部三十周年史』京都帝国大学文学部，1935 年
田中智子『近代日本高等教育体制の黎明 ── 交錯する地域と国とキリスト教界』思文閣出版，2012 年
松尾尊兊『滝川事件』岩波書店，2005 年
『京都工芸繊維大学百年史』京都工芸繊維大学百周年事業委員会，2001 年
『百年史　京都市立芸術大学』京都市立芸術大学，1981 年
玉蟲敏子『生きつづける光琳 ── イメージと言説をはこぶ《乗り物》

とその軌跡』吉川弘文館，2004 年
宮本ヱイ子『京都ふらんす事始め』駿河台出版社，1986 年
『人文科学研究所 50 年』京都大学人文科学研究所，1979 年

第 11 章

仲尾宏『朝鮮通信使の軌跡 —— 増補・前近代の日本と朝鮮』明石書店，1989 年
仲尾宏『朝鮮通信使 —— 江戸日本の誠信外交』岩波新書，2007 年
仲尾宏『朝鮮通信使と京都』財団法人世界人権問題研究センター，2011 年
池内敏『大君外交と「武威」 —— 近世日本の国際秩序と朝鮮観』名古屋大学出版会，2006 年
朝尾直弘「公儀橋から町衆の橋まで」(門脇・朝尾編，前掲書)
北島万次『秀吉の朝鮮侵略と民衆』岩波新書，2012 年
ロナルド・トビ「近世の都名所　方広寺前と耳塚 —— 洛中洛外図・京絵図・名所案内を中心に」(『歴史学研究』842 号，2008 年)
琴秉洞，前掲書
高木博志「近代日本と豊臣秀吉」(鄭杜熙・李璟珣編『壬辰戦争 —— 16 世紀日・朝・中の国際戦争』明石書店，2008 年)
辛基秀・仲尾宏責任編集『善隣と友好の記録　大系朝鮮通信使』第 1・2 巻，明石書店，1996 年
姜沆／朴鐘鳴訳注『看羊録』平凡社，1984 年
申維翰／姜在彦訳注『海游録 —— 朝鮮通信使の日本紀行』平凡社，1974 年

第 12 章

大津市歴史博物館編『車石』大津市歴史博物館，2012 年
増田潔『京の古道を歩く』光村推古書院，2006 年
西田天香『天華香洞録』別巻解説，一灯園生活創始百周年記念「天華香洞録刊行会」，2004 年
田中真人・西藤二郎・宇田正『京都滋賀 鉄道の歴史』京都新聞社，1998 年
佐貫伍一郎『山科郷竹ヶ鼻村史』私家版，1986 年

安田真紀子「東海道日岡峠における木食正禅の道路改修事業」(『奈良史学』第 8 号，1990 年)
纐纈末雄『京都の監獄史』私家版，1987 年
樋爪修「幕末期京津間の物資流通」(『日本史研究』第 603 号，2012 年)

第 13 章

高木博志「古典文学と近代京都をめぐる素描 —— 名所の女性化と源氏物語千年紀」(『歴史評論』702，2008 年)
山口敬太他「嵯峨野の名所再興にみる景観資産の創造と継承に関する研究 —— 祇王寺，落柿舎，厭離庵の再興事例を通して」(『土木計画学研究・論文集』24-2，2007 年)
水本邦彦『絵図と景観の近世』校倉書房，2002 年
谷山勇太「近世の嵐山と日切茶店」(『社会科学』78，2007 年)
坊城俊良『宮中五十年』明徳出版社，1960 年
中嶋節子「昭和初期における京都の景観保全思想と森林施業」(『日本建築学会計画系論文集』459，1994 年)
山田邦和『日本中世の首都と王権都市 —— 京都・嵯峨・福原』文理閣，2012 年
京都府歴史遺産研究会編『京都府の歴史散歩』上，山川出版社，2011 年
玉城玲子「向日市域における竹林分布の移り変わり」(『乙訓文化』49 号，1989 年)

第 14 章

京都市歴史資料館編『増補八瀬童子会文書』京都市歴史資料館，2000 年
雨森巌之進編『岩倉村と岩倉公』岩倉公旧蹟保存会，1922 年
中村治『洛北岩倉と精神医療』世界思想社，2013 年
宇野日出生「八瀬と八瀬童子」(小林丈広編『京都における歴史学の誕生』ミネルヴァ書房，2014 年)
北沢恒彦『自分の町で生きるには』晶文社，1981 年
『洛北上高野八幡さんの絵馬』編集委員会編『洛北上高野八幡さん

の絵馬』三宅八幡宮絵馬保存会，2005 年

第 15 章

林屋辰三郎・藤岡謙二郎編『宇治市史』4，宇治市，1978 年
宇治市歴史資料館『宇治橋』1995 年
田中真人・西藤二郎・宇田正『京都滋賀 鉄道の歴史』，前掲書
宇治市歴史資料館『パノラマ地図と鉄道旅行』2007 年
宇治市歴史資料館『よみがえる鉄道黄金時代』2000 年
宇治市歴史資料館『緑茶の時代』1999 年
宇治市歴史資料館『宇治の碑』2005 年
(財)宇治市文化財愛護協会編『宇治の散歩道』第二集，2007 年
宇治市歴史資料館編『史跡及び名勝　平等院庭園保存整備報告書』平等院，2003 年